Workshop SAP® Query

Nico Manicone studierte Chemie in Köln, war mehrere Jahre als wissenschaftlicher Assistent tätig und promovierte in pharmazeutischer Chemie in Freiburg. Anschließend bildete er sich zum SAP-MM-Berater weiter und war für mehrere Jahre in einem Systemhaus mit Schwerpunkt chemischer Industrie tätig. Seit 2004 ist er als freiberuflicher ABAP-Entwickler mit den Schwerpunkten Logistikmodule sowie BSP-Anwendungen tätig. Seit 2010 war er an mehreren SAP-Master-Data-Governance-Projekten beteiligt.

Nico Manicone

Workshop SAP® Query

3., aktualisierte und erweiterte Auflage

dpunkt.verlag

Nico Manicone
nico.manicone@gmx.de

Lektorat: Dr. Michael Barabas,
Copy-Editing: Ursula Zimpfer, Herrenberg
Herstellung: Frank Heidt
Umschlaggestaltung: Helmut Kraus, www.exclam.de
Druck und Bindung: M.P. Media-Print Informationstechnologie GmbH, 33100 Paderborn

Bibliografische Information der Deutschen Nationalbibliothek
Die Deutsche Nationalbibliothek verzeichnet diese Publikation in der Deutschen Nationalbibliografie;
detaillierte bibliografische Daten sind im Internet über http://dnb.d-nb.de abrufbar.

ISBN 978-3-86490-053-2

3., aktualisierte und erweiterte Auflage 2014
Copyright © 2014 dpunkt.verlag GmbH
Wieblinger Weg 17
69123 Heidelberg

Vorwort zur 3. Auflage

Rund neun Jahre sind nun seit der ersten Auflage vergangen. Wie immer hilft zeitlicher Abstand zu hinterfragen, welche Änderungen an einem bestehenden Konzept sinnvoll sind.

Die dritte Auflage wurde komplett überarbeitet. Alle Kapitel sind nun auf dem Stand ECC 6.0 EHP5; die Abschnitte über SAP 4.6b (»Sachgebiete«) sind entfallen. Die Anzahl der Musteraufgaben ist von 16 auf nun 23 gestiegen.

Die allermeisten Unterkapitel mit ABAP-Bezug sind in das neue Kapitel 7 gewandert. Die anderen Kapitel[1] sind nun praktisch ABAP-frei. Kapitel 7 ist eine sehr kurze Einführung in ABAP aus Sicht der SapQuery. Ein »Highlight« dürfte die Musteraufgabe 15 sein, die eine Berechtigungsprüfung auf Datensatzebene mit zehn Zeilen ABAP in einem InfoSet realisiert. Die mangelnde Berechtigungsprüfung der Sap-Query ist in vielen Firmen ein Problem und Musteraufgabe 15 zeigt, wie man es löst.

Komplett neu ist Kapitel 10, das den Business Content Viewer BCV vorstellt. Das Kapitel setzt mindestens EHP5 voraus. BCV ist ein Integrationsframework, um »Arbeitstransaktionen« mit »Informationstransaktionen« zu koppeln. In Kapitel 10 wird gezeigt, wie man eine InfoSet Query im BCV einbindet. Dazu wird ein Demo Web Dynpro verwendet, das vom Leser erstellt werden muss. Von der Buchwebseite kann man sich dazu eine »Schritt-für-Schritt«-Anleitung als PDF herunterladen.

Viele Jahre hatte mein Buch ein Alleinstellungsmerkmal. Es gab keine Alternativen am Markt. Das hat sich in der Zwischenzeit geändert. »SAP Query Reporting« von Danielle Signorile ist in den USA erschienen und »Praxishandbuch SAP Query-Reporting« von Stephan

---

1. Eine Erfahrung aus Schulungen war, dass die ABAP-Unterkapitel störten, da viele Teilnehmer kein ABAP-Know-how haben.

Kaleske beim Galileo Verlag. Trotzdem bin ich aufgrund des vielen positiven Feedbacks zu meinen vorherigen Auflagen zuversichtlich, das sich »Workshop SAP Query« weiterhin am Markt behaupten wird.

Manche Leser beklagten sich, dass »Workshop SAP Query« sich schlecht zum Nachschlagen eigne. Aber wie in der Einleitung ausgeführt, ist dieses Buch ein Lernbuch. Der Lernstoff ist in viele kleine einzelne »Häppchen« zerlegt. Damit wird das Lernen einfach, aber das Nachschlagen (und das Erstellen eines Index) schwierig.

Ursprünglich war für das Manuskript der Abgabetermin Oktober 2012 geplant. Hauptberuflich bin ich freiberuflicher ABAP-Entwickler mit sehr viel Reisetätigkeit. Da die neue Auflage in meiner Freizeit entstand, zeigte sich leider sehr schnell, dass der geplante Abgabetermin unter diesen Bedingungen nicht zu halten war, und es wurde daher (leider) Oktober 2013.

Bei den Untiefen von BCV hat mich Michael Umlauf unterstützt. Wie immer war die Zusammenarbeit mit den Mitarbeitern des dpunkt.verlages, Frau Wittmer, Frau Bäuerlein und Herrn Barabas, sehr angenehm. Schließlich möchte ich mich noch bei den Lesern der vorherigen Auflagen bedanken, die mir sehr viel positives Feedback gegeben und diese dritte Auflage ermöglicht haben.

Dr. Nico Manicone
Ismaning, den 20.10.2013

Inhaltsverzeichnis

1 Einleitung

Alle Menschen kochen mit Wasser.
Aber manche haben Dampfkochtöpfe. (Nico Manicone)

1.1 Die Geschichte dieses Buches

So wie alles im Leben hat auch dieses Buch seine eigene Geschichte. Es war einmal in einer kleinen Firma im Norden von München. Dort war ich als SAP-Entwickler[1] bei der SAPTOOLS Entwicklungs GmbH tätig. Der Einsatz des SAP Web Application Servers und des Business Connectors waren meine Tätigkeitsbereiche.

Im Jahre 2002 erhielten wir eine Anfrage eines Partners, ob wir nicht Lust hätten, eine Schulung für einen Kunden zum Thema SapQuery zu halten. Diese Anfrage landete auf meinem Schreibtisch. So fing alles an. Das Ergebnis dieser Anfrage halten Sie nun in Ihren Händen.

Innerhalb von zwei Jahren habe ich dann des Öfteren Schulungen zum Thema SapQuery gehalten. Ich habe immer versucht, meine Schulung zu optimieren und Rückkopplungen meiner Seminarteilnehmer in die Schulung einzubauen. Am Ende hatte ich ein erprobtes Konzept für eine SapQuery-Schulung. Da es damals keine anderen Bücher zu diesem Thema gab, habe ich schließlich eine Anfrage an den dpunkt.verlag gestellt. Dort stieß die Idee zu einem Buch über SapQuery auf Interesse. Dieses Buch beruht auf den Erfahrungen, die ich in zehn Jahren bei der Schulung meiner Teilnehmer sammeln konnte.

---

1. Den Entwickler erkennt man an meiner Neigung zur Verwendung von Klammern.

1.2   Evolution der SapQuery

So wie das SAP R/3-System stets von seinen Schöpfern weiter optimiert wird, findet auch eine Evolution der SapQuery statt. Am Anfang gab es modulspezifische Berichtsfunktionen (FI/CO, HR) sowie die Sap-Query (Transaktion SQ01-SQ03). Ab Release 4.6 kam dann der QuickViewer hinzu und die Verwendung von Rollen für die Zuordnung von Querys zu Benutzern. Im Release 4.6C wurden dann einige Begriffe umgetauft: Aus dem Sachgebiet wurde das InfoSet, aus der Sachgruppe die Feldgruppe. Im Release 4.6C wurde zusätzlich die InfoSet Query eingeführt.

Wie Sie sehen, kann der Terminus SapQuery sehr unterschiedliche Dinge bedeuten. Was ich bei Verwendung des Begriffs SapQuery meine, ergibt sich aus dem jeweiligen Kontext.

1.3   Aspekte

Denglisch   Wenn man nun ein Buch im IT-Sektor schreibt, dann stellt sich einem Autor immer auch die Frage: »Wie hältst Du es mit der Sprache?« Ich habe dieses Buch in bestem Denglisch[2] verfasst. Sie werden in diesem Buch Ausdrücke wie Security, RAM, Radiobutton, Drag oder Icon finden. Ikonen findet man meiner Ansicht nach in orthodoxen Kirchen und nicht auf Bildschirmen. Von Ausdrücken wie Zeilenumschalttaste, Mutterbrett, Feuerwand oder Siliziumwaffel ganz zu schweigen. Sprache ist für mich immer lebendige Sprache und lebt durch Assimilation von neuen Ideen und Begriffen. Dort wo **Denglisch** sinnvoll ist, werde ich es auch einsetzen.

Spaß als Motivation   Für mich persönlich war immer der Vergleich von deutschen Lehrbüchern mit Lehrbüchern jenseits des großen Teiches interessant. Die deutschen waren exakt, umfassend und meist langweilig zu lesen. Die amerikanischen waren oft nicht so exakt, oft auch sehr umfassend, aber es machte meist Spaß, sie zu lesen. In meiner Tätigkeit als Dozent habe ich immer versucht, Stoff so zu vermitteln, dass es Spaß macht zu lernen. Dies war eines meiner Ziele beim Verfassen dieses Buches.

Eigentlich ist es paradox. Die meisten Deutschen haben viele Jahre die Schulbank gedrückt. Trotzdem haben sie wahrscheinlich eines nie richtig gelernt: Wie man richtig lernt. Ich habe mich eine Zeit lang sehr intensiv mit Lerntechniken[3] für Erwachsene beschäftigt. Diese sind beim Design dieses Buches eingeflossen. So gibt es z.B. keine großen

---

2.   Gundolf S. Freyermuth, c't 8/03, Seite 228.
3.   Viele Volkshochschulen bieten z.B. solche Kurse an.

Theorieblöcke, sondern die Theorie ist in kleinen Häppchen über das ganze Buch verstreut. Gewusst-wie wird zuerst in der Minimalform aufgebaut und dann durch wiederholtes Anwenden im Langzeitgedächtnis verankert. Daher ist dieses Buch ein Lernbuch. Der Preis dafür ist die schlechte Eignung als Nachschlagewerk.

Innerhalb der Kapitel finden Sie immer wieder Musteraufgaben, die vollständig anhand von Screenshots gelöst wurden. Ich gehe davon aus, dass Sie die Musteraufgaben an einem Spielsystem nachvollziehen.

Musteraufgaben

→ Zu den allermeisten Screenshots gibt es jeweils einen Abschnitt, der die Eingaben enthält. Diese müssen Sie eingeben, um zum nächsten Screenshot zu gelangen. Die Absätze sind wie dieser hier formatiert.

Ein alternativer Titel für das Buch wäre »Bilderbuch SapQuery«, da es sehr viele Screenshots enthält. Eigentlich hätte man auf viele dieser Screenshots verzichten können. Statt eines Screenshots hätte man eine Beschreibung, was auf einem Bild zu tun ist, angeben können. Trotzdem habe ich mich für diese Form entschieden. Der Grund ist, dass der Mensch ein Augentier ist. Das Auge ist für den Menschen das mit Abstand wichtigste Sinnesorgan. Die Evolution hat uns mit den Ressourcen ausgestattet, ohne Anstrengung aus Bildern Informationen zu ziehen. Hingegen ist die Verarbeitung einer abstrakten Beschreibung sehr viel anstrengender. Ein Buch, das Informationen in Screenshots enthält, ist einfach einfacher zu lesen.

Die Übungen entstammen zum großen Teil den Modulen MM und SD. Ich habe versucht, interessante und klare Aufgabenstellungen zu wählen. Ziel dieses Buches ist nicht die Vermittlung von reinem Faktenwissen, sondern das Gewusst-wie! Daher sollte der Transfer von den Musteraufgaben zu Ihren Aufgabenstellungen kein Problem sein.

Know-how-Transfer

Innerhalb der SapQuery kann an bestimmten Stellen ABAP-Code eingebaut werden. In diesem Buch wird an einigen wenigen Stellen (Schwerpunkt Kapitel 7 sowie kurze Stellen in Kapitel 6, 8 und 10) ABAP-Sourcecode vorgestellt. Die SapQuery ist aber ohne ABAP-Know-how einsetzbar. Kapitel 9 und 11 sind ohne Kenntnis von Kapitel 7 bearbeitbar.

Thema dieses Buches ist die SapQuery. Es enthält nun in der dritten Auflage mit Kapitel 7 eine sehr kurze Einführung in ABAP aus Sicht der SapQuery. Falls Sie tiefer in ABAP einsteigen wollen, dann empfehle ich Ihnen das Übungsbuch[4] von Umlauff und Dirnhofer.

> Für den Einsatz der SapQuery ist ABAP-Know-how NICHT notwendig. Mit dieser Formatierung werden wichtige Aussagen im Sinne eines Merksatzes zusammengefasst.

Zielgruppe

Im Prinzip gibt es verschiedene Zielgruppen, für die dieses Buch interessant sein sollte. Zielgruppe der SapQuery und daher auch Zielgruppe dieses Buches sind erfahrene Endanwender. Aber auch für Entwickler oder Berater, die schnell und einfach einen Report erstellen wollen, ist die SapQuery sinnvoll.

Da Entwickler oder Berater in der Regel ein fundierteres IT-Knowhow haben, stellen Sie an ein Buch andere Anforderungen als ein Endanwender. Aus diesem Grund sind bei Bedarf Abschnitte für Fortgeschrittene vorhanden. Diese sind wie dieser Abschnitt formatiert und haben ein Symbol am Rand. Sie gehen bei bestimmten Themen in die Tiefe, sind aber für das Verständnis späterer Kapitel nicht notwendig.

Noch eine Feststellung: Im Buch werden einfache und doppelte Anführungszeichen verwendet. Dies sind unterschiedliche Satzzeichen und haben damit auch unterschiedliche Bedeutungen. Die einfachen Anführungszeichen werden z.B. bei Konstanten wie ›42‹ oder Tastenbezeichnungen wie ›F4‹ verwendet. Die doppelten Anführungszeichen werden z.B. bei »Welche Satzzeichen soll ich nur bei direkter Rede verwenden?«, Zitaten und Abschwächungen eingesetzt.

Abschließend eine Anmerkung zur Schreibweise. Die offizielle Version ist ›SAP Query‹. Ich werde hingegen in diesem Buch den Ausdruck ›SapQuery‹ verwenden. Diese Schreibweise erleichtert den Lesefluss und verschiebt die Gewichtung weg vom Konzernnamen und hin zur technischen Bedeutung des Wortes.

1.4   Handwerkszeug

SAP-Spielsystem

Dieses Buch ist ein Übungsbuch. Sie brauchen daher Zugriff auf ein SAP-Spielsystem, dieses Buch, einige Tage Zeit sowie einige Kannen Tee. Sinnvoll ist ein ECC 6.0-System. Die Screenshots für die Musteraufgaben wurden an einem SAP IDES ECC6.0-System mit Stand EHP5 erstellt.

Berechtigungen

Ich habe in Tabelle 1–1 die notwendigen Transaktionen aufgelistet, die Sie benötigen, damit Sie mit diesem Buch sinnvoll arbeiten können. Insbesondere Endanwender haben erfahrungsgemäß immer wieder Schwierigkeiten, die notwendigen Berechtigungen, und sei es für

---

4.   Michael Umlauff, Walter Dirnhofer, ABAP Übungsbuch, Addison-Wesley (vergriffen, aber als E-Book beim Verlag erhältlich).

ein Spielsystem, zu erhalten. Daher finden Sie hier am Anfang des Buches eine vollständige Liste.

Transaktion	Name	ab Kapitel
SQVI	QuickViewer	2
SE12	Data Dictionary	5
SD11	Data Modeler	5
SE16	Data Browser	5
SQ01, SQ02, SQ03	SapQuery	6
SQ07	SapQuery-Übersetzung	6
SQ10	InfoSet Query	9
SE37	Function Builder	7

Tab. 1–1
Notwendige Transaktionen

Mit diesen Transaktionen können Sie den Lernstoff zu den Kapiteln 1 bis 6 sowie 9 und 11 und Teile von 8 bearbeiten.

Für Kapitel 8 wäre die Transaktion PFCG nützlich, die aber ein Endanwender (wahrscheinlich) auch auf einem Spielsystem nicht bekommt.

In Kapitel 7 wird vorgestellt, wie man ABAP in InfoSets einbaut. Falls Sie dies machen wollen, brauchen Sie die ABAP-Coding-Berechtigung sowie für den Debugger die Debug-Berechtigung. In Kapitel 7 werden des Weiteren die Datenbeschaffungsprogramme der SapQuery besprochen. Dafür sind ein Entwicklerschlüssel sowie die Berechtigungen für die ABAP Workbench notwendig.

Das mandantenunabhängige Arbeiten in Kapitel 6 (Musteraufgabe 8 und 12) erfordert optional einen Änderungsauftrag sowie eine Entwicklungsklasse/Paket. Eine Rolle ist für die InfoSet Query in Kapitel 9 erforderlich. Lassen Sie sich diese gegebenenfalls von Ihrer Basis ausstellen, falls Sie nicht die Berechtigung für die entsprechenden Transaktionen haben.

Kapitel 10 »InfoSet Querys im BCV« setzt viele Systemberechtigungen wie »Customizingberechtigungen« oder die Berechtigung zum Einschalten von Business Functions voraus.

Zu diesem Buch gibt es eine Website im Internet:

Website

www.query-ohne-namen.de

Dort habe ich ein Forum für Fragen und Anworten zum Buch und zur SapQuery eingerichtet. Von der Website kann man auch die Anleitung

für das BCV Demo Web Dynpro herunterladen. Bitte haben Sie aber
dafür Verständnis, dass ich dort keinen Support anbieten kann.

1.5   Kapitelüberblick

Im Folgenden finden Sie eine kurze Zusammenfassung, welchen Stoff
die einzelnen Kapitel vermitteln. Kapitel 1 bis 6, 9, 11 und Teile von 8
sind für alle Leser gedacht. Teile von Kapitel 8 sind für Organisatoren
der SapQuery gedacht. Kapitel 7, 10 und 12 wenden sich an ABAP-
Entwickler und Berater.

1. Einleitung
   Warum ist dieses Buch so wie es ist, notwendige Ressourcen,
   Danksagung.
2. Die ersten Schritte
   Eine Einführung für Leser, die noch nie mit der SapQuery gearbeitet haben.
3. Grundlagen
   Was ist ein SAP-System, was ist die SapQuery, Datenbankzugriffe,
   Erklärung einiger technischer Begriffe, Problemfälle der SapQuery
   (Sicherheit, Performance), Grenzen der SapQuery, Beiträge aus
   dem Buchforum.
4. Der QuickViewer
   Besprechung des QuickViewers, Ausgabeformatierung (ABAP-Liste
   und ALV-Grid), Zugriff auf einzelne sowie auf mehrere Tabellen
   via Join, der grafische Join-Editor, Performancebetrachtungen.
5. Tabellen
   Tabellenfinden für Endanwender, Datenbankzugriffsoptimierung,
   relationale Datenbanken, Einsatz von Data Dictionary (SE12),
   Data Modeler (SD11) und Data Browser (SE16), Transaktion
   SARA.
6. SapQuery
   Arbeiten mit den SapQuery-Transaktionen (SQ01-SQ03) und
   SapQuery-Übersetzung (SQ07). Logische Datenbanken, Zusätze
   (Abgrenzungen, Zusatzfelder, Zusatztabellen), ABAP-Liste (Grafik, Statistik, Ranglisten), Gruppenstufen und lokale Felder,
   Transportsystem.
7. ABAP auf Lücke
   Grundlagen, Variablen und Zuweisungen, ABAP in Zusätzen und
   in Datenbeschaffungsprogrammen, ABAP-Zeitpunkte, Verwen-
   dung von Funktionsbausteinen, Datumsberechnungen, Zugriff auf
   LCHR via ABAP, Debugging von SapQuerys, Berechtigungsprüfung, Datenbeschaffungsprogramme (allgemeines Baumuster, Zugriff auf Clustertabellen, AUTHORITY-CHECK).

8. Security und Organisation
   Security-Sensibilisierung, Berechtigungen und Rollen, Einschränkung des Zugriffs, InfoSet-Protokollierung, Organisation der Sap-Query (Systemlandschaft, Berechtigungen, Organisation, Transaktionen).
9. InfoSet Query
   Besprechung der InfoSet Query, Ad-hoc- und Entwicklungs-Querys, Vergleich SapQuery und InfoSet Query.
10. InfoSet Querys im BCV
    Kurze Demo mit Screenshots, Anforderungen an ein Web Dynpro für BCV, Systemvoraussetzungen, Kontextschlüssel und Semantik, NWBC, InfoSet Query im Sidepanel: Suchanbindung, Abfragen, Auswertungen, Übersichten und Layouts.
11. SapQuery im HR
    Grundlagen, Zeitbindungen, Konzept der Infotypen, logische Datenbanken im HR, Mengenoperationen im HR, Auswertungsweg in der PCH.
12. Diverses
    OSS-Hinweise.

1.6 Danksagung

Den Stein ins Rollen hat Jürgen Demmler gebracht. Er wollte eine Schulung zu SapQuery haben und ließ sich auch nicht von einer improvisierten Version abschrecken.

Dank schulde ich den Teilnehmern meiner Kurse. Nicht nur die Teilnehmer lernen in einem Kurs, sondern immer auch der Dozent. Konstruktiv war das Teamwork mit Wolfgang Paulus, Christian Gumpinger und Martin Milde.

Ohne die von Jens-Uwe Klein, Johann Frei und Thomas Karlewski bereitgestellten Ressourcen wäre dieses Buch nicht möglich gewesen.

Dieter Emmerich hat mir bei Fragen zu Berechtigungen, Peter Marquard bei FI, Armin Danninger bei SAP-Basis, Bernd Baunach bei SapQuery sowie Jürgen Schneider und Jens-Uwe Klein bei ABAP und SD/MM/PP mit Rat zur Seite gestanden.

Armin Danninger, Bernd Baunach, Dagmar Treffer, Dieter Emmerich, Jens-Uwe Klein, Jürgen Schneider und Sabine Voss haben Kapitel des Manuskriptes gelesen. Ihre Kooperation und konstruktive Kritik waren beim Verfassen des Buches sehr hilfreich.

Frank Wolf und Joachim Strehlke haben die Rohfassung des Manuskriptes gelesen und mir mehrere gute Anregungen gegeben.

2   Die ersten Schritte

Dieses Kapitel wendet sich an Leser, die noch nie mit der SapQuery gearbeitet haben. Es enthält keinerlei Theorie oder Erklärungen, sondern nur eine Musteraufgabe. Falls Sie schon erste Erfahrungen mit der SapQuery haben, dann können Sie dieses Kapitel überspringen.

Sie werden in dieser Übung eine Auswertung erstellen, die bei Eingabe der Debitorennummer die Kontaktdaten des Debitors listet.

Des Weiteren soll Ihnen dieses Kapitel den Grund der SapQuery vermitteln: Sie sind nicht an die Standardauswertungen gebunden, sondern Sie können mit der SapQuery Ihre eigenen generieren.

Warum SapQuery einsetzen?

> Endanwender können selber mit der SapQuery optimale Auswertungen für ihre tägliche Arbeit erstellen.

2.1   Lernziele

- Erste Erfahrungen mit dem QuickViewer sammeln.
- Sie lernen eine zentrale Logistik-Tabelle kennen: die KNA1 (Kundenstamm).

2.2   Musteraufgabe 1: Zugriff auf den Kundenstamm (Tabelle KNA1)

2.2.1   Aufgabenstellung

Schreiben Sie einen **QuickView**, der Daten über Kunden liefert. Folgende Abfragen bzw. Ausgaben sollen erfolgen:

Selektionsfeld

- Debitorennummer 1

Ausgabefelder

- Debitorennummer 1
- Name 1
- Ort
- Postleitzahl
- Straße und Hausnummer
- Telefonnummer

2.2.2   Lösung

Releasestände

Diese Musterlösung wurde an einem SAP IDES ECC 6.0-System mit EHP5 (Enhancement Package 5) erstellt. Sie können Sie aber auch ohne Probleme an einem niedrigeren Release nachvollziehen. Leser mit Releaseständen niedriger als 4.6 können dagegen diese Aufgabe nicht bearbeiten, da es den QuickViewer erst ab Release 4.6 gibt.

Das Kapitel 4 wird dann den QuickViewer vollständig besprechen.

Abb. 2–1
SapQuery: Transaktionen

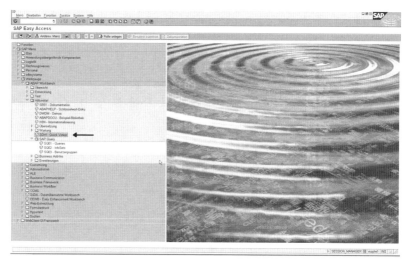

© SAP AG

➜ (Abb. 2–1) Starten Sie den QuickViewer (Transaktion SQVI).

Sie finden den QuickViewer unter ›Werkzeuge/ABAP Workbench/ Hilfsmittel/QuickViewer‹ im SAP-Menü (Abb. 2–1). Die SapQuery- Transaktionen befinden sich eine Zeile tiefer im Menü ›SAP Query‹.

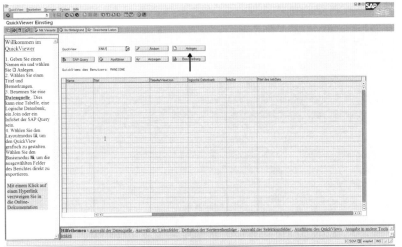

Abb. 2–2

QuickViewer:
Startbildschirm

© SAP AG

→ (Abb. 2–2) Geben Sie einen Namen an, z.B. ›KNA1‹, und klicken
Sie auf ›Anlegen‹.

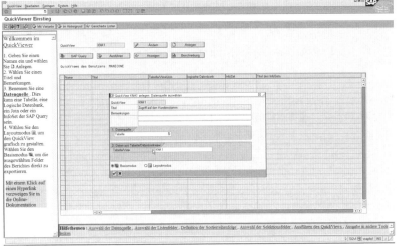

Abb. 2–3

QuickViewer: Datenquelle
auswählen

© SAP AG

→ (Abb. 2–3) Vergeben Sie einen Titel, z.B. ›Zugriff auf den Kundenstamm‹, wählen Sie als Datenquelle ›Tabelle‹ und tragen Sie bei
Daten aus Tabelle ›KNA1‹ ein. Drücken Sie ›Return‹.

Abb. 2–4

QuickViewer Basismodus:

Listenfelder

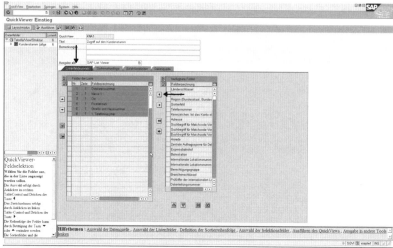

© SAP AG

→ (Abb. 2–4)

1. Wählen Sie in ›Ausgabe als‹ den Eintrag ›SAP ListViewer‹.
2. Klicken Sie auf den Reiter ›Listenfeldauswahl‹.
3. Markieren Sie die Felder der Aufgabenstellung in ›Verfügbare Felder‹ und transportieren Sie sie (siehe Pfeil) in die Liste ›Felder der Liste‹.
4. Klicken Sie auf den Reiter ›Selektionsfelder‹.

Sämtliche Daten des SAP-Systems sind in **Datenbanktabellen** gespeichert. Die Daten der Aufgabenstellung befinden sich in der Tabelle KNA1. Datenbanktabellen werden theoretisch in Kapitel 3 und praktisch in Kapitel 5 besprochen.

Basismodus & Layoutmodus   Der QuickViewer hat zwei Hauptsichten: Den Basismodus (Abb. 2–4) und den Layoutmodus, den wir im Kapitel 4 besprechen werden. Im Basismodus werden die Selektionsfelder, die Ausgabefelder sowie die Art der Ausgabe festgelegt. Im Basismodus (Abb. 2–4) sehen Sie Reiter, mit denen zwischen verschiedenen Sichten (›Listenfeldauswahl‹, ›Sortierreihenfolge‹ ...) gewechselt werden kann. Unter diesen Reitern sind zwei Listen. Die Liste ›Verfügbare Felder‹ enthält alle Felder der Tabelle KNA1. Die Liste ›Felder der Liste‹ enthält die Ausgabefelder.

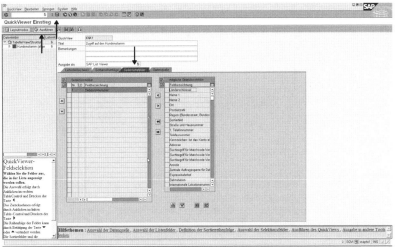

© SAP AG

Abb. 2–5
QuickViewer Basismodus:
Selektionsfelder

→ (Abb. 2–5) Transportieren Sie das Feld der Aufgabenstellung in die Selektionsfelder. Klicken Sie auf ›Sichern‹ und ›Ausführen‹ (siehe Pfeile).

Früher[1] war es notwendig, in beiden Sichten, Layoutmodus und Basismodus, des QuickViewers jeweils separat zu sichern, weil sonst Fehler auftraten. Diese Notwendigkeit besteht heute nicht mehr.

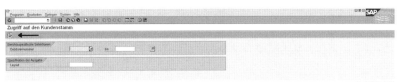

© SAP AG

Abb. 2–6
QuickViewer:
Selektionsmaske

→ (Abb. 2–6) Wenn Sie möchten, können Sie in der Selektionsmaske eine Eingrenzung vornehmen. Drücken Sie die Funktionstaste ›F8‹.

In der Selektionsmaske (Abb. 2–6) sind keine Werte eingetragen. Falls Sie an einem System arbeiten, das sehr viele Kunden[2] enthält (z.B. einer Kopie des Produktivsystems), dann sollten Sie in der Selektionsmaske eine Begrenzung der Treffermenge vornehmen.

---

1. Sprich in den Zeiten von Release 4.7.
2. Viele Kunden kann z.B. eine Antwortzeit von mehr als 30 Sekunden für die Query bedeuten.

Abb. 2–7

QuickViewer: Begrenzung
der Datenbankzugriffe

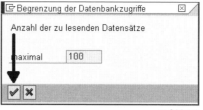

© SAP AG

→ (Abb. 2–7) Betätigen Sie ›Return‹.

Abb. 2–8

QuickViewer:
Treffermenge

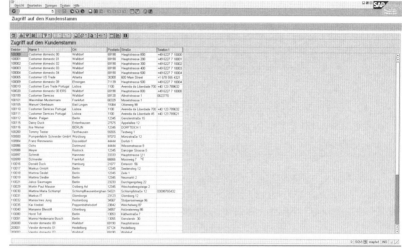

© SAP AG

Gratulation! Sie haben Ihren ersten QuickView geschrieben!

3 Grundlagen

Dieses Kapitel enthält die theoretischen Grundlagen, um die SapQuery sinnvoll einsetzen zu können. Es ist das einzige Theoriekapitel in diesem Buch. Wenn Sie lieber vorher noch etwas Praxis haben wollen, dann können Sie zuerst Kapitel 4 durcharbeiten und danach dieses Kapitel. Es ist aber wichtig, dass Sie dieses Kapitel lesen.

Die SapQuery hat zwei potenzielle **Problemfelder:** die Performance und den Zugriff auf alle SAP-Daten ohne Berechtigungsprüfung. Dieses Kapitel soll diesen Sachverhalt verständlich machen und Sie für die Probleme der SapQuery sensibilisieren.

Probleme der SapQuery: Performance und vollständiger Datenzugriff

Falls Sie selber SapQuerys schreiben wollen, dann ist es wichtig, dass Sie das in diesem Kapitel enthaltene Wissen verstanden haben.

3.1 Lernziele

- Was ist die SapQuery?
- Einige technische Begriffe
  - ABAP-Liste und ALV-Grid, Report, Dynpro, Data Dictionary
- Struktur eines SAP-Systems
- Datenbanken und Datenbankzugriff
  - Transparente Tabelle und Clustertabelle
  - Primärschlüssel und Indizes
  - Technische Schlüssel & GUIDs
  - Full Table Scan
  - Zugriff auf eine Tabelle, Join, logische Datenbank, Datenversorgungsprogramm

    Welche Probleme können bei der SapQuery auftreten?

- Zugriff auf alle Daten ohne Berechtigungsprüfung
- Performance

    Grenzen der SapQuery

3.2   Was ist die SapQuery?

Wenn Sie in einem SAP-System eine Transaktion aufrufen, dann ist mit diesem Transaktionscode ein Programm verknüpft. Dieses Programm wurde von einem **Entwickler** in der Programmiersprache ABAP geschrieben. Dies ist der normale Weg, wie ein Programm entsteht.

Alternativ kann ein Programm durch einen **Programmgenerator** erzeugt werden. Die SapQuery ist ein solcher Programmgenerator. Ein Programmgenerator ist ein Programm, das Programme erzeugt. Das heißt, Sie geben Datenquelle, Layout und Ausgabefelder an und die SapQuery erstellt aus diesen Eingaben ein Programm.

3.3   Einige technische Begriffe

Report Ich möchte im Folgenden einige Begriffe erklären. Diese werden in späteren Kapiteln verwendet. In einem SAP-System gibt es zwei Arten von in der SAP GUI ausführbaren Programmen[1]: **Reports** und **Dynpros**. Dynpro ist Entwickler-Slang und steht für »Dynamische Programme«. Wenn Sie z.B. ein neues Material oder einen neuen Einkaufskontrakt anlegen, dann arbeiten Sie mit einem Dynpro. Charakteristisch für ein Dynpro sind aufeinander folgende Eingabemasken. Hingegen hat ein Report eine feste Struktur: Eingabe, Ausführen, Ausgabeliste. Die Sap-Query erstellt nur Reports.

> Die SapQuery ist ein Programmgenerator, der Reports erstellt.

ABAP-Liste und ALV-Grid Die Eingabe in einen Report erfolgt in der **Selektionsmaske**. Eine ausgefüllte Selektionsmaske ist als Variante speicherbar und wieder ladbar. Das ist praktisch, wenn ein Report mit den gleichen Eingaben wieder gestartet werden soll. Die Ausgabe eines Reports wird Liste genannt Die erste erzeugte Liste ist die **Grundliste**. Die Musteraufgabe 3 im nächsten Kapitel erzeugt z.B. eine ABAP-Liste. Alternativ kann

---

1. Daneben gibt es Programme, die statt in der SAP-GUI im Webbrowser dargestellt werden: Business Server Pages (BSP) und das Web Dynpro. Die SapQuery unterstützt diese Technologien nicht direkt, aber via BCV (Kapitel 10) kann ein Web Dynpro im Sidepanel eine SapQuery ausführen.

die Ausgabe als **ALV-Grid** (Abb. 2–8) erfolgen. ALV steht für Advanced List Viewer. In der SapQuery kann die Ausgabe u.a. sowohl als ABAP-Liste als auch als ALV-Grid erfolgen. Diese beiden Ausgabeformen werden in Kapitel 4 besprochen.

Ein zentrales Element des SAP-Systems ist das Data Dictionary. Dieses dient der globalen Definition von Eigenschaften. Man könnte es mit einem schwarzen Brett vergleichen. An einem schwarzen Brett erfolgt ein Aushang und alle Mitarbeiter werden damit über einen Tatbestand informiert. Wenn ich im Data Dictionary z.B. einen Datentyp definiere, dann ist dieser für alle Nutzer des SAP-Systems sichtbar.

Data Dictionary

Eine SAP-Systemlandschaft besteht normalerweise aus drei SAP-Systemen: dem Entwicklungssystem, dem Qualitätssicherungssystem und dem Produktivsystem. Zwischen diesen Systemen erfolgt der Transport von Programmen durch das SAP-Transportsystem. SapQuerys können mittels **Transportsystem** in andere Systeme transportiert werden.

Systemlandschaft

3.4   Struktur eines SAP-Systems

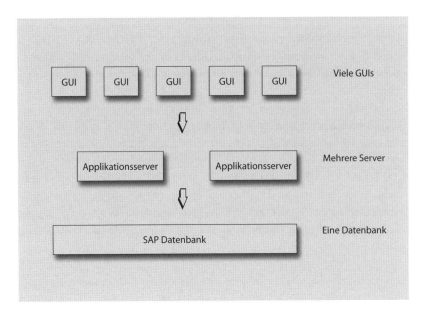

Abb. 3–1
Struktur eines
SAP-Systems

Haben Sie sich schon einmal Gedanken gemacht, was passiert, wenn Sie in einer SAP-Transaktion Daten eingeben und verarbeiten? Sie arbeiten zwar mit Ihrem Arbeitsplatzrechner (dies ist der einzige Rechner, den Sie als normaler Endanwender sehen), aber in Wirklichkeit sind vier verschiedene **Schichten** (Abb. 3–1) bei der Verarbeitung von Daten in einem SAP-System[2] involviert:

- Ein Datenbankserver
  Alle Informationen eines SAP-Systems sind in einer zentralen Datenbank gespeichert.
- Mehrere Applikationsserver
  Auf dem Applikationsserver laufen Dienste, die sogenannten Workprozesse. So gibt es u. a. Dialog-Workprozesse (kommunizieren mit der SAP-GUI), Spool-Workprozesse (speichern Daten vor dem Druck) und Enqueue-Workprozesse (sperren und entsperren Daten auf der Datenbank).
- Viele Präsentationsserver
  Dies ist der SAP-Terminus für die SAP-GUI.
- Ein Netzwerk
  Die Daten zwischen diesen Servern fließen durch das Netzwerk.

Eigentlich sind es heute fünf Schichten. Früher lief ein Server auf einem eigenen Rechner. Heute teilen sich oft mehrere virtualisierte Server einen Computer. Liegt nun auf einem virtuellen System eine hohe Last, so kann dies für die anderen virtuellen Systeme Auswirkungen haben.

Wenn also ein SAP-Programm läuft, dann werden auf allen vier Schichten Ressourcen verbraucht. Gibt es in einer dieser vier Schichten einen Engpass, dann behindert dieser Engpass die Laufzeit des Programms. Stellen Sie sich ein SAP-System mit 1000 Anwendern vor: Dann gibt es in diesem Netzwerk 1000 Präsentationsserver, mehrere Applikationsserver und eine **Datenbank**. Diese eine Datenbank teilen sich alle 1000 Benutzer. Lastet nun ein Benutzer den Präsentationsserver (dies ist sein eigener Rechner) voll aus, dann muss er alleine warten. Lastet er einen Applikationsserver (gibt es mehrfach) voll aus, dann behindert er nur die anderen Benutzer, die auch Workprozesse auf dem gleichen Applikationsserver verwenden. Wenn hingegen die Datenbank voll ausgelastet wird, dann müssen alle anderen Benutzer warten.

> Die Datenbank ist der Flaschenhals eines SAP-Systems. Schreiben Sie Sap-Querys so, dass möglichst wenig Last auf der Datenbank liegt!

Wie dies geht, folgt später in diesem Kapitel.

---

2.   Diese Ausführungen gelten für ein Produktivsystem. Auf einem Entwicklungssystem liegt normalerweise eine sehr viel niedrigere Last. Daher laufen oft in Entwicklungssystemen Datenbank und Applikationsserver auf einer Maschine.

3.5   Die SAP-Datenbank

Alle Informationen eines SAP-Systems sind in der Datenbank gespeichert. Ob Einkaufsinfosatz, Buchungskreis oder Lagerort, alles steht in der Datenbank. Genauer gesagt, sie stehen in sogenannten Tabellen. Eine davon, die KNA1, haben Sie im letzten Kapitel kennengelernt. Auf einem 4.6B-System gibt es insgesamt etwa 23.000 Datenbanktabellen[3]. Auf einer 4.7-Maschine ist die Zahl auf 36.000 Tabellen gestiegen. Für ein ECC 6.0 IDES mit EHP5 ist die Zahl auf 423.000 gewachsen. Für einen Endanwender ist das Finden der richtigen Tabelle bei der SapQuery normalerweise das größte Problem. Kapitel 5 wird sich diesem Thema widmen.

Daten werden in der Datenbank in Tabellen gespeichert. Es gibt verschiedene Tabellentypen. Die allermeisten Tabellen sind transparente Tabellen, so auch z.B. die KNA1. Es gibt einige weitere Tabellentypen, die in der folgenden Tabelle näher erläutert werden.

Tabellentyp	Beispiel	Anmerkungen
Transparente Tabelle	KNA1	In einer transparenten Tabelle kann auf jedes Element eines Datensatzes zugegriffen werden. Es gibt keine Beschränkungen im Datenbankzugriff.
Clustertabelle	KONV, BSEG	Eine Clustertabelle existiert nur im Data Dictionary. Auf der Datenbank werden mehrere Clustertabellen in einer realen Tabelle abgebildet. Einschränkung: Bei einer Clustertabelle ist kein Join möglich.
Pooltabelle	A005	Die meisten Customizingtabellen sind Pooltabellen. Eine Pooltabelle existiert nur im Data Dictionary. Auf der Datenbank werden mehrere Pooltabellen in einer realen Tabelle abgebildet. Einschränkung: Bei einer Pooltabelle ist kein Join möglich.
Transparente Tabelle mit Datencluster	INDX, MONI	Dies sind transparente Tabellen, die ein Feld des Typs LRAW haben. In diesem Cluster werden Daten platzsparend gebündelt in Blöcken abgelegt. Einschränkung: Auf das LRAW-Feld ist der Zugriff nur mit ABAP möglich.

Tab. 3–1

→

---

3.   Logischerweise findet man diese Information in einer SAP-Tabelle, der DD02L. ;-)

Transparente Tabelle mit LCHR	EDID4	Dies sind transparente Tabellen, die ein Feld des Typs LCHR (Long Char) haben. In diesem Element werden lange Zeichenketten abgelegt. Einschränkung: Auf das LCHR-Feld ist der Zugriff nur mit ABAP möglich.
Generierte Tabellen	Master-Data-Governance (MDG-)Tabellen	Dabei handelt es sich um von System generierte Tabellen, deren Namen nicht statisch sind. So kann eine Tabelle auf dem Entwicklungssystem und dem Produktivsystem einen unterschiedlichen Namen haben!

Sehen Sie sich die Beispiele in der SE11 und der SE16 an. SE16 und SapQuery haben ähnliche Einschränkungen. So ist es z.B. nicht möglich, sich ein LRAW- oder LCHR-Feld in der SE16 anzusehen. Obwohl Clustertabelle und Tabelle mit Datencluster sehr ähnlich klingen, haben die beiden nichts gemeinsam! Im Rahmen der SapQuery gibt es zwei Möglichkeiten, um gleichzeitig auf eine Clustertabelle und transparente Tabellen zuzugreifen, da der Join nicht möglich ist: logische Datenbanken und Datenversorgungsprogramme. In Kapitel 6 werden FI-Belege mit einer logischen Datenbank ausgelesen. In Kapitel 7 werden mit einem Datenversorgungsprogramm die Einkaufsbestelltexte geladen und es erfolgt der Zugriff auf ein LCHR-Feld von EDI-Daten mittels ABAP.

Technische Schlüssel

Mit den SAP New Dimension-Produkten wie CRM oder SRM wurden technische Tabellenschlüssel eingeführt. Während eine Werksnummer in der MARC oder ein Sprachenschlüssel in einer Texttabelle eine Bedeutung hat, fehlt diese einem technischen Schlüssel. Als technische Schlüssel werden Globally Unique Identifier (GUIDs) eingesetzt. Gebräuchlich sind 16 Byte große Hexzahlen, also z.B. 00163E4817891ED287F30DC3413B8902. Eine GUID ist auf einem SAP-System eindeutig und damit als Schlüssel für eine Tabelle geeignet, aber man sieht ihr leider nicht mehr an, was sie bedeutet.

Problem Full Table Scan

Ich möchte eine Datenbanktabelle mit einer Bibliothek vergleichen. So wie die Bücher in den Regalen der Bibliothek gelagert sind, so sind die Datensätze in den Tabellen der Datenbank gespeichert. Jedes Buch hat auf seinem Rücken einen Index. Wenn ich nun ein bestimmtes Buch suche und den Index dieses Buches kenne, dann kann ich sofort an das richtige Regal gehen und das Buch entnehmen. Kenne ich den Index nicht, dann muss ich Regal für Regal durchgehen, bis ich das Buch gefunden habe. Das Gleiche gilt für einen Datensatz in einer Datenbanktabelle. Jede Datenbanktabelle hat einen **Primärschlüssel** bzw.

Primärindex und oft auch weitere **Indizes**. Der Zugriff auf die Datenbank über einen Index ist sehr schnell, da der Index angibt, wo man den Datensatz findet. Indizes werden von der Datenbank eingesetzt, wenn Tabellenfelder, für die es Indizes gibt, als List- oder Selektionsfelder in der SapQuery verwendet werden.

Der Zugriff ohne Index kann bei großen Tabellen um Größenordnungen langsamer sein, da die Datenbank dann genau wie in der Analogie die gesamte Tabelle durchsucht. Der technische Ausdruck für so einen Zugriff ist der Full Table Scan. Durch einen Full Table Scan wird die Datenbank bei großen Tabellen intensiv belastet. Bei kleinen Tabellen ist hingegen der Full Table Scan kein Problem.

> Verwenden Sie daher Felder, für die es Indizes gibt, in Ihren SapQuerys!

In Kapitel 5 wird die Transaktion SE12 vorgestellt. Mit dieser Transaktion kann man Primärschlüssel/Indizes einer Tabelle ermitteln.

Beim Start eines Reports gibt es ein Zeitlimit. Wenn nach zehn Minuten[4] nicht das Laufzeitende erreicht ist, dann erfolgt ein Abbruch. Soll ein Report länger laufen können, dann kann man ihn als **Hintergrundjob** starten. Im Hintergrund kann ein Report z.B. über Nacht laufen. Auch die SapQuery bietet diese Möglichkeit. Die Hauptlast der SapQuery liegt auf der Datenbank. Wenn Sie eine Query mehrere Stunden laufen lassen (z.B. wegen eines Full Table Scans), dann können Sie die Datenbank für mehrere Stunden intensiv beschäftigen.

> Starten Sie keine SapQuerys im Hintergrund! Sprechen Sie sich gegebenenfalls mit Ihrem Systemadministrator ab.

3.6   Zugriff auf die Datenbank

Im Rahmen der SapQuery gibt es fünf Möglichkeiten des Datenbankzugriffs:

- Zugriff auf eine Tabelle
  Dies ist der einfachste Fall eines Datenbankzugriffs.
- Tabellen-Join
  Der Tabellen-Join ermöglicht den Zugriff auf mehrere Datenbanktabellen.

---

4.   Je nach Einstellung des Systems.

View
Ein View ist ein Join, der im Data Dictionary definiert wurde. Er kann wie eine Tabelle verwendet werden.

Logische Datenbank
Eine logische Datenbank ist in ABAP geschrieben und greift auf mehrere Tabellen zu. Logische Datenbanken können unter Umständen die Datenbank intensiv belasten. Eigenschaften:

- Liest Datensätze.
- Enthält eigenes Selektionsbild.
- Kann Berechtigungsprüfung enthalten.
- In Verbindung mit einer ABAP-Liste ist eine Drill-down-Funktionalität möglich.
- Logische Datenbanken spielen im HR eine zentrale Rolle.

Datenversorgungsprogramm
Dies ist ein eigenständiger ABAP-Report, der für eine Query als Datenquelle fungiert.

Alle diese Zugriffsarten werden später in Musteraufgaben behandelt.

3.6.1   Join

Die Join-Operation verknüpft mehrere Tabellen und liefert eine Ergebnistabelle. In Tabelle 3–2 und 3–3 sind zwei Tabellen dargestellt. Anhand dieser beiden Tabellen möchte ich die Join-Operation erklären. Beide Tabellen haben jeweils drei Spalten. Man kann aber auch Tabellen joinen, die unterschiedliche Spaltenzahlen haben. Es gibt zwei Arten des Joins, den **Inner Join** (Tab. 3–4) und den **Left Outer Join** (Tab. 3–5). Beim Join wird der Inhalt einer Spalte von Tabelle 3–2 mit dem Inhalt einer Spalte von Tabelle 3–3 verglichen. Dies ist die Join-Bedingung. Die Spalte der Join-Bedingung taucht in der Ergebnistabelle einmal auf. Daher ist die Spaltenanzahl der Ergebnistabelle gleich der Summe der Spaltenanzahlen der Ursprungstabellen minus eins, also fünf.

Tab. 3–2

Feld1	Feld2	Feld3
1	Hello	A
2	Guten	B
3	Good Bye	C

Feld1	Feld2	Feld3
1	World	A
2	SapQuery	A
3	Tag	B
4	Nirgendwo	D

Tab. 3–3

Beim Inner Join erfolgt ein Eintrag in die Ergebnistabelle, wenn in beiden Spalten der Join-Bedingung der Inhalt gleich ist. In Tabelle 3–4 war Spalte 3 der beiden Ursprungstabellen die Join-Bedingung.

Inner Join

Ich starte in der Zeile 1 von Tabelle 3–2. In Spalte 3 steht ein ›A‹. Ich gehe nun Tabelle 3–3 Zeile für Zeile durch und schaue, wo dort in der Join-Bedingung ein ›A‹ steht. In Tabelle 3–3 steht in der ersten und in der zweiten Zeile ein ›A‹. Daher erhält die Ergebnistabelle zwei Zeilen.

Ich gehe nun weiter zur Zeile 2 von Tabelle 3–2. In der Join-Bedingung steht ein ›B‹. Ich gehe nun wieder Tabelle 3–3 Zeile für Zeile durch und vergleiche die Join-Bedingung. Zeile 3 in Tabelle 3–3 enthält ein ›B‹. Die Ergebnistabelle erhält eine weitere Zeile.

Ich gehe nun in Zeile 3 von Tabelle 3–2. Die Join-Bedingung enthält ein ›C‹. Wenn ich nun aber Tabelle 3–3 Zeile für Zeile durchgehe, dann stelle ich fest, dass keine Zeile ein ›C‹ enthält. Es erfolgt kein Eintrag in der Ergebnistabelle.

Feld1	Feld2	Feld3	Feld4	Feld5
1	Hello	A	1	World
1	Hello	A	2	SapQuery
2	Guten	B	3	Tag

Tab. 3–4
Ergebnis: Inner Join

Der Left Outer Join enthält alle Einträge in der Ergebnistabelle, die auch der Inner Join enthält. Zusätzlich werden alle Zeilen aus Tabelle 3–2, die nicht die Join-Bedingung erfüllen, mit in die Ergebnistabelle übernommen. Daher taucht in Tabelle 3–5 zusätzlich die Zeile mit dem ›C‹ in Feld 3 auf.

Left Outer Join

Feld1	Feld2	Feld3	Feld4	Feld5
1	Hello	A	1	World
1	Hello	A	2	SapQuery
2	Guten	B	3	Tag
3	Good Bye	C		

Tab. 3–5
Ergebnis: Left Outer Join

Wenn es einen Left Outer Join gibt, sollte man meinen, dass es auch einen Right Outer Join gibt. Dieser ist aber in der SapQuery nicht vorhanden. Könnten Sie sich vorstellen warum[5]?

3.6.2   Logische Datenbanken

Es ist interessant, einmal die offiziellen SAP-Schulungsunterlagen für die SapQuery nach unterschiedlichen Releaseständen zu betrachten. Dabei fällt auf, dass im Release 4.6B die logischen Datenbanken eine dominante Rolle spielen. In höheren Releaseständen bekommen sie hingegen eine Statistenrolle (stattdessen werden nun Rollen sehr wichtig).

Was ist nun eine logische Datenbank? Für den SapQuery-Anwender ist eine logische Datenbank eine Blackbox, die ihm auf einfache Art und Weise den Zugriff auf mehrere Tabellen ermöglicht. Intern werden die Datenbankzugriffe in ABAP realisiert, aber dies ist für den Anwender unsichtbar. Eine logische Datenbank liest Datensätze, stellt ein Selektionsbild und kann Eingabe- und Berechtigungsprüfungen enthalten.

Eine Eigenschaft von logischen Datenbanken in Kombination mit ABAP-Listen ist die Drill-down-Funktionalität. Was bedeutet das? Die Ausgabeliste kann in zwei verschiedenen Formen vorliegen: komprimiert oder expandiert. So ist es möglich, eine Übersichtsliste zu erzeugen und dann gezielt einen Datensatz im Detail genauer anzusehen. Dies geht innerhalb der SapQuery nur mit logischen Datenbanken.

Das große Problem der logischen Datenbanken kann ihre Performance sein. Logische Datenbanken sind in ABAP implementiert. Und dabei gibt es aus Sicht der Performance gute und schlechte Implementierungen. Manche logischen Datenbanken entsprechen bei der Datenzugriffsgeschwindigkeit Programmen, die von einem Entwickler geschrieben wurden. Leider gibt es keine einfache Regel, um den Unterschied festzustellen. Sie sollten, wenn Sie logische Datenbanken einsetzen, ein Auge auf die Performance haben. Bei langen Laufzeiten sollten Sie alternativ auch den Datenbankzugriff per Join untersuchen.

 Warum kann die Performance einer logischen Datenbank schlecht sein? Zuerst eine kleine Betrachtung zur Geschwindigkeit von Speicherzugriffen. In einem Computer gibt es aus Sicht der Speicherzugriffsgeschwindigkeit drei Bereiche: den CPU-Cache, das RAM sowie die Festplatten. Der Zugriff auf den CPU-Cache ist schneller als der

---

5.   Man vertauscht einfach beide Tabellen und kann so den Right Outer Join auf dem Left Outer Join abbilden.

Zugriff auf das RAM und sehr viel schneller als der Festplattenzugriff. Die Datenbankdaten sind auf Festplatten gespeichert. Bei jedem Datenbankzugriff wird ein Programm erheblich langsamer, weil das Programm jedes Mal auf den Festplattenzugriff warten muss.

In Abbildung 3–2 ist eine logische Datenbank dargestellt, die drei Tabellen, also drei sogenannte Knoten, enthält. Charakteristisch für logische Datenbanken ist ihre hierarchische Struktur. Das bedeutet, wenn ich auf Knoten C zugreifen möchte, muss zuerst jeweils Knoten A und dann B gelesen werden. Es ist nicht möglich, direkt auf Knoten C zuzugreifen.

Logische Datenbanken zeigen daher eine schlechte Performance, wenn nur Daten aus tiefen Knoten benötigt werden. Invers: Die Performance ist gut, wenn entweder Daten aus allen Knotenebenen oder nur aus hohen Knoten gezogen werden.

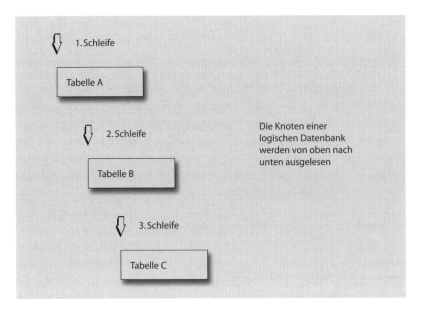

Abb. 3–2

Struktur einer logischen Datenbank

Bei logischen Datenbanken mit schlechter Performance enthält jeder Knoten eine SELECT...ENDSELECT-Anweisung. Dies ist eine Schleife. Ich möchte das anhand eines Beispiels erläutern. Auf jeden Knoten in Abbildung 3–2 soll zehnmal zugegriffen werden. Das bedeutet, dass auf Knoten A zehnmal ein Zugriff erfolgt, auf Knoten B hundertmal und auf Knoten C sogar eintausend Zugriffe erfolgen. Zusammen also 1110 Datenbankzugriffe. Im Vergleich: Falls ein Ent-

wickler die gleiche Fragestellung mit einem Join löst und das Ergebnis auf einmal in das RAM des Applikatiosservers lädt, dann erfolgt nur ein Datenbankzugriff. Den gleichen Weg beschreiten performante logische Datenbanken.

> Bei logischen Datenbanken mit schlechter Performance erfolgen viele Zugriffe auf die Datenbank, wobei jeweils kleine Datenmengen übertragen werden. Performante logische Datenbanken greifen einmal auf die Datenbank zu, wobei eine große Datenmenge übertragen wird, und speichern das Ergebnis im RAM des Applikationsservers.

Neben den Clustertabellen gibt es einen weiteren Fall, wo der Einsatz einer logischen Datenbank (oder eines Datenversorgungsprogramms) notwendig ist. Eine Join-Verknüpfung zweier Tabellen ist nur möglich, wenn der technische Typ der Join-Bedingung in beiden Tabellen gleich ist. Also wenn z.B. der Datentyp einer Materialnummer in Tabelle A CHAR und in Tabelle B NUMC ist, dann kann man keinen Join dieser beiden Tabellen durchführen, obwohl in beiden Spalten eine Materialnummer steht. In diesem Fall muss man zu einer logischen Datenbank greifen (falls es eine solche gibt).

Logische Datenbanken im HR

Während in den meisten SAP-Modulen die logischen Datenbanken nur für Spezialfälle interessant sind, haben sie im HR eine überragende Bedeutung. Warum? Daten im HR haben eine Zeitbindung! Menschen heiraten, bekommen Kinder und ziehen um. Und alle diese Ereignisse haben einen Startpunkt (und manchmal auch ein Ende). Bei einer Auswertung sollen nur die für einen Zeitraum relevanten Daten gefunden werden. Dies geschieht automatisch, wenn eine logische Datenbank des HR verwendet wird. Mehr in Kapitel 11.

> Logische Datenbanken im HR werten die Zeitbindung aus.

3.7   SapQuery Security

Neben der Performance hat die SapQuery ein weiteres Problem: die Sicherheit oder besser in Denglisch die Security.

Alle Informationen eines SAP-Systems sind in Datenbanktabellen gespeichert. Die Endanwender greifen auf diese Tabellen über die SAP-Transaktionen zu. In diesen Transaktionen werden die Berechtigungen eines Benutzers, eine bestimmte Information zu erlangen, geprüft.

Die SapQuery greift nun direkt auf die Datenbanktabellen zu. Die normale SAP-Berechtigungsprüfung findet nicht statt.[6]

Bei Verwendung der SapQuery wird das SAP-Sicherheitskonzept umgangen! Ein Benutzer, der die Berechtigung hat, SapQuerys zu erstellen und auszuführen, kann damit jede Information eines SAP-Systems erhalten!

Das Kapitel 8 wird sich dieser Problematik widmen. Dort werden Sie anhand von zwei Beispielen darauf sensibilisiert. Des Weiteren wird ausgeführt, wie man auch in der SapQuery den Zugriff einschränken kann.

3.8   Grenzen der SapQuery

Die SapQuery ist ein Programmgenerator. Anstelle eines Entwicklers erstellt die SapQuery Auswertungen für Endanwender. Wenn Sie also eine Auswertung haben wollen, kann dies entweder durch einen Entwickler oder die SapQuery erfolgen. Dieser Abschnitt soll bei der Entscheidung zwischen beiden helfen.

In einfachen Fällen sollte Laufzeitperformance von SapQuery-Code und Entwicklercode ähnlich sein. Aber je mehr Datenbanktabellen involviert sind, desto größer ist die Wahrscheinlichkeit, dass der Entwicklercode besser ist.

Welche Konsequenz hat dieser Tatbestand? Ich möchte dafür eine Fallunterscheidung anhand der beiden Kriterien Einsatzhäufigkeit und Laufzeit durchführen (Tab. 3–6):

Einsatzhäufigkeit	Laufzeit	SapQuery-Einsatz
selten	egal	kein Problem
häufig	< 1 min	kein Problem
häufig	> 1 min	Problemfall

Tab. 3–6
Wann ist eine SapQuery ein Problemfall?

Wenn Sie also eine SapQuery einmal im Monat mit einer Laufzeit von neun Minuten laufen lassen, dann sollte dies o.k. sein. Wenn Sie hingegen eine SapQuery zehnmal am Tag mit einer Laufzeit von jeweils neun Minuten laufen lassen, dann sollten Sie sich überlegen, diese Auswertung selber zu optimieren (z.B. durch Verwendung von Feldern, für die es Indizes gibt) oder einen entsprechenden Report durch einen Entwickler erstellen zu lassen.

---

6.   Damit ist die SapQuery ein optimales Werkzeug für Industriespionage!

3.9   FAQ

Dieses Unterkapitel ist seit der zweiten Auflage dabei. Ich möchte hier einige Fragen & Antworten aus dem Buchforum[7] wiedergeben.

Im Forum wurden immer wieder Fragen zum Join gestellt. Denken Sie daran, dass der Join eine Multiplikation ist!

Tab. 3–7

Frage	Antwort
Warum ist die Treffermenge meines Joins leer?	0 * 5 = 0 Wichtig ist, dass in **beiden** Tabellen in den Spalten der Join-Bedingung ein Wert vorhanden ist!
Warum tauchen manche Datensätze in der Treffermenge nicht auf	Falls in manchen Spalten der Join-Bedingung von Datensätzen nichts steht, fällt dieser beim »Inner Join« weg!
Warum tauchen manche Zeilen mehrfach auf?	Siehe Tabelle 3–3. Dort ist im Feld für die Join-Bedingung der Wert ›A‹ doppelt vorhanden. Daher sind wegen der Multiplikation in der Ergebnismenge zwei Zeilen vorhanden: »Hello World« und »Hello SapQuery«!

Ein weiterer interessanter Beitrag geht auf den Left Outer Join mit einer WHERE-Bedingung der rechten Tabelle ein. In ABAP ist es nicht möglich, bei einem Left Outer Join WHERE-Bedingungen für die rechte Tabelle anzugeben. Man erhält die Fehlermeldung »No fields from the right-hand table of a LEFT OUTER JOIN may appear in the WHERE condition«.

In der SapQuery erfolgt in diesem Fall keine Fehlermeldung. Stattdessen verhält sich der Left Outer Join wie ein Inner Join!

---

7.   *http://www.query-ohne-namen.de/Forum/index.php*

4 Der QuickViewer

Vergleich SapQuery/QuickViewer

Die Transaktionen der SapQuery beinhalten den QuickViewer (SQVI) sowie die eigentlichen SapQuery-Transaktionen SQ01 bis SQ03. Was in den **SapQuery-Transaktionen** vom Funktionsumfang auf die drei Transaktionen verteilt ist, ist beim QuickViewer in einer Transaktion vereinigt. Dafür muss man Abstriche in der Funktionalität hinnehmen. Eine Gegenüberstellung der Eigenschaften von SapQuery und Quick-Viewer finden Sie am Ende dieses Kapitels.

Das BCV-Framework (Kapitel 10) verwendet/definiert »Quick Views«. Diese sind eigenständig und haben nichts mit der Transaktion SQVI zu tun.

Zielgruppe QuickViewer

Dieses Kapitel behandelt die Transaktion SQVI, den QuickViewer. Der QuickViewer hat zwei Zielgruppen: Er ist zum einen für Leute interessant, die nur ab und zu mal mit der SapQuery arbeiten wollen. Die andere Zielgruppe sind Leute, die später die SapQuery-Transaktionen verwenden möchten. Es ist oft didaktisch sinnvoller, nicht sofort mit einem komplexen System zu starten, sondern zuerst an einem einfachen System zu üben und dann den Sprung zum komplexen System zu machen. Da der QuickViewer nur eine Basismenge an Funktionalität bietet, kann man hier seine ersten Erfahrungen sammeln. Wie Sie später sehen werden, wird Ihnen dann bei der SapQuery und der Info-Set Query (Kapitel 9) vieles sehr bekannt vorkommen.

4.1 Lernziele

  Die Eigenschaften des QuickViewers
  Zugriff auf einzelne sowie auf mehrere (Join) Datenbanktabellen
  Besprechung des grafischen Join-Editors
  Sie lernen zwei zentrale Logistik-Tabellen kennen: die LFA1 (Lieferantenstamm) und die LIKP (Lieferungen Kopfpositionen)

⣿ Möglichkeiten der Ausgabeformatierung bei ABAP-Listen und ALV-Grids

⣿ Performanceeigenschaften der erzeugten Berichte

4.2   Grundlagen

QuickViews sind lokal. Ein Benutzer kann immer nur seine **eigenen** QuickViews sehen bzw. bearbeiten. Die QuickViews anderer User sind nicht sichtbar. Des Weiteren ist der QuickViewer nicht an das **SAP-Transportsystem** angeschlossen.

Was bedeutet das? Stellen Sie sich die folgenden zwei Szenarien vor: Sie haben einen interessanten QuickView geschrieben und möchten ihn Ihren Kollegen zur Verfügung stellen. Dies geht nicht, da QuickViews immer lokal sind.

Sie bekommen einen User auf einem neuen System. Sie müssen die QuickViews neu erstellen, da QuickViews nicht transportierbar sind.

Es gibt zwei Möglichkeiten, diese Einschränkung zu umgehen:

1. QuickViews lassen sich in SapQuerys umwandeln und sind damit sowohl transportierbar als auch durch mehrere Personen nutzbar. Dies wird in Kapitel 6 besprochen.

2. Der QuickViewer ist ein Programmgenerator, der Reports erstellt. Die QuickViews lassen sich zwar nicht transportieren, aber die erzeugten Reports. Diese kann man z.B. in den ABAP-Editor SE38 laden und dann im Kundennamensraum speichern.

Ablauf QuickView-Erstellung Wenn Sie einen QuickView erzeugen, dann läuft das in drei Schritten ab. Im ersten Schritt wählen Sie eine **Datenquelle** aus. Im zweiten Schritt legen Sie die **Selektions**-, **Sortier**- und **Ausgabefelder** fest. Schließlich erfolgt die Definition des **Layouts**.

SAP-Releasestände Der QuickViewer ist seit SAP-Release 4.6 vorhanden. Die Musterlösungen dieses Kapitels wurden an einem IDES-System ECC 6.0 auf EHP5 erstellt.

Umgang mit Übungsaufgaben In meinen Kursen habe ich meine Teilnehmer immer aufgefordert zu **spielen**. Dies ist eine **effiziente Lerntechnik**. Das heißt, wenn Sie z.B. eine Musterlösung zum zweiten Mal durcharbeiten, dann drücken Sie doch in verschiedenen Bildern einfach mal auf einen Knopf oder setzen Sie Radiobuttons und schauen Sie was passiert. Da bei den Query-Transaktionen immer nur ein **lesender** Zugriff erfolgt, besteht nicht die Gefahr, dass Sie einen irreversiblen Schaden anrichten können. Sehen Sie auch die Musteraufgaben nicht als in Stein gemeißelt an. Modifizieren Sie sie doch einfach mal!

4.3   Musteraufgabe 2: Zugriff auf den Lieferantenstamm (Tabelle LFA1)

4.3.1   Aufgabenstellung

Schreiben Sie einen QuickView, der Daten über Lieferanten liefert. Verwenden Sie einen ALV-Grid für die Ausgabe. Folgende Abfragen bzw. Ausgaben sollen erfolgen:

Selektionsfeld

▨ Kontonummer des Lieferanten

Ausgabefelder

▨ Kontonummer des Lieferanten
▨ Name 1
▨ 1 Telefonnummer
▨ Telefaxnummer

4.3.2   Lernziele

Diese Informationen stehen alle in der Tabelle LFA1, die zentrale Daten des **Lieferantenstammes** enthält. Dies ist **eine** Tabelle und daher wird in dieser Musteraufgabe der Datenbankzugriff auf eine einzelne Tabelle behandelt. Des Weiteren wird der ALV-Grid und seine Layoutvarianten besprochen.

4.3.3   Lösung

In Abbildung 4–1 sehen Sie das **Startbild** des QuickViewers (Transaktion SQVI). Sie finden ihn unter ›Werkzeuge/ABAP Workbench/Hilfsmittel/Quick Viewer‹. Dort können Sie QuickViews anlegen, ändern, ausführen oder anzeigen. Via ›SAP Query‹ können Sie in die SQ01[1] verzweigen. ›Beschreibung‹ liefert Informationen über einen vorhandenen QuickView. Nach Ausführen eines QuickViews kann man die Treffermenge bei der Ausgabeform ABAP-Liste (nächste Musteraufgabe) sichern. Hier im Startmenü lässt sie sich dann mit ›Gesicherte Liste‹ wieder laden. Im Selektionsbild kann man eine Variante abspeichern. ›Ausführen Mit Variante‹ im Startbild lädt diese gesicherten Varianten. In Abbildung 4–1 ist nur ein QuickView angegeben,

---

1.   In der SQ01 werden Querys definiert. Diese wird in Kapitel 6 behandelt.

obwohl auf diesem System sehr viele QuickViews existieren, da man
immer nur seine eigenen QuickViews sieht.

Abb. 4–1

QuickViewer: Einstiegsbild

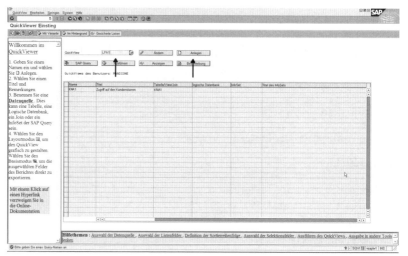

© SAP AG

> Verwenden Sie generell nicht den Druckbutton ›Ausführen im Hintergrund‹,
> siehe Kapitel 3.

→ Starten Sie die Transaktion SQVI (Abb. 4–1) und geben Sie einen
   Namen an, z.B. ›LFA1‹. Drücken Sie auf ›Anlegen‹.

Abb. 4–2

QuickViewer: Wahl der
Datenquelle

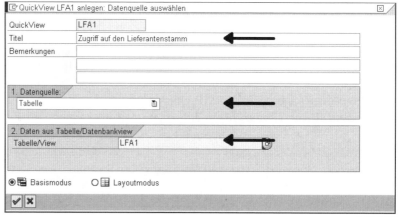

© SAP AG

→ (Abb. 4–2) Geben Sie einen Titel, z.B. ›Zugriff auf den Lieferantenstamm‹, als Datenquelle ›Tabelle‹ sowie bei Daten aus Tabelle
   ›LFA1‹ an. Drücken Sie dann auf ›Return‹.

Der QuickViewer hat zwei **Hauptsichten**, den **Basismodus** (Abb. 4–3) *Basis- & Layoutmodus*
und den **Layoutmodus** (Abb. 4–18). Im Basismodus definieren Sie Ausgabefelder, Selektionsfelder, Sortierreihenfolge sowie die Ausgabeart. Im
Layoutmodus bestimmen Sie das Layout für die Ausgabe als ABAP-
Liste. Mit der Drucktaste in der linken oberen Ecke, ›Layoutmodus‹
bzw ›Basismodus‹, kann man zwischen diesen beiden Sichten wechseln.

Der Layoutmodus wird in dieser Musterlösung nicht, dafür aber
ausführlich in der nächsten besprochen, wenn die Ausgabe als ABAP-
Liste erfolgt. Beim ALV-Grid werden von den möglichen Einstellungen
im Layoutmodus nur sehr wenige übernommen, so z.B. die Ausgabe-
reihenfolge, Farben oder Sortierfelder. Hingegen ist bei der ABAP-Liste
im Layoutmodus sehr viel mehr möglich.

> Man kann immer im Layoutmodus Einstellungen vornehmen. Diese werden
> aber nur vollständig gezogen, wenn im Basismodus (Abb. 4–3) ›Listenaus-
> gabe‹ gewählt wurde. Da in dieser Musterlösung der ALV-Grid gewählt
> wurde, werden viele Layoutmöglichkeiten, außer z.B. der Ausgabenreihen-
> folge oder den Sortierfeldern, ignoriert.

Die Felder tauchen in der Liste ›Verfügbare Felder‹ in der gleichen Reihenfolge auf, wie sie in der Tabelle LFA1 definiert sind. Oft ist es sinnvoll, diese Felder alphabetisch zu sortieren, da man dann ein gesuchtes
Feld schneller findet (Abb. 4–3, unterer linker Pfeil).

Bei ›Ausgabe als‹ können verschiedene Ausgabeformen eingestellt
werden. Hier in dieser Musteraufgabe wird der ALV-Grid behandelt.
Dieser verbirgt sich hinter ›SAP ListViewer‹.

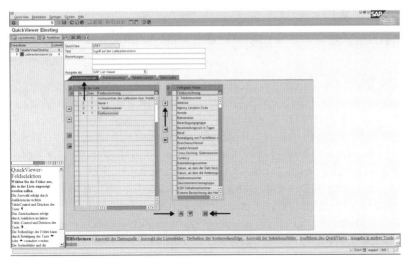

Abb. 4–3

QuickViewer-Basismodus:
Listfelder

© SAP AG

→ (Abb. 4–3) Setzen Sie ›Ausgabe als‹ auf ›SAP ListViewer‹. Markieren Sie die gewünschten verfügbaren Felder aus der Aufgabenstellung und transportieren Sie sie (oberer Pfeil) in die Felder der Liste. Alternativ können Sie mit dem Fernglas (unterer rechter Pfeil) nach den Feldern suchen. Es kann sein, dass mit dem Fernglas gesuchte Felder im Hintergrund liegen. Drücken Sie in jedem Fall auf die Transporttaste, auch wenn kein markiertes Feld erscheint!

In Zeiten von SAP 4.6C gab es typische Fehlersymptome wie »ausgewählte Selektionsfelder tauchen nicht auf dem Selektionsbild auf« oder »Fehler in der Formatierung«. Abhilfe brachte das Sichern in beiden Sichten (also Basis- und Layoutmodus) vor Ausführung des QuickViews.
Diese Fehler sollten in aktuellen Releases nicht mehr auftauchen.

Abb. 4–4
QuickViewer: Struktur der Basismodusmaske

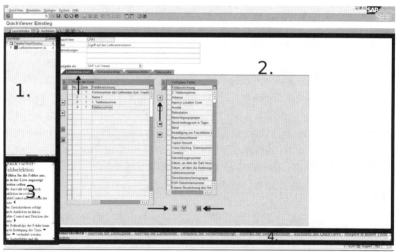

© SAP AG

Die QuickViewer-Maske (Abb. 4–4) ist im Basismodus in vier Bereiche gegliedert. Der Bereich 4 (rechts unten) ist eine Onlinehilfe. Ein Linksklick mit der Maus listet das ausgewählte Thema auf. Der Bereich 3 (links unten) ist ein kontextsensitiver Bereich. Je nach Modus, und was Sie gerade machen, werden in diesem Bereich Informationen angezeigt. Im Bereich 2 (rechts oben) sind zwei Listen, mit denen Felder ausgewählt werden können. Im Bereich 1 (links oben) ist eine Baumstruktur. Wenn man diese aufreißt, dann können List- und Selektionsfelder gewählt werden. Diese Baumstruktur wird in der nächsten Musteraufgabe besprochen. Bereich 1 und 2 sind redundant. Sie können mit beiden (fast) das Gleiche erreichen.

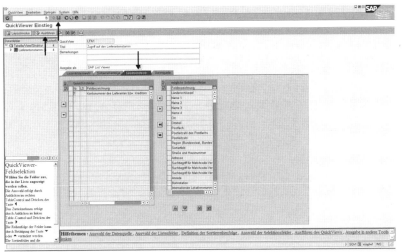

Abb. 4–5

QuickViewer-Basismodus:
Selektionsfelder

→ (Abb. 4–5) Drücken Sie auf den Reiter ›Selektionsfelder‹ und transportieren Sie das Feld ›Kontonummer des Lieferanten‹ in die Rubrik Selektionsfelder. Sichern Sie und betätigen Sie die Drucktaste ›Ausführen‹.

Abb. 4–6

QuickViewer:
Selektionsmaske

Manchmal tritt beim Sichern im Basismodus eine Fehlermeldung auf und die Transaktion wird beendet. Sie müssen dann von vorne beginnen. Diese Fehlermeldung erfolgt dann, wenn mehrere Leute gleichzeitig an dieser Stelle sichern (z.B. während eines SapQuery-Kurses).

In Abbildung 4–6 kann für den verwendeten ALV-Grid ein Layout angegeben werden. Ein Layout für einen ALV-Grid wird in der Treffermenge abgespeichert. Dies folgt in Kürze.

→ (Abb. 4–6) Wenn Sie wollen, können Sie eine Selektionseinschränkung bei ›Kontonummer des Lieferanten‹ angeben. Betätigen Sie ›F8‹.

Alle Musterlösungen in diesem Buch sind an SAP-Systemen mit wenig Daten erstellt worden. Daher ist in Abbildung 4–6 keine Selektionseinschränkung angegeben. Falls Sie auf einem System mit großem Datenbestand arbeiten, in dem z.B. sehr vielen Lieferanten angelegt sind, sollten Sie im Selektionsbild Werte angeben.

Abb. 4–7

QuickViewer: Begrenzung der Datenbankzugriffe

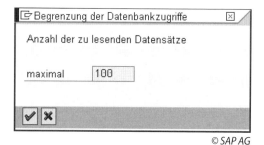

© SAP AG

→ (Abb. 4–7) Drücken Sie auf ›Return‹.

Abb. 4–8

QuickViewer: Treffermenge

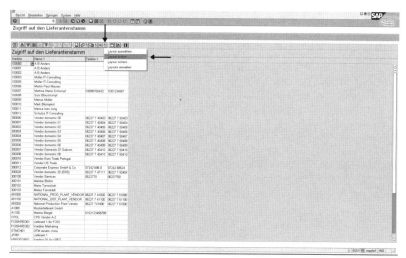

© SAP AG

→ (Abb. 4–8) Betätigen Sie den Layout-Button und wählen Sie ›Layout ändern‹.

In Abb. 4–8 sehen Sie die Treffermenge für die Datenbankabfrage. Hier an dieser Stelle ist es möglich, ein eigenes Layout zu erstellen und abzuspeichern.

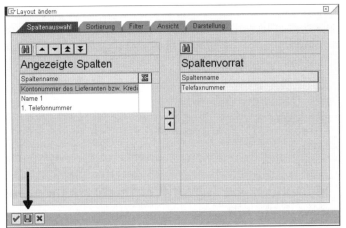

Abb. 4–9
*QuickViewer: Layout
ändern beim ALV-Grid*

→ (Abb. 4–9) Transportieren Sie ein Feld, z.B. ›Telefaxnummer‹, in den Spaltenvorrat. Betätigen Sie ›Sichern‹.

Über die Reiter in Abbildung 4–9 lassen sich verschiedene Sichten einstellen. Insbesondere die Sichten ›Spaltenauswahl‹ und ›Filter‹ sind interessant. In der ›Spaltenauswahl‹ kann man die Ausgabenspalten und ihre Position bestimmen. So ist es möglich, durch die Wahl des Layouts eine unterschiedliche Spaltenanzahl für den gleichen Quick-View zu realisieren. In ›Filter‹ kann die Treffermenge weiter begrenzt werden.

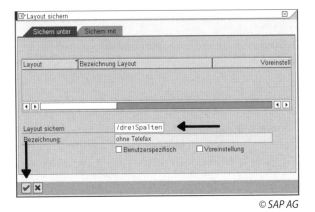

Abb. 4–10
*QuickViewer: Layout
speichern beim ALV-Grid*

→ (Abb. 4–10) Geben Sie einen Namen, z.B. ›/dreiSpalten‹, und eine Beschreibung für Ihr Layout an und speichern Sie.

Bei der Bezeichnung für ein Layout des ALV-Grids gibt es eine Konvention: Namen, die mit einen Slash ›/‹ beginnen, gelten für alle Benutzer. Hingegen sind Layouts, die mit einem Buchstaben beginnen, benutzerspezifisch. Wenn Sie also bei ›Benutzerspezifisch‹ ein Häkchen setzen, muss der Layoutname mit einem Buchstaben anfangen, sonst mit einem Slash.

Diese Unterscheidung ist hier irrelevant, da der QuickView immer lokal ist. Aber den ALV-Grid können Sie natürlich auch bei der Sap-Query einsetzen.

4.4   Musteraufgabe 3: Zugriff auf mehrere Tabellen mit einem Join

4.4.1   Aufgabenstellung

Schreiben Sie einen QuickView, der folgende Selektionsfelder bzw. Ausgabefelder hat:

Selektionsfelder

▨ Kontonummer des Lieferanten

Ausgabefelder

▨ Kontonummer des Lieferanten
▨ Name des Lieferanten
▨ Lieferung
▨ Liefertermine

Verwenden Sie zur Ausgabe eine ABAP-Liste.

4.4.2   Lernziele

Diese Informationen stehen in zwei Tabellen, der LFA1 und der LIKP. Der QuickView muss also gleichzeitig auf zwei Tabellen zugreifen. Dies gelingt mit dem **Tabellen-Join**. Diese Musteraufgabe macht Sie mit dem grafischen Join-Editor sowie den Layouteigenschaften der Listenausgabe vertraut.

Die Tabelle LFA1 enthält zentrale Daten des **Lieferantenstammes**. Die Tabelle LIKP enthält die **Kopfdaten** der **Vertriebsbelege** der Lieferungen.[2]

---

2.   Die Tabelle LFA1 ist aus dem Modul MM, die Tabelle LIKP aus dem Modul SD. Was erwarten Sie für ein Ergebnis, wenn man diese beiden Tabellen mit einer Join-Bedingung verknüpft? Eine Antwort erhalten Sie am Ende dieser Musteraufgabe.

4.4.3   Lösung

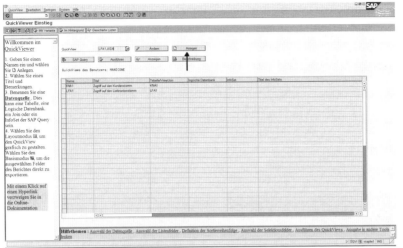

© SAP AG

Abb. 4–11

QuickViewer: Startmaske

→ (Abb. 4–11) Vergeben Sie einen Namen, z.B. ›LFA1JOIN‹ und klicken Sie auf ›Anlegen‹.

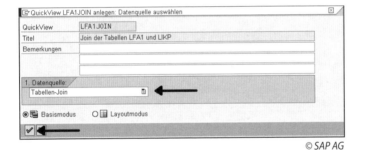

© SAP AG

Abb. 4–12

QuickViewer: Wahl der Datenquelle

→ (Abb. 4–12) Geben Sie eine Beschreibung an, z.B. ›Join der Tabellen LFA1 und LIKP‹, und wählen Sie als Datenquelle ›Tabellen-Join‹. Betätigen Sie ›Return‹.

Sie können in Abbildung 4–12 bei ›Datenquelle‹ folgende Möglichkeiten auswählen:

Tabelle
Dies ist der Zugriff auf eine Tabelle und somit der effizienteste Zugriff, der die Datenbank am wenigsten belastet. Alternativ können Sie hier einen **View** angeben. Dies wird kurz am Ende dieses Kapitels besprochen.

Arten Datenquelle

Tabellen-Join

Hier können Sie mehrere Tabellen über eine Join-Operation verknüpfen. Da dies für die Datenbank aufwendig ist, sollten Sie
immer Primärschlüssel und/oder Indizes in Ihrer Abfrage haben.

Logische Datenbank

Logische Datenbanken als Datenquelle werden in Kapitel 6 und 11
besprochen.

SAP Query InfoSet

Sie können eine Datenquelle mit der Transaktion ›SQ02‹ definieren. Diese Datenquelle heißt InfoSet. Dieser Datenquellentyp kann
analog wie eine Tabelle verwendet werden. InfoSets werden in
Kapitel 6 behandelt.

Abb. 4–13

QuickViewer: Initialer
grafischer Join-Editor

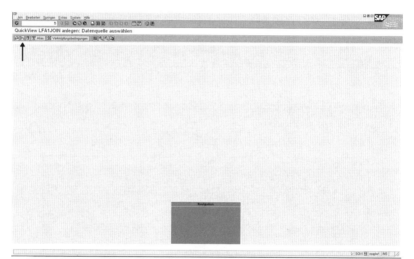

© SAP AG

→ (Abb. 4–13) Klicken Sie auf ›Tabelle einfügen‹ und geben Sie
›LFA1‹ an. Drücken Sie ›Return‹. Gehen Sie mit dem Mauszeiger
auf die rechte, untere Ecke des Fensters ›LFA1‹ und vergrößern Sie
das Fenster via ›Drag‹. Fügen Sie dann die Tabelle ›LIKP‹ ein. Es
wird automatisch eine sinnvolle Verknüpfung vorgeschlagen. Ihr
Bildschirm sollte nun wie Abbildung 4–14 aussehen. Sie können
hier nicht sichern, also verlassen Sie die Maske via ›F3‹.

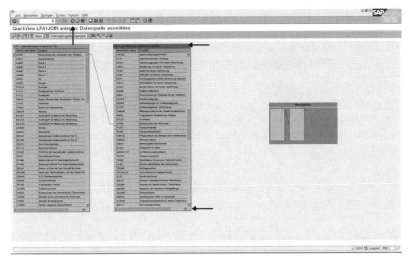

Abb. 4–14

QuickViewer: Vollständige Join-Definition

In Abbildung 4–14 ist der grafische **Join-Editor** dargestellt. Mit diesem kann man eine **Join-Verknüpfung** mehrerer Tabellen definieren und so gleichzeitig aus mehreren Datenbanktabellen Daten ziehen. Die Tabellen werden über die Join-Bedingung verknüpft, die als schwarzer Balken dargestellt wird. Wenn die zweite Tabelle eingefügt wird, wird automatisch eine Join-Bedingung (Inner Join) vorgeschlagen. Mit einem Rechtsklick auf den Verbindungsbalken können Sie die Art der Verknüpfung ändern (also zum ›Left Outer Join‹) oder sie löschen. Falls Sie sie löschen, können Sie per Drag & Drop eine neue Verknüpfung vorschlagen.

Join-Bedingung

In diesem Beispiel wird die vom System vorgeschlagene Verknüpfung übernommen. Es wurde das Feld ›LIFNR‹ gewählt, das in beiden Tabellen vorkommt. Doch was macht eine Join-Bedingung aus?

- Gleicher Datentyp
  Einmal muss der Datentyp übereinstimmen. Ein Beispiel wäre: Das Feld besteht aus Zahlen und ist 10 Zahlen lang.
- Gleiche Bedeutung
  Des Weiteren muss die Bedeutung des Join-Feldes in beiden Tabellen gleich sein. Also in beiden Feldern muss z. B eine Liefernummer stehen.

In diesem Beispiel hat das Feld der Join-Bedingung in beiden Tabellen den gleichen Namen. Dies muss aber nicht sein. Es können auch Felder mit unterschiedlichen Namen verknüpft werden, solange die beiden oberen Bedingungen erfüllt sind.

Die oberen Tabellenzeilen haben links entweder ein kleines Schlüs-
selsymbol oder ein abstraktes Symbol. Diese Zeilen sind **Primärschlüssel** dieser Tabelle. Wenn Sie also beim Zugriff auf die LFA1 die Kontonummer des Lieferanten LIFNR oder bei der LIKP die Lieferung
VBELN angeben, dann minimieren Sie die Belastung für die Datenbank.

Sie können eine Tabelle nur einmal unter ihrem Namen einfügen.
Soll eine Tabelle ein zweites Mal in eine Join-Bedingung eingebunden
werden, dann geht dies mit einer sogenannten **Alias-Tabelle**. Diese
wird mit dem Button ›Alias-Tabelle‹ definiert. Dieser Fall tritt bei-
spielsweise auf, wenn Sie eine Tabelle mit sich selber joinen wollen.
Dazu gibt es am Ende des Kapitels eine Übungsaufgabe.

Abb. 4–15
QuickViewer Basismodus:
Listfelder

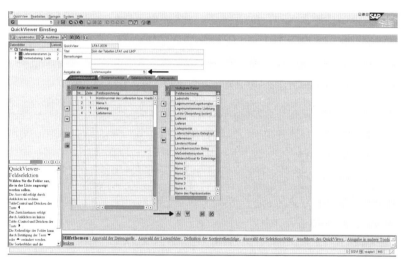

© SAP AG

In diesem Beispiel wurden zwei Tabellen verwendet. Sie können aber
natürlich auch mehr einsetzen, sollten sich aber vor Augen halten, dass
bei jeder weiteren Join-Verknüpfung der Aufwand für die Datenbank
exponentiell steigt! Eine der Übungsaufgaben am Ende des Kapitels
verknüpft drei Tabellen via Join.

➜ (Abb. 4–15)
1. Wählen Sie in ›Ausgabe als‹ die ›Listenausgabe‹ (oberer Pfeil).
2. Markieren Sie die Felder der Aufgabenstellung und transportieren Sie sie aus ›Verfügbare Felder‹ in ›Felder der Liste‹. Für das
   dritte und vierte Feld ist es sinnvoll, die Liste der verfügbaren
   Felder zu sortieren (unterer Pfeil).

Im Pop-up-Menü ›Ausgabe als‹ der Abbildung 4–15 können Sie folgende Fälle einstellen:

Ausgabemöglichkeiten im QuickView

▨ Listenausgabe
  Ausgabe als ABAP-Liste
▨ SAP List Viewer
  Ausgabe als ALV-Grid
▨ Word
  Export nach Word
▨ Excel
  Export nach Excel
▨ Grafik
  Darstellung als Grafik. Dies geht nur mit der Kombination eines numerischen Feldes und einem nicht numerischen Feld.
▨ Anzeige als Tabelle
  Alternative Ausgabe als Table Control. Dies ist ein Vorläufer des ALV-Grids und ähnelt diesem in seinen Eigenschaften.
▨ ABC-Analyse
  Darstellung als ABC-Analyse. Dies geht nur mit der Kombination eines numerischen Feldes und einem nicht numerischen Feld.
▨ Lokale Ablage
  Daten werden lokal auf dem PC gespeichert.

Um Grafiken anzuzeigen oder für eine ABC-Analyse ist die Kombination numerisches Feld/nicht numerisches Feld notwendig. In einer Musteraufgabe in Kapitel 6 werde ich auf diesen Fall eingehen.

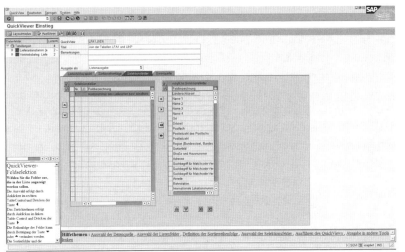

Abb. 4–16

QuickViewer Basismodus: Selektionsfelder

© SAP AG

→ (Abb. 4–16) Klicken Sie auf den Reiter Selektionsfelder und wählen Sie das Feld ›Kontonummer des Lieferanten‹.

Abb. 4–17

QuickViewer Basismodus:

Selektionsfelder per Baum

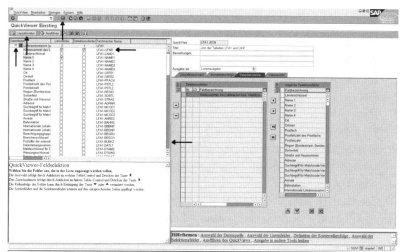

© SAP AG

→ (Abb. 4–17)
1. Venrgrößern Sie das linke, obere Fenster (Bereich 1) per Drag (Pfeil ganz rechts).
2. Klappen Sie eie Tabelle auf (Pfeil ganz links).
3. Sichern Sie und gehen Sie in den Layoutmodus.

Es gibt einen **alternativen Weg**, um **List-** und **Selektionsfelder** auszuwählen (Abb. 4–17). Sie sehen, dass die List- und Selektionsfelder in dieser Baumstruktur auftauchen. Durch das Setzen oder Löschen von Häkchen werden die Felder aktiviert bzw. deaktiviert. In dieser Darstellung werden zusätzlich die technischen Namen angezeigt. Wann sollte man diese Baumstruktur einsetzen? Dies ist sinnvoll bei mehreren Tabellen, speziell wenn Tabellen mit nur wenigen Feldern dabei sind. In der Liste ›mögliche Selektionsfelder‹ (Bereich 2) auf der rechten Seite der Eingabemaske werden alle Felder aller Tabellen in einer Liste vereinigt. Dies kann bei mehreren Tabellen schnell unübersichtlich werden.

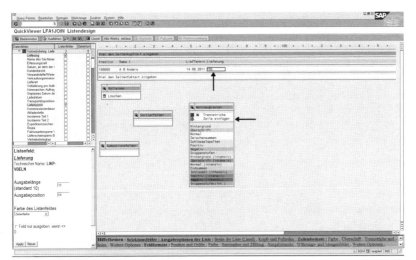

Abb. 4–18

QuickViewer:
Layoutmodus

➜ (Abb. 4–18)

1. Klicken Sie auf das Datenfeld unter ›Lieferung‹ (das Datenfeld bekommt einen blauen Rand) und ziehen Sie es dann bei gedrückter linker Maustaste etwas nach rechts.

2. Klicken Sie im Werkzeugkasten in ›Zeile einfügen‹. Bewegen Sie dann den Mauszeiger über das Icon in ›Zeile einfügen‹. Der Mauszeiger verändert sich und wird ein vierfacher Pfeil. Klicken Sie auf das Icon und ziehen Sie es bei gedrückter Maustaste in die Zeile mit den Datensätzen und lassen dort die Maustaste los.

Im Layoutmodus können Sie auf vielfältige Art und Weise das Layout bestimmen. Diese Einstellungen werden aber nur vollständig übernommen, wenn Sie als Ausgabe die ABAP-Liste, also ›Listenausgabe‹, wählen.

Zuerst wird ein Element mit einem Linksklick aktiviert, danach können Sie Modifikationen des Layouts auf zwei Arten vornehmen.

Abb. 4–19

QuickViewer:

Layoutmodus 2

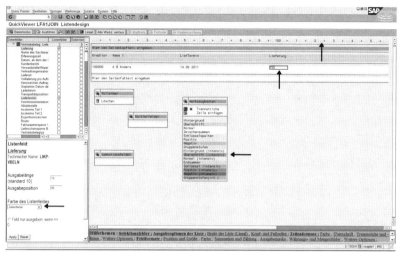

In Abbildung 4–19 ist die Spaltenüberschrift ›Lieferung‹ abgebildet. Darunter ist ein Datensatz zu diesem Datentyp angegeben. Durch einen Linksklick auf den Datensatz wird dieses Element aktiviert. Der Datensatz ist nun blau umrahmt. Es gibt dann zwei Möglichkeiten, das Layout zu beeinflussen:

- Durch direkte Eingabe im linken, unteren Fenster. Falls Sie in diesem Fenster Eingaben machen, müssen Sie am Ende auf den ›Apply‹-Button im gleichen Fenster klicken.
- Durch ›Drag & Drop‹ mit der Maus. Wenn Sie den Cursor über den blau umrahmten Datensatz bewegen, dann verändert sich der Cursor und Sie können bei gedrückter linker Maustaste z.B. die Position verändern.

→ (Abb. 4–19)

1a. Klicken Sie im Werkzeugkasten auf die Farbe Blau (›Überschrift‹). Am Anfang der Zeile taucht ein Icon auf. Ziehen Sie bei gedrückter Maustaste das Icon auf die Zahl unter ›Lieferung‹.

1b. Alternativ können Sie die Farbe im linken, unteren Fenster unter ›Farbe des Listenfeldes‹ wählen.

2. Klicken Sie auf das Datenfeld unter ›Kreditor‹ und ziehen Sie es bei gedrückter linker Maustaste in die neue Zeile.

3. Aktivieren Sie das Lineal mit einem Mausklick (oberer Pfeil) und setzen Sie die Seitenbreite auf 100 Zeichen.

Den Farben in einer Liste ist eine Bedeutung zugeordnet, also Überschrift gleich Blau oder Zwischensumme gleich Gelb. Diese Bedeutung entstammt den Interface-Richtlinien der SAP. Sie können aber die Farben beliebig zuordnen.

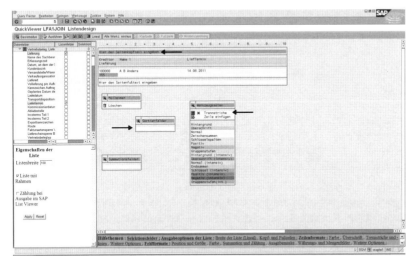

Abb. 4–20

QuickViewer:

Layoutmodus 3

© SAP AG

→ (Abb. 4–20)

1. Klicken Sie im Werkzeugkasten auf ›Trennstriche‹ und ziehen Sie das Icon in die Zeilen mit den Datensätzen.

2. Klicken Sie auf den Datensatz unter Liefertermin und ziehen Sie ihn in das Fenster ›Sortierfelder‹.

3. Aktivieren Sie ›Hier den Seitenkopftext eingeben‹ und vergeben Sie eine neue Überschrift (Abb. 4–21).

4. Sichern Sie und betätigen Sie ›ausführen‹.

Abb. 4–21

QuickViewer:

Layoutmodus 4

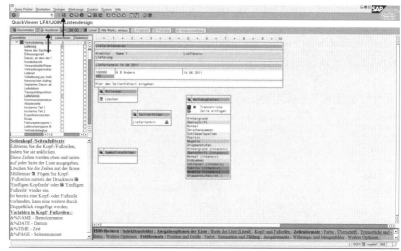

Wenn Sie ein Sortierfeld definieren, können Sie Gruppenstufen angeben. Die Kombination ABAP-Liste, Gruppenstufen und logische Datenbank ermöglicht Drill-down-Funktionalität. Beides wird in Kapitel 6 besprochen.

Unterschiede in der Ausgabe   In der vorherigen Musterlösung erfolgte die Ausgabe als ALV-Grid, in dieser Musterlösung als ABAP-Liste. Vom Funktionsumfang sind diese Ausgabemöglichkeiten sehr ähnlich. Sie unterscheiden sich aber deutlich in den Layoutmöglichkeiten. Im Regelfall können Sie die Ausgabe wählen, welche Ihnen am besten gefällt. Einige Unterschiede:

1. Der ALV-Grid ist immer einzeilig. Nur die ABAP-Liste unterstützt eine mehrzeilige Ausgabe.
2. Der ALV-Grid kann Felder mit maximal 120 Zeichen ausgeben. Falls Ihre Auswertung Felder mit mehr Zeichen enthält, so verwenden Sie die ABAP-Liste.
3. Bei sehr großen Treffermengen (speziell wenn Sie diese über einen SAP-Drucker **drucken** wollen) kann der ALV-Grid schlechter in der Performance sein. Die Last liegt zu diesem Zeitpunkt aber nicht mehr auf der Datenbank. Das heißt also, Sie behindern nicht Ihre Kollegen, müssen aber selber länger warten. Diese Einschränkung hängt jedoch von der Systemlandschaft ab, mit der Sie arbeiten. Sie sollten selber ausprobieren, ob sich Unterschiede ergeben.

Bei einer ABAP-Liste liegen die Daten auf dem Applikationsserver, und immer nur der sichtbare Ausschnitt wird an die SAP-GUI übermittelt. Die SAP-GUI fungiert als reines Terminal. Wird z.B. in der Liste geblättert, dann muss der neue Ausschnitt vom Applikationsser-

ver zur GUI übermittelt werden. Hingegen wird bei einem ALV-Grid
die gesamte Datenmenge an die SAP-GUI übertragen und Manipulati-
onen wie z.B. Blättern erfolgen lokal. Die Performance ist aber von
der Systemlandschaft abhängig.

Im Vergleich zum Basismodus tauchen in Abbildung 4–22 zwei weitere
Optionen auf:

- Führungsinformationssystem EIS
  Die Daten werden an das Führungsinformationssystem (Executive
  Information System, EIS) übergeben.
- Sichern mit Kennung
  Die Liste wird gesichert. Diese gesicherten Listen kann man mit
  ›Gesicherte Listen‹ im Startbildschirm des QuickViewers neu
  laden, wenn die entsprechende Query markiert ist.

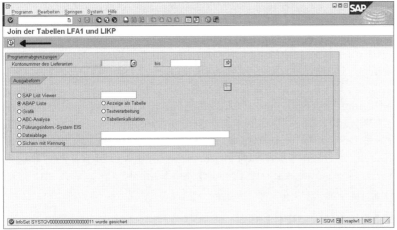

© SAP AG

Abb. 4–22

QuickViewer:
Selektionsmaske

➔ (Abb. 4–22)
  1. Geben Sie eine Abgrenzung an (optional).
  2. Drücken Sie auf ›F8‹.

© SAP AG

Abb. 4–23

QuickViewer: Begrenzung
der Treffermenge

➔ (Abb. 4–23) Drücken Sie ›Return‹.

Abb. 4–24

QuickViewer:

Treffermenge

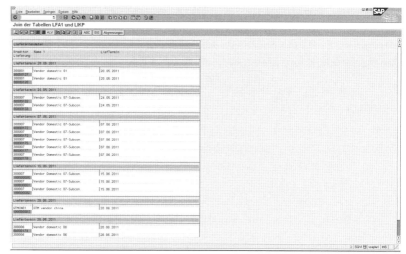

© SAP AG

In Abbildung 4–24 ist das Ergebnis des QuickViews zu sehen. Aber was bedeutet es? Was erhält man, wenn man eine Join-Operation der beiden Tabellen LFA1 und LIKP durchführt? Was Sie in Abbildung 4–24 sehen, sind die Lieferavis der Lieferanten. Die LIKP ist eine SD-Tabelle. Ein Lieferavis eines Lieferanten gehört logisch in das Modul MM, wird aber in einer SD-Tabelle abgespeichert! Betrachten Sie dies als Warnung. Die Zuordnung, welche Information in welcher Tabelle steht, ist nicht trivial. Wahrscheinlich werden Sie sich an dieser Stelle fragen, wie man überhaupt herausbekommt, was in welcher Tabelle steht. Dies ist die Aufgabe des nächsten Kapitels.

4.5   Views und Excel

4.5.1   Verwendung von Views

Ein View ist ein Join, der global im Data Dictionary definiert ist. Sie können auf einen View, z.B. V_ADCP_USR, ganz normal wie auf eine transparente Tabelle zugreifen (Abb. 4–25). Das ›V‹ am Anfang ist eine Namenskonvention. In einer der Übungsaufgaben am Ende des Kapitels wird dieser View verwendet.

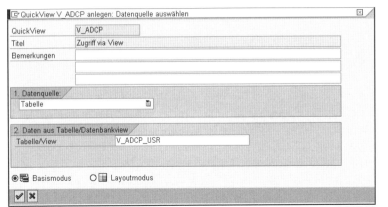

Abb. 4–25

QuickViewer:

Tabellenzugriff via View

© SAP AG

4.5.2   Anbindung an Excel

Sowohl im Basismodus als auch in der Selektionsmaske und in der Treffermenge besteht die Möglichkeit, nach Excel zu verzweigen. Wenn Sie dies tun, sollten Sie ›Tabelle‹ wählen (Abb. 4–26).

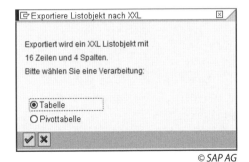

Abb. 4–26

QuickViewer:

Weiterverarbeitung in Excel

© SAP AG

Abb. 4–27

QuickViewer: Wahl der Tabellenkalkulation

© SAP AG

4.6   Analyse der Codequalität

Wie Sie in den beiden Musteraufgaben gesehen haben, generiert der QuickViewer individuelle Auswertungen. Sie sollten sich aber auch immer fragen, ob er effiziente individuelle Auswertungen generiert. **Denken Sie daran, dass die Hauptlast der SapQuery auf dem Datenbankserver liegt, den Sie mit allen anderen SAP-Benutzern teilen.** Die Verwendung von ineffizienten Auswertungen bremst alle anderen Benutzer aus.

Um die oben aufgeworfene Frage zu beantworten, erfolgt ein kleiner Ausflug in den **Quellcode** der beiden Musterlösungen dieses Kapitels. Lassen Sie sich vom Folgenden bitte nicht abschrecken. Es geht um den roten Faden, die Feinheiten sind irrelevant.

Releases   Die folgenden Ausführungen beziehen sich auf Release ECC 6.0 EHP5.

4.6.1   Analyse Musteraufgabe 2: Zugriff auf eine Tabelle

Im Folgenden sehen Sie einen Ausschnitt aus dem generierten Report. In diesem Teilstück erfolgt die Definition des Zugriffs auf die Datenbank.

```
1     open cursor with hold %dbcursor for
2     select LIFNR NAME1 TELF1 TELFX
3           from LFA1
4           where LIFNR in SP$00001.
```

Es werden nur die Felder (Zeile 2) aus der Datenbanktabelle gelesen, die auch ausgegeben werden.

4.6.2   Analyse Musteraufgabe 3: Zugriff via Join

Nun zur zweiten Musteraufgabe: Im Folgenden sehen Sie das Teilstück des **Quellcodes**, wo der Zugriff auf die Datenbank erfolgt. Der Zugriff auf die Datenbank ist fast immer der geschwindigkeitsbestimmende Schritt in einer SapQuery. Man sieht in Zeile 1, dass nur die im Basismodus ausgewählten Felder aus der Datenbank selektiert werden, sprich das Coding ist performant.

```
1  SELECT LFA1~LIFNR LFA1~NAME1 LIKP~LFDAT LIKP~LIFNR LIKP~VBELN
2  INTO (LFA1-LIFNR, LFA1-NAME1, LIKP-LFDAT, LIKP-LIFNR, LIKP-VBELN
3  FROM ( LFA1
4     INNER JOIN LIKP
5     ON LIKP~LIFNR = LFA1~LIFNR ).
6  ........
13 ENDSELECT.
```

Wie kommt man nun an den Quellcode der erstellten Programme? Der QuickViewer zeigt ja keine Reportnamen an. Ein kleiner Trick hilft weiter. Das SAP-System hat die Eigenschaft, Eingabefelder einer Transaktion mit dem letzten verwendeten Wert auszufüllen. Führen Sie den QuickView aus. Wenn Sie dann über ›System/Dienste/Reporting‹ des Menüs einen Report starten wollen oder den ABAP-Editor SE38 starten, dann wird automatisch der generierte Report angezeigt.

Gehen Sie in die Transaktion SE38 und wählen Sie ›anzeigen‹. Blättern Sie dann so lange, bis Sie den Befehl SELECT finden. Anmerkung: Es gibt den sehr ähnlich klingenden ABAP-Befehl SELECT-OPTIONS, der auch im Sourcecode auftaucht, der aber mit der Anweisung SELECT nichts gemeinsam hat.

4.7 Gegenüberstellung QuickViewer/SapQuery

In der folgenden Tabelle finden Sie eine Gegenüberstellung der wichtigsten Unterschiede zwischen dem QuickViewer und den SapQuery-Transaktionen.

Eigenschaft	QuickViewer	SapQuery-Transaktionen
Sichtbarkeit	Lokal	Mandanten- oder systemweit
Umfang	Eine Transaktion	Drei Transaktionen
Security	Gesamte Funktionalität in einer Transaktion. Es geht nur alles oder nichts.	Funktionalität über drei Transaktionen verteilt. Diese Transaktionen kann man verschiedenen Leuten zuteilen, die unterschiedliche Rechte haben können.
Funktionsumfang		Hat im Vergleich zum QuickViewer größere Funktionalität.
Transport	nein	Transportierbar (wenn mandantenunabhängig)

Tab. 4–1

Vergleich QuickViewer mit SapQuery

4.8 Aufgaben

1. In Abschnitt 4.5.1 wurde der View V_ADCP_USR vorgestellt. Schreiben Sie einen Bericht, in dem man als Selektionsfeld die Personalnummer angibt und der die Adressdaten zu der Personalnummer auflistet. Aus Sicht des QuickViewers ist der View eine Tabelle.

2. Suchen Sie alle Fälle in der Tabelle LFA1 mit einem QuickView, in denen Name1 gleich Name2 ist. Dazu müssen Sie die Tabelle mit sich selbst joinen. Legen Sie im grafischen Join-Editor einen Alias an (Abb. 4–28 und 4–29). Diesen Alias können Sie dann wie eine normale Tabelle im Join-Editor einfügen (Abb. 4–30). Auf einem IDES ECC 6.0-System findet sich ein Treffer.

Abb. 4–28

QuickViewer: Anlegen eines Alias

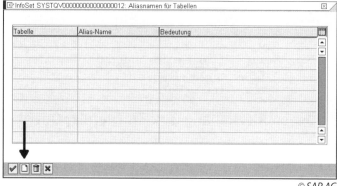

© SAP AG

Abb. 4–29

QuickViewer: Alias-Tabelle anlegen

© SAP AG

Abb. 4–30

QuickViewer: Join einer Tabelle mit ihrem Alias

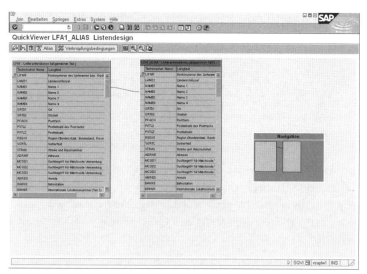

© SAP AG

3. In der Musteraufgabe 3 wurde die Lieferavis für einen Lieferanten bestimmt. Schreiben Sie nun einen QuickView, der alle Bestellungen eines Lieferanten ermittelt. Dazu müssen Sie einen Join der Tabellen LFA1, EKKO und EKPO durchführen (Abb. 4–31). Die Join-Bedingung zwischen LFA1 und EKKO ist die Kontonummer des Lieferanten. Die Tabellen EKKO und EKPO sind über die Belegnummer des Einkaufsbeleges verknüpft. Verwenden Sie einen ALV-Grid (Abb. 4–32) mit den folgenden List-, Selektions- und Sortierfeldern:

- Listfelder
  - LFA1
    - Kontonummer des Lieferanten
    - Länderschlüssel
    - Name1
  - EKKO
    - Belegnummer des Einkaufsbeleges
  - EKPO
    - Positionsnummer des Einkaufsbeleges
    - Löschkennzeichen im Einkaufsbeleg
    - Materialnummer
    - Bestellmenge
    - Nettopreis im Einkaufsbeleg

- Selektionsfelder
  - LFA1
    - Kontonummer des Lieferanten
  - EKKO
    - Typ des Einkaufbeleges

- Sortierfelder
  - LFA1
    - Kontonummer des Lieferanten
  - EKPO
    - Name1

Abb. 4–31

QuickViewer: Join-
Bedingung für
Bestellungen

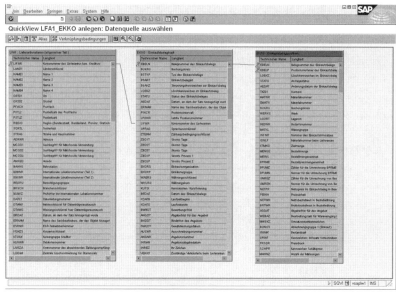

© SAP AG

Abb. 4–32

QuickViewer:
Bestellungen bei einem
Lieferanten

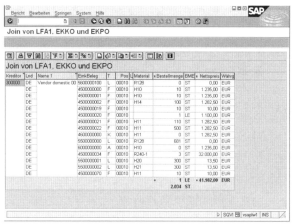

© SAP AG

5 Tabellen

Bis jetzt habe ich Tabellen wie die KNA1 oder die LFA1 wie Kaninchen aus dem Hut gezaubert. Wenn Sie nun Ihre eigenen SapQuerys schreiben wollen, dann müssen Sie nicht nur wissen, wie man eine SapQuery schreibt. Sondern Sie müssen auch wissen, wo die gewünschten Informationen stehen.

> Der erste Schritt beim Schreiben einer SapQuery ist das Finden der richtigen Tabellen.

Dieser Schritt ist Stoff dieses Kapitels. Das Finden hat zwei Aspekte: eine technische (wie mache ich es?) und eine organisatorische Komponente (wer macht es?). Das technische Know-how wird in diesem Kapitel behandelt.

Tabellen finden & Organisation

Beim QuickViewer sind alle Schritte in einer Transaktion vereinigt. Hingegen werden bei der SapQuery beim Definieren der Datenquelle und beim Schreiben der Query zwei verschiedene Transaktionen verwendet. Man kann daher diese unterschiedlichen Aufgaben auf verschiedene Personen verteilen. Die organisatorische Komponente wird in den Kapiteln 6 und 8 betrachtet.

Ich habe nun eine gute und eine schlechte Nachricht für Sie. Vielleicht zuerst die gute: Es gibt in einem SAP-System nicht unendlich viele Tabellen, sondern es gibt ein oberes Limit. In einem IDES ECC 6.0 EHP5-System sind das etwa 423.000 Tabellen. Und nun die schlechte: Sie kennen jetzt schon drei Stück.

Bevor Sie nun glauben, dass das Schreiben von SapQuerys eine neuere Fassung des Fluch des Sysiphus ist, möchte ich folgende Daumenregel aufstellen: 80 Prozent aller Fragestellungen lassen sich pro Modul bei Kenntnis von etwa 10 bis 30 Tabellen lösen.

In diesem Kapitel wird das Finden der richtigen Tabellen anhand von drei Musteraufgaben geübt. Kapitel 8 enthält eine weitere Übung mit dem Data Browser SE16 zu Einkaufsinfosätzen und Materialstücklisten.

5.1   Lernziele

Tabellen finden

- Wie finde ich Tabellen, die bestimmte Daten enthalten?
- Einsatz von Data Dictionary SE12 und Data Modeler SD11
- Infos über Tabellen im Internet
- Die Transaktion SARA

Tabelleninhalt analysieren

- Wie kann man sich den Inhalt einer Tabelle ansehen?
- Verwendung des Data Browsers SE16

Tabellenzugriff optimieren

- Wie bestimmt man die Indizes einer Tabelle, um performante Querys zu schreiben?
- Finden der Tabellenindizes mit dem Data Dictionary SE12

Eigenschaften von Tabellen

- Tabellen sind in einer relationalen Datenbank gespeichert. Was bedeutet das?
- Allgemeines Baumuster für SapQuery-Datenquellen

5.2   Generelles Vorgehen

Welche Transaktionen?   Die Aufgabenstellungen der Lernziele werde ich in diesem Kapitel unter Verwendung von vier Transaktionen bearbeiten: dem Data Dictionary SE12[1], dem Data Modeler SD11, dem Data Browser SE16 und der Archivadministration SARA. Sie finden die SD11 unter ›Werkzeuge/ABAP Workbench/Entwicklung‹ (Abb. 5–1). Die SE12 hat keinen Eintrag im Menü, sondern nur die SE11 an der gleichen Stelle wie die SD11. Im Gegensatz zur SE11 erlaubt die SE12 nur lesenden Zugriff. Die SE16 befindet sich unter ›Werkzeuge/ABAP Workbench/Anwendungshierarchie‹. Die SARA hat den Pfad ›Werkzeuge/Administration/Verwaltung‹.

---

1. Die Teilnehmer in meinen Kursen waren oft überrascht, wenn ich diese Transaktionen vorgestellt habe. Ich hoffe, dass im Laufe dieses Kapitels ersichtlich wird, warum man zum sinnvollen Arbeiten mit der SapQuery diese Transaktionen braucht.

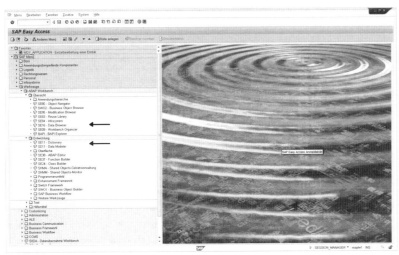

Abb. 5–1

Transaktionen im

SAP-Menü

Wie finde ich nun die richtigen Tabellen? Im Regelfall werden Sie eine   *Ablauf Tabellen finden*
Transaktion haben, die Daten anzeigt, und Sie wollen wissen, woher
die Transaktion ihre Daten zieht. Dies erfolgt in drei Schritten. Im ersten Schritt wird eine Liste der möglichen Tabellenkandidaten aufgestellt, die möglicherweise die Daten enthalten. Im zweiten Schritt wird
der Inhalt der Tabellen mit dem Ergebnis der Transaktion verglichen
und so aus der Liste der Tabellenkandidaten die richtige(n) bestimmt.

> Vergleichen Sie immer den Inhalt der Tabellen mit dem Ergebnis der Trans
> aktion!

Im dritten Schritt wird der Zugriff auf die Tabellen optimiert. Dies
erfolgt, indem man den Primärschlüssel und die Indizes der Tabelle
mittels SE12 ermittelt.

   Ein Entwickler hat verschiedene Möglichkeiten, eine Tabelle zu
finden. Er kann einen Blick in den Sourcecode einer Transaktion werfen. Oder die Datenbank in einen speziellen Modus setzen, sodass sie
jeden Zugriff protokolliert. Oder einen Kollegen fragen, der mit dieser
Fragestellung schon gearbeitet hat. Ein Endanwender hat diese Möglichkeiten nicht. In Tabelle 5–1 finden Sie eine Zusammenstellung der
Tabellensuchmethoden, die ich für einen Endanwender geeignet halte.
Diese werde ich anhand der folgenden drei Musteraufgaben erläutern.
Vor den praktischen Übungen kommt aber noch etwas Theorie.

Art des Findens	Erklärung
SD11	Suchen im SAP-Datenmodell
F1F9	Suchen via technische Eigenschaften
SE12	Suchhilfe Tabellenübersicht
SE12	Sprung über Datenelement
SARA	Tabellen finden mit der Archivadministration

5.3   Tabellen in relationalen Datenbanken

Bis jetzt habe ich die SAP-Datenbank immer nur als solche bezeichnet. Genauer müsste man aber von einer relationalen Datenbank sprechen. Dieser Abschnitt soll zeigen, was ein relationaler Ansatz beim Tabellendesign ist und warum die Tabellen im SAP-System so sind, wie sie sind. Des Weiteren werde ich auf einige Eigenschaften von relationalen Tabellen eingehen.

In Tabelle 5–2 sehen Sie den Entwurf einer Tabelle, die verschiedenen Teesorten einen Lieferanten zuordnet. Diese Tabelle hat Designfehler. Ändert sich der Ansprechpartner eines Lieferanten, dann muss für jeden Datensatz dieses Lieferanten der Ansprechpartner geändert werden. Die Änderung von Datensätzen ist bei dieser Tabelle zeitaufwendig.

Bestimmte Informationen kommen in dieser Tabelle immer wieder vor. So ist die Information, dass Frau Weber der Ansprechpartner von Meier-Tee ist, dreimal vorhanden. Die Tabelle verschwendet Speicherplatz.

Tab. 5–2
Schlechter
Datenbankentwurf

Artikelnummer	Teesorte	Lieferantenname	Ansprechpartner
1	Ceylon	Meier-Tee	Frau Weber
2	Assam	Meier-Tee	Frau Weber
3	Sencha	Tee Müller	Herr Schmidt
4	Gunpowder	Meier-Tee	Frau Weber

In Tabelle 5–2 stecken zwei verschiedene Informationen: Welche Teesorte von welchen Lieferanten erhältlich ist und die Ansprechpartner eines Lieferanten. Es ist daher sinnvoll, die Tabelle 5–2 in Tabelle 5–3 und Tabelle 5–4 aufzuspalten. Diesen Prozess bezeichnet man als Normalisierung. Tabelle 5–3 enthält nun statt der Lieferantendaten nur eine Lieferantennummer. Die Lieferantennummer wird in Tabelle 5–4 definiert. Tabelle 5–3 und Tabelle 5–4 haben einen Bezug zueinander, eine Relation.

Schauen wir, wie sich diese zwei Tabellen gegenüber den Problemen von Tabelle 5–2 verhalten. Für eine Änderung des Ansprechpartners ist in Tabelle 5–4 nur der Zugriff auf einen Datensatz notwendig. Jeder Ansprechpartner ist in Tabelle 5–4 nur einmal vorhanden.

> Durch die Normalisierung sind bei Änderungen weniger Datenbankzugriffe notwendig und es wird weniger Speicherplatz benötigt.

Artikelnummer	Teesorte	Lieferantennummer
1	Ceylon	1
2	Assam	1
3	Sencha	2
4	Gunpowder	1

Tab. 5–3
Normalisierte Tabelle
Teesorte

Lieferantennummer	Lieferantenname	Ansprechpartner
1	Meier-Tee	Frau Weber
2	Tee Müller	Herr Schmidt

Tab. 5–4
Normalisierte Tabelle
Lieferanten

Die Artikelnummer in Tabelle 5–3 und die Lieferantennummer in Tabelle 5–4 sind Primärschlüssel der jeweiligen Tabellen. Ein Primärschlüssel erlaubt die eindeutige Identifizierung eines Datensatzes.

Primär-/
Sekundärschlüssel

> Ein vollständiger Primärschlüssel bestimmt genau einen Datensatz.

Neben dem Primärschlüssel gibt es **Sekundärschlüssel**. Auch ein Sekundärschlüssel definiert eindeutig einen Datensatz. So ist z.B. die Teesorte in Tabelle 5–3 ein Sekundärschlüssel, weil jede Teesorte nur einmal in der Tabelle vorkommt. Ein Sekundärschlüssel ist ein Kandidat für den Primärschlüssel, der nicht zum Zuge gekommen ist.

Dieses Beispiel (Tabelle 5–3 und Tabelle 5–4) lässt sich generalisieren. Sie werden in einem SAP-System keine Monstertabellen finden, sondern viele einzelne Tabellen, die eine bestimmte Teilmenge an Daten (z.B. werksübergreifender Materialstamm, werksabhängiger Materialstamm, Materialkurztexte, Mengeneinheiten eines Materials, ..) repräsentieren. Finden Sie diese Tabellen und Sie haben den kritischen Schritt der Query-Erstellung, das Finden der Datenquelle, gemeistert. Der Rest ist Arbeit.

Baumuster für
Query-Datenquellen

> Allgemeines Bauprinzip: Finden Sie die einzelnen Tabellen, die bestimmte Informationen enthalten und finden Sie heraus, welche Felder die Tabellen verknüpfen.

5.4 Kurze Vorstellung der SE12

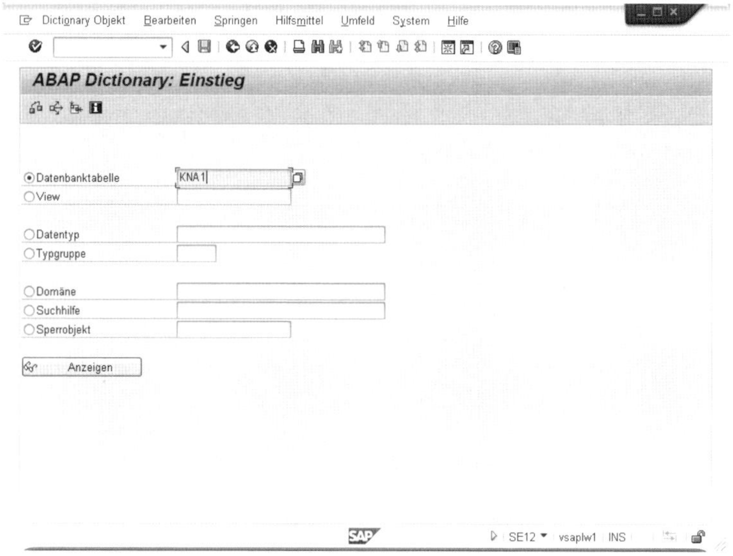

Abb. 5–2

Data Dictionary SE12:

Startbildschirm

© SAP AG

In Kapitel 3 habe ich das Data Dictionary vorgestellt, das global im SAP-System Objekte definiert. Dieses hat eine Anzeige-Transaktion, die SE12, die ich in diesem Abschnitt besprechen möchte. Im Startbildschirm (Abb. 5–2) der SE12 sehen Sie, dass man neben Datenbanktabellen eine ganze Reihe weiterer Objekte[2] mit ihr bearbeiten kann. Ich werde mich im Folgenden aber auf Tabellen beschränken.

→ (Abb. 5–2) Geben Sie bei Datenbanktabelle ›KNA1‹ an, setzen Sie den Radiobutton bei ›Datenbanktabelle‹ und klicken Sie auf ›Anzeigen‹.

In Abbildung 5–3 ist die Sicht ›Felder der KNA1‹ dargestellt. Anhand der vorhandenen Pfeile können Sie schließen, dass Sie eine ganze Anzahl von Informationen aus dieser Sicht entnehmen können. Ich werde diese Informationen anhand der Debitorennummer erklären. Dies ist die zweite Zeile der Tabelle.

---

2. So können Sie, wenn Sie wollen, sich den im letzten Kapitel vorgestellten View ›V_ADCP_USR‹ in der SE12 ansehen.

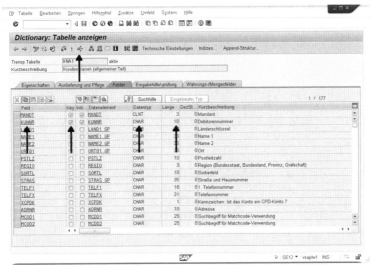

Abb. 5–3

*SE12: Tabelle KNA1
anzeigen*

© SAP AG

Der erste linke Pfeil zeigt auf den technischen Namen KUNNR des Feldes. Die technischen Namen eines Feldes werden Ihnen in den folgenden Musteraufgaben noch öfter begegnen.

Ganz auf der rechten Seite befinden sich die **Kurzbeschreibungen**. Für das Feld KUNNR ist die Kurzbeschreibung ›Debitorennummer‹. Die Feldlisten im Basismodus des QuickViewers sind die Kurzbeschreibungen.

Der zweite Pfeil von links zeigt auf das Ankreuzfeld ›**Key**‹. KUNNR ist also Primärschlüssel der Tabelle KNA1. Wenn Sie also eine Debitorennummer[3] kennen und mit ihr Daten aus der Tabelle KNA1 ziehen, dann erhalten Sie genau einen Datensatz.

Die nächsten beiden Pfeile zeigen auf den **Datentyp** des Feldes und seine Länge. KUNNR ist vom Typ CHAR. Damit kann eine Debitorennummer aus beliebigen Zeichen bestehen. Die Länge beträgt zehn Zeichen. Auch wenn in Ihrem SAP-System möglicherweise die Debitorennummer z.B. acht Zeichen groß ist, so hat die interne Darstellung der Debitorennummer immer die Länge zehn.

Der obere Pfeil zeigt auf den **Verwendungsnachweis**. Mit diesem kann man bestimmen, wo ein im Data Dictionary definiertes Objekt überall eingesetzt werden kann.

---

3.   Eigentlich hat die KNA1 einen Primärschlüssel mit zwei Feldern: den Mandanten und die Debitorennummer. Nur legen Sie den Mandanten fest, wenn Sie sich einloggen. Während der gesamten SAP-GUI-Sitzung bleibt dieser Wert also konstant.

Der Primärschlüssel einer Tabelle wird direkt angezeigt. Um die **Indizes** einer Tabelle zu bestimmen, kann man via ›Springen/Indizes‹ oder mit dem Button ›Indizes‹ in eine andere Sicht wechseln.

Wenn Sie Indizes in Ihren List- oder Selektionsfeldern verwenden, dann verringern Sie die Last der Datenbank.

→ (Abb. 5–3) Gehen Sie im Menü in ›Springen/Indizes‹.

Abb. 5–4
SE12: Übersicht der Indizes
der KNA1

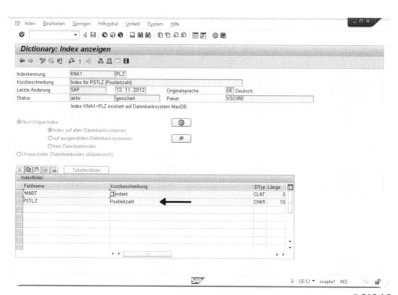

© SAP AG

→ (Abb. 5–4) Führen Sie einen Doppelklick in der Zeile PLZ (Postleitzahl) durch.

Abb. 5–5
SE12: Index Postleitzahl
der KNA1

© SAP AG

Die Indizes eines IDES ECC 6.0-Systems auf EHP5 sind in Abbildung 5–4 aufgelistet. Diese können von System zu System variieren. Hinter jedem dieser Indizes stecken Felder der KNA1. Durch einen Doppelklick kann man in den jeweiligen Index springen. Im Index ›PLZ‹ Postleitzahl befindet sich das Feld PSTLZ. Wenn Sie also das Feld PSTLZ in einem Selektionsfeld verwenden, steigern Sie die Performance, da die Datenbank intern den Index ›PLZ‹ zum schnellen Zugriff auf Datensätze der KNA1 verwendet.

> Generalisierung: Maximale Performance einer SapQuery ergibt sich, wenn auf dem Selektionsbild nur Felder auftauchen, die entweder Primärschlüssel oder in einem Index sind.

5.5   Musteraufgabe 4: Wo ist der Materialbestand auf Werksebene?

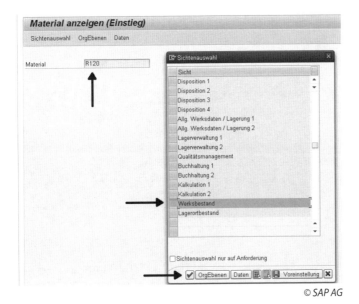

Abb. 5–6
Material anzeigen MM03:
Startbildschirm

© SAP AG

→ (Abb. 5–6) Starten Sie die Transaktion ›MM03 Material anzeigen‹.
IDES-System:
  1. Geben Sie die Materialnummer ›R120‹ an und drücken Sie ›Return‹.
  2. Wählen Sie die Sicht ›Werksbestand‹.
  3. (Abb. 5–7) Geben Sie bei Werk ›1000‹ ein und betätigen Sie ›Return‹.
  Andere Systeme: Suchen Sie sich ein Material, das einen frei verwendbaren Werksbestand hat.

Abb. 5–7

Material anzeigen MM03:

Werksauswahl

© SAP AG

Abb. 5–8

Material anzeigen MM03:

Werksbestand

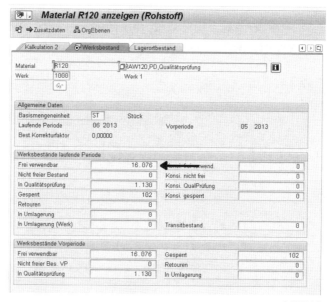

© SAP AG

Tabellenfinden mit SD11   In Abbildung 5–8 ist die Transaktion ›MM03 Material anzeigen‹ dargestellt. In der Sicht ›Werksbestand‹ wird u. a. der frei verwendbare Bestand angezeigt. Im Rahmen dieser Musteraufgabe wird bestimmt, woher diese Transaktion ihre Daten liest. Dies erfolgt mit dem Data Modeler SD11.[4]

5.5.1   Aufgabenstellung

Suchen Sie mithilfe der Transaktion SD11 Tabellen, die den Materialbestand auf Werksebene möglicherweise enthalten.

Sehen Sie sich dann die Struktur der gefundenen Tabellen in der SE12 an. Suchen Sie Felder, die die Daten enthalten könnten.

---

4. Praktisch in jedem Kurs wird die Frage gestellt, ob es eine schriftliche Zusammenstellung der SAP-Tabellen gibt. Wahrscheinlich gibt es keine, mir ist jedenfalls keine bekannt. Die Transaktion SD11 kommt dieser Fragestellung möglicherweise am nächsten.

Vergleichen Sie mit der SE16, ob der Inhalt der Tabelle dem Transaktionsergebnis entspricht.

Bestimmen Sie den Primärschlüssel und die Indizes der Tabelle mit der SE12.

5.5.2 Lernziele

Lernziele dieser Musteraufgabe sind der Einsatz des Data Modelers SD11 und der Ablauf des Tabellenfindens.

5.5.3 Lösung

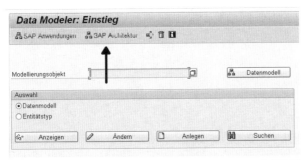

Abb. 5–9

Data Modeler SD11: Startbildschirm

© SAP AG

In Abbildung 5–9 sehen Sie den Startbildschirm des Data Modelers. Der Data Modeler ist ein Entwicklungswerkzeug der ABAP Workbench, mit dem man Datenmodelle erstellen kann. Data-Dictionary-Elemente sind im Data Modeler vorhanden. Insbesondere gibt es ein SAP-Architekturmodell in der SD11. Es beinhaltet alle Informationsobjekte eines SAP-Systems und ihre Beziehungen zueinander.

→ Starten Sie die Transaktion SD11 (Abb. 5–9). Betätigen Sie den Druckbutton ›SAP Architektur‹.

Abb. 5–10

SD11: Datenmodell

anzeigen

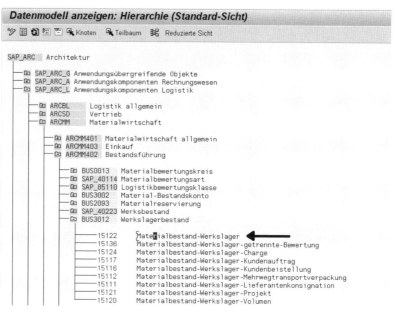

© SAP AG

Wir suchen den Werksbestand eines Materials. Sinnvolle Suchwörter sind daher ›Logistik‹, ›Materialwirtschaft‹, ›Bestandsführung‹ und ›Werksbestand‹. Wenn man in der Baumdarstellung in Abbildung 5–10 nach diesen Begriffen sucht, findet man den Knoten ›Materialbestand-Werkslager‹. Bei einem Doppelklick auf diesen Knoten wird die Definition dieses Knotens aufgerufen (Abb. 5–11). Aus der Definition kann man in die Tabellenzuordnungen verzweigen.

Tipp: Sie können den Baum in Abbildung 5–10 komplett aufreißen und dann mit dem Fernglas gezielt nach Begriffen suchen.

→ (Abb. 5–10) Blättern Sie den Baum auf, indem Sie die Blätter ›Anwendungskomponenten Logistik‹, ›Materialwirtschaft‹, ›Bestandsführung‹, ›Werkslagerbestand‹ aufreißen. Machen Sie einen Doppelklick auf ›Materialbestand-Werkslager‹.

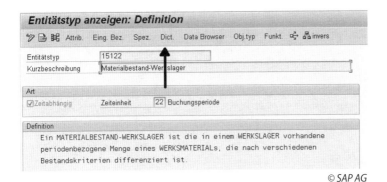

Abb. 5–11
SD11: Definition des
Materialbestand-
Werkslagers

→ (Abb. 5–11) Klicken Sie auf den Button ›Dict.‹ (siehe Pfeil).

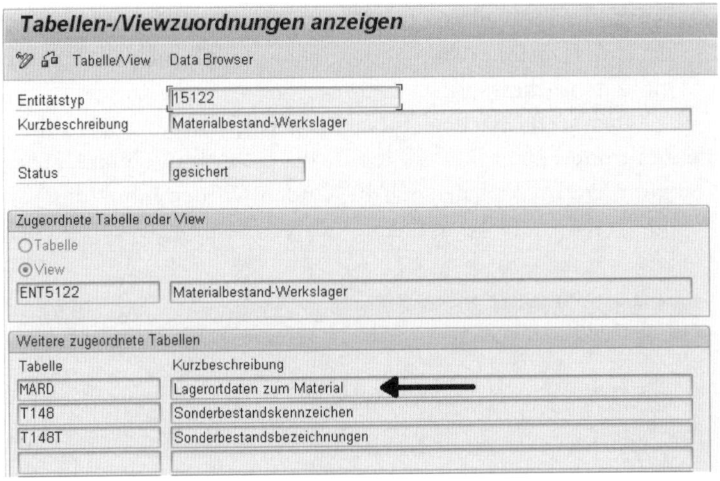

Abb. 5–12
Tabellenzuordnungen des
Materialbestand-
Werkslager

→ (Abb. 5–12) Setzen Sie den Cursor in die Zeile MARD und betätigen Sie den Button ›Tabelle/View‹. Alternativ können Sie die Transaktion SE12 starten, bei Tabelle ›MARD‹ eintragen, den Radiobutton bei ›Tabelle‹ setzen und auf ›Anzeigen‹ klicken.

Die Tabellen in Abbildung 5–12 sind Kandidaten. Sie enthalten möglicherweise die gesuchten Daten. Insbesondere die Tabelle MARD sieht
interessant aus. Daher erfolgt als Nächstes ein Blick in diese Tabelle
via SE12.

Abb. 5–13

SE12: Lagerortdaten zum
Material

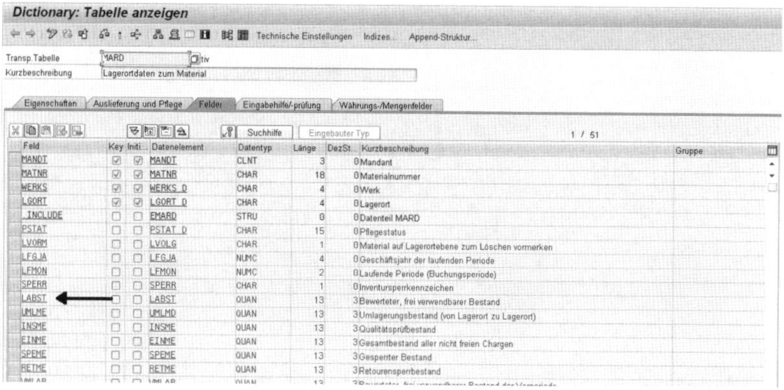

© SAP AG

In Abbildung 5–13 ist die interne Struktur der Tabelle MARD abgebildet. Das Feld LABST[5] dieser Tabelle enthält bewerteten, frei verwendbaren Bestand. Darunter sind andere Felder wie Umlagerungsbestand oder Qualitätsprüfbestand.

Wir haben jetzt also eine Tabelle, die Lagerortdaten von Materialien enthält und Felder dieser Tabelle, die die gewünschten Daten enthalten könnten. Im nächsten Schritt werden wir den Inhalt der Tabelle mit den Daten aus der Transaktion ›Material anzeigen‹ vergleichen.

Abb. 5–14

Data Browser SE16:
Selektionsbild

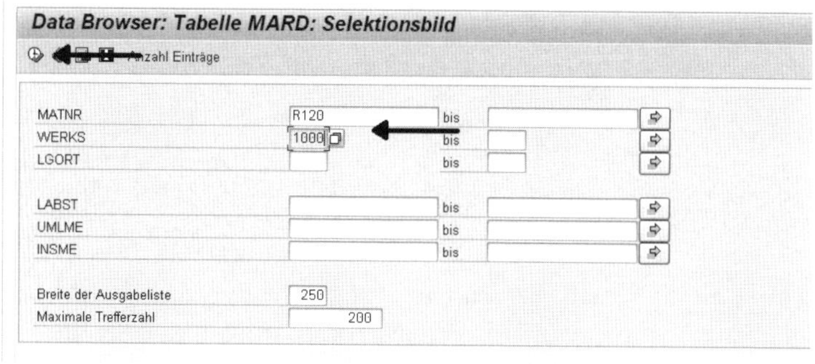

© SAP AG

→ 1. Starten Sie die Transaktion SE16 und geben Sie als Tabelle ›MARD‹ an. Drücken Sie Return (Abb. 5–14).
   2. Geben Sie die Materialnummer ›R120‹ und das Werk ›1000‹ ein. Betätigen Sie ›F8‹.

---

5. In der nächsten Musteraufgabe werden Sie die technischen Eigenschaften der F1-Hilfe kennenlernen. Mit dieser hätte man den Feldnamen LABST in der Transaktion › Material anzeigen‹ auch bestimmen können.

Mit dem Data Browser SE16 kann man sich den Inhalt von Tabellen ansehen, also hier in diesem Beispiel den Inhalt der MARD.

Wie Abbildung 5–15 zeigt, enthält das Feld LABST der Tabelle MARD den gleichen Wert wie die MM03. Die Summe der ersten beiden Zeilen des Feldes LABST entspricht dem Wert aus Abb. 5–8. Damit haben Sie die wahrscheinliche Datenquelle der Transaktion bestimmt! Sie könnten nun eine SapQuery schreiben, die den Material-bestand für ein Werk auflistet. Der letzte Schritt der Aufgabenstellung ist, den Primärschlüssel und Indizes für die Performanceoptimierung zu bestimmen. In Abbildung 5–11 sehen Sie, dass die Tabelle einen Pri-märschlüssel aus vier Feldern besitzt, also neben Mandant die Materi-alnummer, das Werk sowie den Lagerort. Des Weiteren hat sie auf einem IDES ECC 6.0 einen Index (SE12/Springen/Indizes). Dies kann aber auf einer Produktivmaschine anders sein.

Abb. 5–15

SE16: Treffermenge

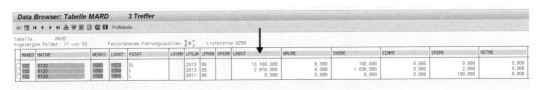

© SAP AG

5.6 Musteraufgabe 5: Welche Tabellen enthalten die Daten der Transaktion › Debitor anzeigen‹?

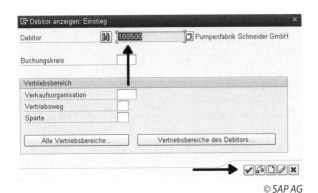

Abb. 5–16

Debitor anzeigen XD03:

Startbildschirm

© SAP AG

→ Starten Sie die Transaktion XD03.

IDES-System: Wählen Sie Debitor ›100500‹ (Abb. 5–16).

Anderes System: Suchen Sie einen Debitor, bei dem das Feld ›Steue-rungsdaten/Bahnhof‹ einen Wert enthält.

© SAP AG

→ (Abb. 5–17) Setzen Sie den Cursor in das Ausgabefeld von ›Steuerungs-
daten/Bahnhof‹ (nicht auf das Wort Bahnhof). Betätigen Sie ›F1‹.

Auch in dieser Musteraufgabe starten wir wieder mit einer Transaktion. In Abbildung 5–17 ist die Transaktion ›Debitor anzeigen XD03‹
dargestellt. Ziel dieser Musteraufgabe ist es, Tabellen und Tabellenfelder zu finden, aus denen die Transaktion die Daten zieht. In der vorherigen Übungsaufgabe haben wir dazu die SD11 verwendet. In dieser
wird die Fragestellung mit der SE12 und dem Infosystem der SE12
beantwortet.

5.6.1   Aufgabenstellung

Suchen Sie mithilfe der Transaktion SE12 und dem SE12-Infosys-
tem Kandidaten, die die Daten für ›Steuerungsdaten/Bahnhof‹
sowie ›Adresse/Straße‹ enthalten können.

- Setzen Sie ›F1-F9‹ ein.
- Verwenden Sie das Infosystem der SE12.
- Springen Sie über das Datenelement von einer Struktur zu einer
  Tabelle.

Vergleichen Sie mit der SE16, ob die Tabelle den gleichen Inhalt
wie das Transaktionsergebnis hat.

Bestimmen Sie Primärschlüssel und Indizes der Tabelle mit der SE12.

5.6.2   Lernziele

Lernziele dieser Musteraufgabe sind das Finden der Datenquelle via technischer Info mit dem Infosystem der SE12 sowie durch Springen über das Datenelement einer Struktur zur passenden Tabelle.

5.6.3   Lösung

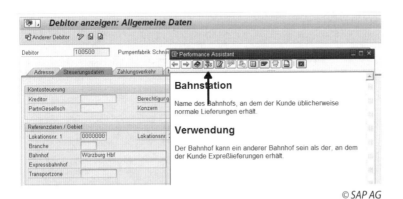

Abb. 5–18
XD03: F1-Info

© SAP AG

➜ (Abb. 5–18) Klicken Sie auf ›Technische Info‹.

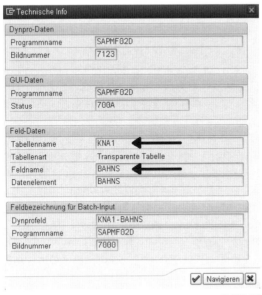

Abb. 5–19
Technische Info: Tabelle und Feldname

© SAP AG

In den Abbildungen 5–18 und 5–19 ist der schnellste Weg zur Daten-quelle dargestellt. Der Wert für ›Adresse/Bahnhof‹ wird aus der

Tabellenfinden mit F1 und ›Technischer Info‹

Tabelle KNA1 und dem Feld BAHNS gezogen. Und da die KNA1 laut Abbildung 5–19 eine transparente Tabelle ist (Kapitel 3), ist sie ohne Probleme in der SapQuery auswertbar.

In diesem Fall (technische Info zeigt eine Tabelle an) handelt es sich nicht um einen Kandidaten, sondern dies ist definitiv die richtige Datenquelle. Leider funktioniert dieses Verfahren nur selten.

Abb. 5–20
Technische Info:
'Adresse/Strasse' (Reiter
Adresse)

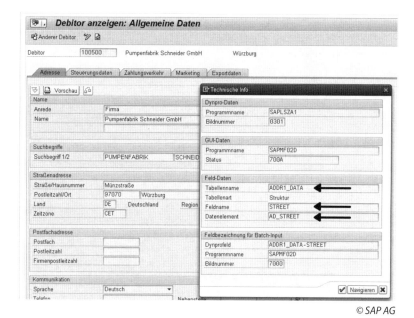

© SAP AG

➜ 1. (Abb. 5–20) Wechseln Sie in den Reiter ›Adresse‹ und setzen Sie den Cursor in das Ausgabefeld ›Straße‹.

2. Betätigen Sie ›F1‹ und ›Technische Info‹.

Strukturen   In Abbildung 5–20 sehen Sie das Ergebnis, das Sie in den meisten Fällen bei Einsatz von ›F1-Technische Info‹ bekommen werden. Die Technische Info listet keine Tabelle auf, sondern eine Struktur: ADDR1_-DATA. Was ist nun der Unterschied zwischen einer Tabelle und einer Struktur? Beide sind sehr ähnlich. So können Sie im Startbildschirm der SE12 bei Tabelle eine Struktur angeben. Der wichtigste Unterschied ist: Eine Struktur ist nicht Teil der Datenbank. Daher werden wir die Datenquelle für ›Adresse/Straße‹ nun mit anderen Mitteln suchen.

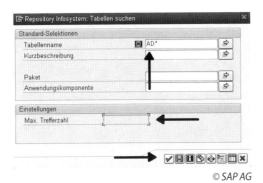

Abb. 5–21

SE12 Repository
Infosystem: Tabellenname

→ Starten Sie die SE12. Setzen Sie den Cusor in das Feld ›Tabelle‹ und drücken Sie ›F4‹ (Abb. 5–21). Geben Sie bei Tabellenname ›AD*‹ an und betätigen Sie ›Return‹.

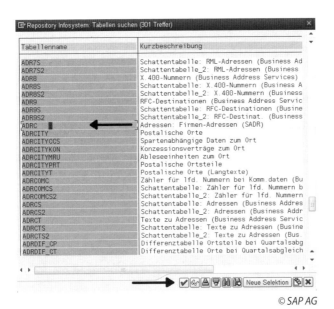

Abb. 5–22

SE12 Repository
Infosystem: Trefferliste

Aber auch bei Strukturen gilt meist, dass der Feldname in der technischen Info, also hier STREET, dann auch in der entsprechenden Tabelle verwendet wird! Damit wäre immerhin schon einmal der Feldname bestimmt.

Eine Suchstrategie, die relativ oft gut funktioniert, ist eine Datenbanktabelle zu suchen, die einen Namen ähnlich wie die Struktur hat. Dazu kann man das ›F4-Infosystem‹ der SE12 verwenden. Es wird also eine Tabelle gesucht, die einen ähnlichen Namen wie ADDR1_DATA hat. Bei Verwendung des Suchstrings ›AD*‹ erzielt man

Tabellenfinden mit SE12:
Ähnlichkeit des Namens

301 Treffer[6] (Abb. 5–22). Wenn man dann in der Trefferliste etwas blättert, findet man die Tabelle ADRC, die interessant aussieht.

Abb. 5–23

SE12 Struktur anzeigen

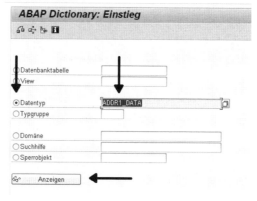

© SAP AG

Abb. 5–24

SE12 Springen via Datenelement: Struktur

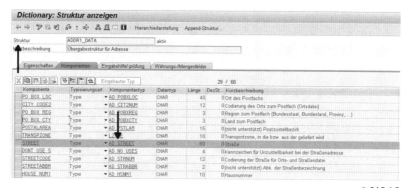

© SAP AG

→ 1. (Abb. 5–23) Starten Sie die SE12, geben Sie ›ADDR1_DATA‹ bei Datentyp an, setzen Sie den Radiobutton bei Datentyp und klicken Sie auf ›Anzeigen‹.
   Alternativ: Machen Sie einen Doppelklick auf ›ADDR1_DATA‹ in Abbildung 5–20.

2. (Abb. 5–24) Klicken Sie doppelt auf ›AD_STREET‹ (unterer Pfeil).

Struktur → Datenelement
→ Tabelle

Wie kann man nun sonst noch von einer Struktur zu einer Datenbanktabelle kommen? Sowohl Tabelle als auch Struktur haben eine Zeilenstruktur. Diese Zeilen bestehen aus Datenelementen, die im Data Dictionary definiert werden. Datenelemente haben nicht nur eine

---

6. Von diesen lassen sich viele direkt verwerfen. So sind z.B. Schattentabellen uninteressant.

technische Struktur, sondern sie besitzen auch eine Semantik. So ist das Datenelement AD_STREET (Abb. 5–25) nicht einfach nur eine Variable der Länge 60, sondern dieses Datenelement wird explizit nur für Straßen verwendet.

Oft ist es so, dass Tabellen und Strukturen die gleichen Datenelemente verwenden. Daher kann man von einer Struktur über das Datenelement zu Tabellen springen.

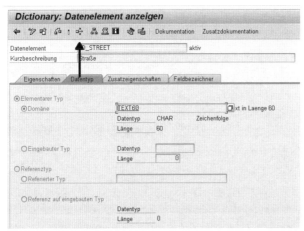

© SAP AG

Abb. 5–25

SE12 Springen via
Datenelement:
Datenelement

➡ (Abb. 5–25) Betätigen Sie den Button ›Verwendungsnachweis‹ (siehe Pfeil).

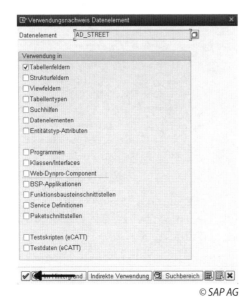

© SAP AG

Abb. 5–26

SE12 Springen via
Datenelement: Tabellen

→ (Abb. 5–26) Setzen Sie die Checkbox bei ›Tabellenfeldern‹ und drücken Sie ›Return‹.

Abb. 5–27

*SE12 Springen via
Datenelement: Trefferliste*

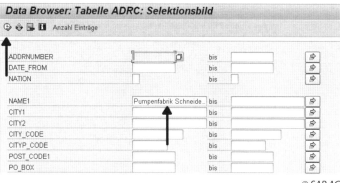

Verwendung Datenelement AD_STREET in Tabellenfeldern (69 Treffer)

Tabellenfelder	Kurzbeschreibung
/ISDFPS/1DPERH	EHS: Einzelerlaubnis Kopf
VSSTREET	Straße
ADRC	Adressen (Business Address Services)
STREET	Straße
ADRCS	Schattentabelle: Adressen (Business Address Services)
STREET	Straße
ADRCS2	Schattentabelle_2: Adressen (Business Address Services)
STREET	Straße
ADRDIF_ST	Differenztabelle Straßen bei Quartalsabgleich
STREET	Straße

© SAP AG

In Abbildung 5–27 ist die Treffermenge der Suche abgebildet. Insgesamt 69 Tabellen setzen das Datenelement ein. Davon lassen sich einige wie Schattentabellen oder der Entsorgungsnachweis direkt ausschließen. Der wahrscheinlichste Kandidat ist die Tabelle ADRC mit der Position 2 in der Trefferliste. Diese schauen wir nun im Data Browser an.

Abb. 5–28

*Data Browser SE16:
Selektionsbild*

Data Browser: Tabelle ADRC: Selektionsbild

Anzahl Einträge

ADDRNUMBER		bis	
DATE_FROM		bis	
NATION		bis	
NAME1	Pumpenfabrik Schneide...	bis	
CITY1		bis	
CITY2		bis	
CITY_CODE		bis	
CITYP_CODE		bis	
POST_CODE1		bis	
PO_BOX		bis	

© SAP AG

→ 1. Starten Sie die SE16 für die Tabelle ADRC.
   2. (Abb. 5–28) Geben Sie bei NAME1 ›Pumpenfabrik Schneider GmbH‹ an und drücken Sie ›F8‹.
   3. Machen Sie einen Doppelklick auf die Trefferzeile.

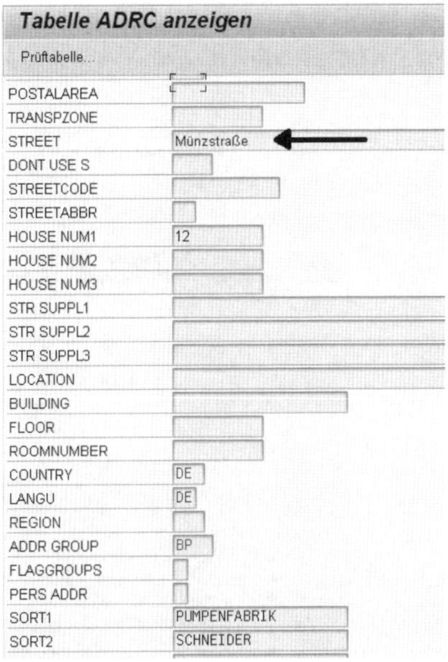

© SAP AG

Abb. 5–29

Data Browser SE16:

Tabelle ADRC

Sollte in Abbildung 5–28 kein Selektionsfeld ›NAME1‹ vorhanden sein, dann können Sie im Startmenü der SE16 unter ›Einstellungen/Felder für Selektion‹ die Liste der Selektionsfelder verändern.

Wie man in Abbildung 5–29 sieht, entspricht der Inhalt des Feldes STREET der Tabelle ADRC dem entsprechenden Wert der Transaktion ›Debitor anzeigen‹. Nachdem nun die wahrscheinliche Tabelle gefunden wurde, erfolgt nun abschließend ein Blick auf den Primärschlüssel und die Indizes: Die Tabelle ADRC hat bei einem IDES-System einen Primärschlüssel aus vier Feldern und neun Indizes, insbesondere einen auch für das Feld STREET.

5.7   Musteraufgabe 6: Finden Sie die Einkaufsinfosatz-Tabellen mit der SARA

Abb. 5–30

SARA

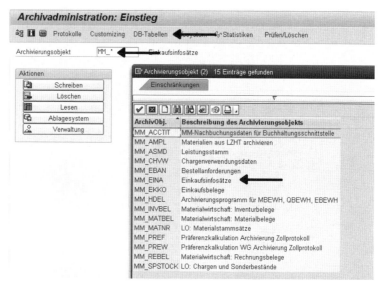

© SAP AG

Eine interessante Transaktion, um Tabellen zu finden, ist die Archivadministration SARA. Leider ist diese eine wichtige Basistransaktion, die ein »normaler« Endanwender selbst auf einem Spielsystem nicht bekommen wird.

In dieser Mustertabelle werden wir die Tabellen, die die Daten für die Einkaufsinfosätze enthalten, finden.

➡ 1. Starten Sie die Transaktion SARA.
2. (Abb. 5–30) Geben Sie ›MM_*‹ ein (mittlerer Pfeil) und drücken Sie ›F4‹.
3. Wählen Sie aus der Liste MM_EINA.
4. Klicken Sie auf den Button ›DB-Tabellen‹ (oberer Pfeil).

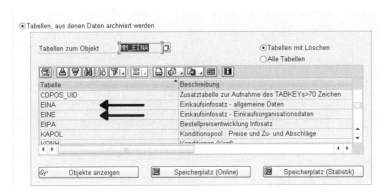

Abb. 5–31

SARA: Liste mit

Datenbanktabellen

© SAP AG

Die Treffermenge ist sehr übersichtlich. Nach den A*-Tabellen und den CD*-Tabellen (Änderungsbelege) tauchen in der Liste die beiden Tabellen EINE und EINA auf, die die Einkaufsinfosatzdaten enthalten.

5.8   Tabellendokumentation im Zwischennetz

Gerade das Internet würde sich anbieten, um die Geheimnisse der SAP-Tabellen zu dokumentieren. Insbesondere das Web 2.0, sprich z.B. ein Wiki, wäre prädestiniert, um einzelne Tabellen und die Beziehungen zwischen ihnen aufzulisten.

Dummerweise/Seltsamerweise existiert zurzeit (Juli 2013) keins, das den Anspruch erfüllen würde, wenigstens 1% aller SAP-Tabellen zu umfassen. Das SapWiki *(http://sapwiki.iwoars.net/)*, das ich in der Vergangenheit immer empfohlen habe, ist leider offline.

Es gibt eine ganze Reihe von Ressourcen im Internet, die als »normale« Webseiten Tabellen aufzählen. Die Webseite dv-treff.de[7] hat z.B. eine dreiseitige Tabellenübersicht (siehe Abb. 4–32). In der FAQ des Buchforums werde ich eine Liste mit relevanten URLs sammeln.

---

7.   *http://www.dv-treff.de/sap-tabellen-uebersicht.aspx*

Abb. 5–32

Tabellenübersicht aus

›www.dv-treff.de‹

www.dv-treff.de/sap-tabellen-uebersicht-2.aspx

MM

EBAN *Bestellanforderung*
EINA *Einkaufsinfosatz - allgemeine Daten*
EINE *Einkaufsinfosatz - Einkaufsorganisationsdaten*
EKBE *Historie zum Einkaufsbeleg*
EKET *Lieferplaneinteilungen*
EKKN *Kontierung im Einkaufsbeleg*
EKKO *Einkaufsbelegkopf*
EKPO *Einkaufsbelegposition*
MAKT *Materialkurztexte*
MARA *Allgemeine Materialdaten*
MARC *Werksdaten zum Material*
MARM *Mengeneinheiten zum Material*
MBEW *Materialbewertung*
MKPF *Belegkopf Materialbeleg*
MLAN *Steuerklassifikation zum Material*
MSEG *Belegsegment Material*

5.9   Anmerkung für Endanwender

Im nächsten Kapitel werden nun endlich nach fünf vorherigen Kapiteln die SapQuery-Transaktionen behandelt. Falls Sie ein Endanwender sind, dann sollten Sie nach diesem Kapitel das Buch zuklappen und das bis jetzt erworbene Wissen sich setzen lassen. Wenn Sie dann das bis jetzt vermittelte Know-how mehrfach in der eigenen Praxis angewendet haben, sollten Sie weiterlesen. Im Prinzip besteht zwischen dem Aufgabenspektrum des QuickViewers und der SapQuery kein Unterschied. Trotzdem habe ich in meinen Schulungen die Erfahrung gemacht, dass reine Endanwender beim Sprung von QuickViewer zur SapQuery Probleme haben können, wenn dieser Sprung zu schnell erfolgt.

5.10   Aufgaben

1. In diesem Kapitel haben Sie jeweils den ersten Schritt der Sap-Query durchgeführt, nämlich die Datenquelle zu definieren. Schreiben Sie nun QuickViews zu diesen Datenquellen.
2. Mit einigen SAP-Transaktionen werden Sie wahrscheinlich jeden Tag arbeiten. Wenden Sie das in diesem Kapitel vermittelte Wissen an und suchen Sie die Tabellen, aus denen diese Transaktionen ihre Daten ziehen.

6 SapQuery

Die eigentliche SapQuery besteht aus mehreren Transaktionen: SQ01, SQ02, SQ03 und SQ07. In diesem Kapitel werden die technischen Aspekte dieser Transaktionen besprochen. Im übernächsten Kapitel werden die organisatorischen Aspekte und Berechtigungen der SapQuery diskutiert.

In der Musteraufgabe 7 wird das Erstellen einer SapQuery mit allen Transaktionen vollständig vorgeführt. Die nachfolgenden Aufgaben in diesem Kapitel gehen dann auf Einzelheiten ein.

6.1 Lernziele

▥ Die Eigenschaften der SapQuery
▥ Ablauf der SapQuery

- Definieren einer Datenquelle (InfoSet) via SQ02
- Verknüpfung von Datenquelle und Benutzer (Benutzergruppe) mit der SQ03
- Erstellen einer Query via SQ01
- Übersetzen von SapQuerys mittels SQ07

▥ Datenquellen

- Zugriff auf eine Tabelle
- Join-Erstellung mit dem grafischen Join-Editor
- Logische Datenbanken

▥ Zusätze
Neben der eigentlichen Datenquelle können in der SQ02 zusätzliche Elemente angelegt werden:

- Zusatzfelder
- Abgrenzungen
- Zusatztabellen

Querys

- Grafiken, Statistiken und Ranglisten als Ausgabe bei ABAP-Listen
- Ausführen von Querys

Gruppenstufen bei Querys

- Gruppenstufen bei ABAP-Listen und logischen Datenbanken
- Alphanumerischer Query Painter

Weitere Eigenschaften von Querys

- Lokale Felder (z.B. Ausgabe von Icons)
- Bericht-Bericht-Schnittstelle

Transport

- Konvertierung von QuickViews
- Transport von Query-Objekten
- Der Report RSAQCOPY

Sie lernen zentrale Logistik-Tabellen kennen: die MARA, (werksunabhängiger Materialstamm), die MARC (Materialstamm/Werksebene) und die MARD (Materialstamm/Lagerort).

6.2   Grundlagen

Wenn Sie später in diesem Kapitel mit den SapQuery-Transaktionen arbeiten werden, dann wird Ihnen vom QuickViewer vieles bekannt vorkommen. Der grafische Join-Editor entspricht z.B. der QuickView-Variante. Die Formatierungsmöglichkeiten von ABAP-Listen und ALV-Grids sind identisch.

Sichtbarkeit und Bereiche   Doch nun zu den Unterschieden: QuickViews sind immer lokal. Hingegen liegt bei der SapQuery im Minimum mandantenweite Sichtbarkeit vor. Das heißt, wenn Sie später die Musteraufgaben nachvollziehen, dann müssen Sie eindeutige Namen vergeben, da ein Name nur einmal vergeben werden kann. So sollten Sie z.B. im Namen ›MARA_NM‹ das NM durch Ihr eigenes Kürzel ersetzen.

Sämtliche SapQuery-Transaktionen können in zwei Zuständen vorliegen, den **Arbeitsbereichen**. Es gibt zum einen den **Standardbereich**, der mandantenabhängig ist, und den **globalen Bereich**, der mandantenunabhängig ist. Der große Unterschied besteht im Anschluss des globalen Bereiches an das SAP-Transportsystem. Wechseln zwischen den Arbeitsbereichen kann man in jeder SapQuery-Transaktion über ›Umfeld/Arbeitsbereiche‹.

Query-Objekte im globalen Bereich können in andere SAP-Systeme transportiert werden.

Der Ablauf einer SapQuery-Erstellung lässt sich in sieben Phasen untergliedern (Abb. 6–1). Diese Phasen werden in der SapQuery durch unterschiedliche Transaktionen unterstützt. Was vielleicht jetzt noch etwas abstrakt klingt, sollte später in den Musterlösungen klarer werden.

Ablauf der SapQuery

Bei den Phasen eins und zwei ist die Vorgehensweise analog wie beim QuickViewer. Bei Phase drei beginnen die Unterschiede. Die SapQuery hat eine eigene Transaktion für die Implementierung der Datenquelle, die SQ02. Eine mit der SQ02 erstellte Datenquelle heißt InfoSet[1].

Phase drei/Erstellung der Datenquelle (SQ02)

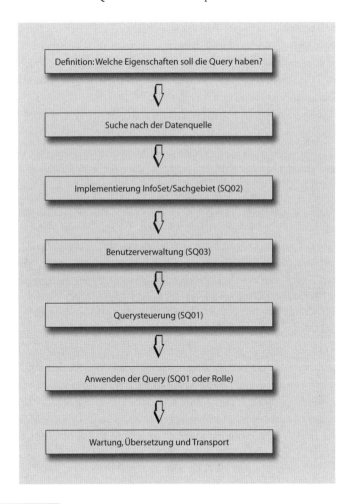

Abb. 6–1
Phasen der Query-Erstellung

Definition: Welche Eigenschaften soll die Query haben?

Suche nach der Datenquelle

Implementierung InfoSet/Sachgebiet (SQ02)

Benutzerverwaltung (SQ03)

Querysteuerung (SQ01)

Anwenden der Query (SQ01 oder Rolle)

Wartung, Übersetzung und Transport

---

1. Vor Release 4.6c waren es Sachgebiete. In früheren Auflagen bin ich auf die Unterschiede zwischen Sachgebieten und InfoSets eingegangen.

Weitere Datenquellen:
Datenversorgungs-
programm und
sequenzieller Bestand

Das InfoSet hat im Vergleich zum QuickViewer zwei weitere mögliche Datenquellen: das Datenversorgungsprogramm und den sequenziellen Bestand. Das Datenversorgungsprogramm ist ein externes ABAP-Programm, das seine Daten an die SapQuery übergibt. Dort ist die gesamte Bandbreite von ABAP möglich. Man kann z.B. mandantenübergreifend Daten von der Datenbank lesen. Falls Sie ein eigenes Datenversorgungsprogramm schreiben wollen, brauchen Sie zum einen ABAP-Know-how und zum anderen die notwendigen Berechtigungen für die ABAP Workbench. Zwei Beispiele für Datenversorgungsprogramme finden Sie in Kapitel 7.

Den sequenziellen Bestand bezeichnen manche Menschen als Datei. Sie können also mit dieser Option eine Datei einlesen[2], und zwar sinnvollerweise vom Applikationsserver. Die Server haben normalerweise ihre Heimat im Rechenzentrum und Endbenutzer haben deshalb keinen Zugriff (weder physikalisch noch über das Netzwerk) auf diese. Das bedeutet, dass ein Endbenutzer diese Datenquelle nicht einsetzen kann.

Ein weiteres Feature, durch das sich die SQ02 von QuickViewer unterscheidet, sind die Zusätze. Neben der eigentlichen Datenquelle können zusätzlich Felder, Tabellen, Abgrenzungen und ABAP-Code angelegt werden. Dazu gibt es eine Musteraufgabe, die in Kapitel 7 erweitert wird.

In der SQ02 kann man ABAP eingeben. Bedeutet das nun, dass man in der SapQuery die gleichen Möglichkeiten hat wie in der ABAP Workbench? Dem ist nicht so. Es gibt einen großen Unterschied. Zuerst aber noch eine Vorbemerkung. In ABAP gibt es Zeitpunkte. Wenn ein Report abgearbeitet wird, dann wird er Zeitpunkt für Zeitpunkt abgearbeitet. Der erste Zeitpunkt ist INITIALIZATION. Dann werden z.B. Variablen initialisiert. Der nächste Zeitpunkt ist AT-SELECTION-SCREEN. An diesem Punkt erscheint die Selektionsmaske. Wenn man nun ein Programm in der ABAP Workbench schreibt, dann hat man innerhalb des Programms die vollständige Kontrolle. Coding kann beliebig positioniert werden. Wenn ich hingegen in der SQ02 ein Codesegment einfüge, dann kann ich nur den Zeitpunkt bestimmen, wann dieses Codesegment ausgeführt wird, also z.B. zum Zeitpunkt INITIALIZATION. Hingegen ist es in der SQ02 nicht möglich, die Position des Codesegmentes genau zu bestimmen.

---

2.   Diese Option verwendet die ABAP-Anweisung READ DATASET. Wenn man stattdessen WS_UPLOAD verwendet hätte, dann könnte man Dateien von der Workstation einlesen.

Der QuickViewer ist eine Insellösung, da er immer nur vom Ersteller genutzt werden kann. Eine Query, die im Rahmen der SapQuery erstellt wurde, kann hingegen von mehreren Endanwendern eingesetzt werden. Konsequenterweise gibt es eine **Benutzerverwaltung** in der SapQuery, die SQ03. Mit dieser werden Benutzergruppen erstellt. **Benutzergruppen** verknüpfen InfoSets mit Benutzern. Ein Anwender, der in eine Benutzergruppe aufgenommen wurde, kann alle Querys ausführen, die auf InfoSets beruhen, die auch in die Benutzergruppe aufgenommen wurden.

Phase vier/ Benutzerverwaltung (SQ03)

Nachdem mit der SQ02 eine Datenquelle erstellt wurde und mit der SQ03 diese in eine Benutzergruppe aufgenommen wurde, kann die eigentliche Query erstellt werden. Dies ist Aufgabe der Transaktion SQ01.

Phase fünf/Query-Erstellung (SQ01)

Auch die SQ01 hat im Vergleich mit dem QuickViewer einen größeren Funktionsumfang. Insbesondere die ABAP-Liste bietet mehr Funktionalität. In der SQ01 kann eine ABAP-Liste neben der Grundliste **Statistiken** und **Ranglisten** enthalten. Des Weiteren gibt es **lokale Felder**. Mit diesen können Berechnungen durchgeführt und Icons ausgegeben werden. Logische Datenbanken ermöglichen in Kombination mit ABAP-Listen eine **Drill-down-Funktionalität**: Listen (oder Listenelemente) können komprimiert und expandiert dargestellt werden.

Neben der SQ01 kann man auch mit der InfoSet Query auf ein InfoSet zugreifen. Beide, sowohl SQ01 als auch InfoSet Query, haben eine ähnliche Funktionalität. Die InfoSet Query ist Schwerpunkt von Kapitel 9.

Schließlich gibt es Anwender, die eine Query nur ausführen wollen (oder sollen). Diese werden in die entsprechende Benutzergruppe aufgenommen und erhalten eine Minimalberechtigung für die SQ01, aus der sie dann die Query starten können.

Phase sechs/Query anwenden

Alternativ kann eine Query in eine Rolle aufgenommen und in das Benutzermenü von Anwendern eingehängt werden. Berechtigungen und Rollen sind Stoff von Kapitel 8.

Jeder Query kann auch ein Transaktionscode zugeordnet werden, mit dem dann die Query gestartet werden kann. Dies ist in vielen Firmen gängige Praxis und wird in Kapitel 7 besprochen.

Querys beruhen auf InfoSets. Daher kann man nicht einfach ein InfoSet löschen, wenn Querys existieren. Zuerst müssen die Querys gelöscht werden, erst dann kann die Datenquelle gelöscht werden.

Phase sieben/Wartung, Übersetzung und Transport

Die gleiche Einschränkung gilt für das Kopieren. Man kann zwar Querys kopieren, aber auch die Kopie beruht auf dem gleichen InfoSet. Es besteht leider nicht die Möglichkeit, mit den normalen Query-Transaktionen sowohl Query als auch das zugrunde liegende InfoSet zusammen zu kopieren. Mit dem Report RSAQCOPY, der in Abschnitt 6.10 besprochen wird, ist es hingegen möglich.

Mit dem **Transporttool** können Query-Objekte transportiert werden. Dies kann zwischen Standardbereich und globalem Bereich erfolgen. Objekte im globalen Bereich sind in andere SAP-Systeme transportierbar.

Wenn mit einer Query einige Zeit gearbeitet wurde und feststeht, dass sie sich nicht mehr ändern wird, dann kann eine Internationalisierung der Query erfolgen (wenn dies sinnvoll ist). Mit der SQ07 sind alle Objekte einer SapQuery übersetzbar.

Rückkopplung Seminarteilnehmer

Beim Feedback meiner Seminarteilnehmer ist die SapQuery oft mit Ausdrücken wie »umständlich« oder »kompliziert« charakterisiert worden. Manche Teilnehmer stellten fest, nachdem Sie sowohl den QuickViewer als auch die SapQuery kennengelernt hatten, dass sie für ihre eigene Arbeit den QuickViewer bevorzugen werden.

Dies ist meine persönliche Meinung: Der QuickViewer ist das Werkzeug der Wahl für SapQuery-Anfänger oder Menschen, die nur selten mit der SapQuery arbeiten wollen. Für regelmäßige Nutzer sind die SapQuery-Transaktionen sinnvoller und mächtiger. Was beim ersten Eindruck vielleicht kompliziert oder umständlich aussieht, stellt sich nach einiger Zeit als strukturiertes Vorgehen heraus.

6.3   Musteraufgabe 7: Der werksunabhängige Materialstamm

Diese Musteraufgabe soll das Zusammenspiel der SapQuery-Transaktionen veranschaulichen. Sie entspricht von der Didaktik her der Musteraufgabe 1 in Kapitel 2. Die anderen Übungen dieses Kapitels gehen dann auf spezielle Einzelheiten ein.

6.3.1   Aufgabenstellung

Schreiben Sie eine SapQuery, die die folgenden Selektionsfelder bzw. Ausgabefelder hat:

Selektionsfelder

- Materialnummer

Ausgabefelder

- Materialnummer
- Transportgruppe
- Pflegestatus
- Materialart

6.3.2   Lernziele

Um dieses Ziel zu erreichen, müssen drei Schritte erfolgen: Im ersten Schritt muss eine Datenquelle angelegt werden. Dies erfolgt mit der Transaktion SQ02. Im zweiten Schritt werden Datenquelle und Benutzer über die Benutzergruppe verknüpft. Eine Benutzergruppe wird in der Transaktion SQ03 angelegt und bearbeitet. Im letzten Schritt wird aufbauend auf Datenquelle und Benutzergruppe die eigentliche Query erstellt. Alle drei Schritte werden zusammen behandelt.

Die Informationen der Aufgabenstellung stehen alle in der Tabelle MARA. Die Tabelle MARA enthält den werksunabhängigen Materialstamm.

6.3.3   Lösung

Definition Datenquelle (InfoSet)

In Abbildung 6–2 ist der Startbildschirm der Transaktion SQ02 dargestellt.

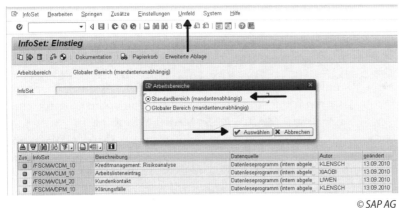

Abb. 6–2
SQ02: Startbildschirm

© SAP AG

→ 1. Starten Sie die Transaktion SQ02 (Abb. 6–2).
2. Setzen Sie unter ›Umfeld/Arbeitsbereiche‹ den Arbeitsbereich auf ›mandantenabhängig‹.

Diese Musteraufgabe wird im Standardbereich gelöst. Sie ist daher nicht an das SAP-Transportsystem angeschlossen.

In Abbildung 6–2 sehen Sie den Unterschied zum QuickViewer: Die InfoSets sind global sichtbar. Während beim QuickViewer der Benutzer immer nur seine eigenen QuickViews sieht, sind die InfoSets für alle sichtbar. Dies hat die Konsequenz, dass Sie ab jetzt immer

einen eindeutigen Namen vergeben müssen, da ein Name nur einmal
vergeben werden kann.

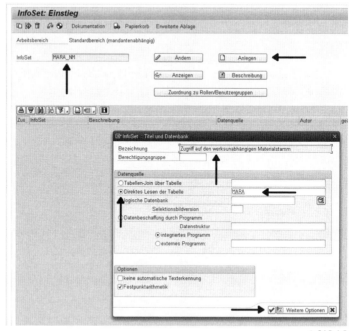

© SAP AG

→   Definieren Sie Namen in Übungen dieses Kapitels eindeutig.
    Also wenn z.B. Ihr Kürzel AB ist, dann sollten Sie für einen
    Namen statt ›MARA_NM‹ ›MARA_AB‹ wählen.

1. (Abb. 6–3) Vergeben Sie einen Namen, z.B. ›MARA_NM‹ (oberer linker Pfeil), und klicken Sie auf ›Anlegen‹ (oberer rechter
   Pfeil).

2. Vergeben Sie eine Bezeichnung, z.B. ›Zugriff auf den werksunabhängigen Materialstamm‹, setzen Sie den Radiobutton bei
   ›Direktes Lesen der Tabelle‹, geben Sie ›MARA‹ an und drücken Sie ›Return‹.

In Abbildung 6–3 sehen Sie die verschiedenen Definitionsmöglich-
keiten von Datenquellen. Joins und logische Datenbanken werden in
den nächsten Musteraufgaben besprochen, Datenbeschaffung durch
ein Programm in Kapitel 7. Der Sequenzielle Bestand (auf ›Weitere
Optionen‹ klicken (Abb. 6–3, rechts unten)) ist für Endanwender uninteressant, da die einzulesenden Dateien auf dem Applikationsserver
liegen müssen. Optional kann man eine Berechtigungsgruppe
(Kapitel 8) angeben.

Löschen Sie NIE das Häkchen bei Festpunktarithmetik, da sonst Rundungs-fehler auftauchen können!

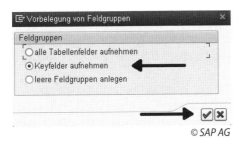

© SAP AG

Abb. 6–4
SQ02: Vorbelegung mit Feldgruppen

→ (Abb. 6–4) Setzen Sie den Radiobutton bei ›Keyfelder aufnehmen‹ und drücken Sie ›Return‹.

Im QuickViewer besteht immer Zugriff auf alle Tabellenfelder. Hinge-gen sind später in der SQ01 (und in der InfoSet Query) nur die Felder einer Tabelle sichtbar, die in eine **Feldgruppe** aufgenommen wurden. In Abbildung 6–4 sehen Sie die Vorbelegungen für die Feldgruppen.

Feldgruppen

Eine Feldgruppe ist eine Beschränkung beim Tabellenzugriff. Nur die Felder, die in die Feldgruppe aufgenommen wurden, können später in der Query gelesen werden.

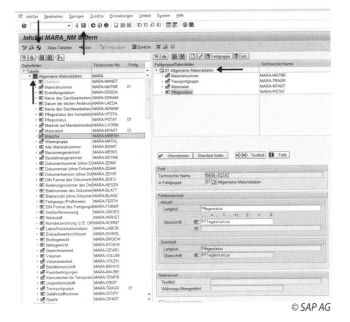

© SAP AG

Abb. 6–5
SQ02: InfoSet anlegen

➜ (Abb. 6–5)

1. Klappen Sie die Tabelle ›Allgemeine Materialdaten‹ auf (linker Pfeil).
2. Suchen Sie die Felder der Aufgabenstellung in der linken Liste und ziehen Sie sie per Drag & Drop auf das Ordnersymbol der Feldgruppe.
3. Sichern und generieren Sie das Infoset (obere Pfeile).

In der Hauptsicht der Transaktion ›Infoset anlegen‹ (Abb. 6–5) sehen Sie auf der linken Seite alle Felder der Tabelle. Die Feldgruppe auf der rechten Seite enthält initial nur das Feld ›Materialnummer‹ (wegen dem Radiobutton in Abb. 6–4). Per Drag & Drop kann man nun Tabellenfelder in die Feldgruppe auf der rechten Seite bewegen. Dabei muss man die Maustaste dann loslassen, wenn das Mausicon genau über dem Ordnersymbol der Feldgruppe ist. Das Mausicon verwandelt sich dann in ein Pluszeichen.

Das Icon vor dem Feld ›Materialart‹ enthält den Buchstaben »T« (T wie Text). Das T zeigt an, dass das Infoset nicht nur den Wert für das Feld ›Materialart‹ zieht, sondern auch den entsprechenden Langtext für den Wert (siehe Ende der Aufgabe).

Wird ein Feld in der Feldgruppe selektiert, so tauchen Informationen zum Feld im rechten, unteren Bereich von Abbildung 6–5 auf. So kann z.B. der Langtext oder die Überschrift für das Feld geändert werden.

Ein Infoset kann erst verwendet werden, nachdem es generiert wurde (linker oberer Pfeil, Abb. 6–5). Damit ist die Datenquelle erstellt und kann nun eingesetzt werden.

Ein InfoSet muss vor dem Einsatz generiert werden!

Erstellung der Benutzergruppe

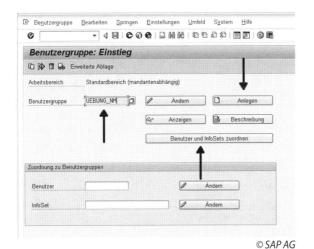

Abb. 6–6

SQ03: Benutzergruppe
Einstieg

→ (Abb. 6–6)
  1. Optional: Sind Sie im richtigen Arbeitsbereich? Gehen Sie gege-
     benenfalls über ›Umfeld/Arbeitsbereiche‹ in den Standardbe-
     reich.
  2. Vergeben Sie einen Namen für Ihre Benutzergruppe und klicken
     Sie auf ›Anlegen‹ (oberer rechter Pfeil).

Im nächsten Schritt wird eine Benutzergruppe angelegt und das
erstellte InfoSet in die Benutzergruppe aufgenommen. Die Pflegetransaktion SQ03 (Abb. 6–6) dient der Benutzerverwaltung. Eine Benutzergruppe verknüpft Benutzer und InfoSets.

Da Querys auf InfoSets beruhen, werden über die Benutzergruppe Benutzern
Querys zugeordnet.

Die Arbeit mit der SQ03 läuft in zwei Schritten ab. Zuerst wird eine
Benutzergruppe angelegt (oberer Pfeil in Abbildung 6–6), dann werden
der Benutzergruppe Benutzer und InfoSets zugeordnet (unterer Pfeil).

Eine Besonderheit der SQ03 ist, dass sie eine mandantenweite Sperre
bei Schreibzugriff setzt. So kann z.B. bei einer Schulung nur jeweils ein
Teilnehmer mit der SQ03 arbeiten.

Benutzergruppen werden noch mal in Kapitel 8 bei der SapQuery-
Organisation und in Kapitel 9 bei der InfoSet Query erscheinen.

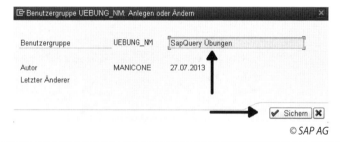

© SAP AG

➜ (Abb. 6–7) Geben Sie eine Beschreibung an, z.B. ›SapQuery-Übungen‹. Drücken Sie ›Return‹.

© SAP AG

➜ (Abb. 6–8)
1. Klicken Sie auf ›Benutzer und InfoSets zuordnen‹ (unterer Pfeil).
2. Geben Sie mindestens einen Benutzer an und drücken Sie ›Return‹ .
3. Betätigen Sie den Button ›InfoSets zuordnen‹ (Pfeil).

Sie können bei einem Benutzer in Abbildung 6–8 ein Häkchen setzen. Das Häkchen bedeutet, dass der Benutzer Querys erstellen oder ändern kann, die auf InfoSets beruhen, die in der Benutzergruppe eingetragen sind. Ohne Häkchen wäre nur das Ausführen von Querys erlaubt. Je nachdem welche Berechtigungen ein Benutzer hat, kann dies aber übersteuert werden. Eine Standardfrage, die fast immer in meinen Seminaren an dieser Stelle kommt, ist, welche Berechtigungen ein Benutzer haben muss, um SapQuerys auszuführen. Eine genaue Analyse der SapQuery-Berechtigungen erfolgt in Kapitel 8.

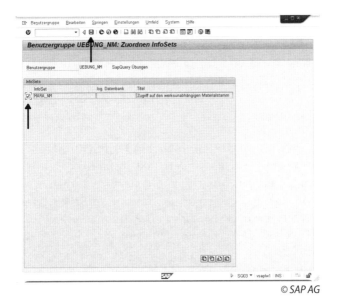

Abb. 6–9

SQ03: InfoSet zuordnen

→ (Abb. 6–9) Setzen Sie ein Häkchen bei Ihrem InfoSet und sichern Sie.

Implementierung einer Query

Abschließend wird basierend auf dem InfoSet eine Query mit der Transaktion SQ01 erstellt. Diese Query wird mit einem ALV-Grid Daten darstellen und kann von Benutzern, die in die Benutzergruppe aufgenommen wurden, ausgeführt werden.

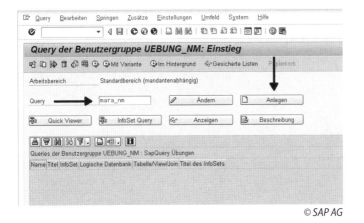

Abb. 6–10

SQ01: Startbildschirm

→ 1. Starten Sie die SQ01 (Abb. 6–10).

2. Optional: Sind Sie im richtigen Arbeitsbereich? Gehen Sie gegebenenfalls über ›Umfeld/Arbeitsbereiche‹ in den Standardbereich.

3. Optional: Sind Sie in der Benutzergruppe, die Sie angelegt haben? Wenn nein, dann ändern Sie via ›Bearbeiten/Benutzergruppe wechseln‹ Ihre Gruppe.

4. Vergeben Sie einen Namen, z.B. ›MARA_NM‹, und klicken Sie auf ›Anlegen‹.

In Abbildung 6–10 ist der Startbildschirm der SQ01 abgebildet. Dort können Sie Querys erstellen, ändern und ausführen.

Achten Sie auf den Bereich und die Benutzergruppe, wenn Sie die Transaktion starten. Der Bereich ist via ›Umfeld/Arbeitsbereiche‹ und die Benutzergruppe über ›Bearbeiten/BenGruppe wechseln‹ änderbar.

Mit ›Testen‹ und ›Ausführen‹ kann eine vorhandene Query gestartet werden.

Für den Button ›Ausführen im Hintergrund‹ gelten die gleichen Beschränkungen wie beim QuickViewer. Setzen Sie diesen Button nur ein, wenn Sie ein definitives o.k. Ihrer Basis haben.

Sie haben die Möglichkeit, fertige Trefferlisten einer Query bei der Aufgabeform ABAP-Liste abzuspeichern. Nachdem Sie die entsprechende Query im Startbildschirm markiert haben, können Sie die Trefferlisten mit ›Gesicherte Liste‹ wieder laden.

Falls Sie eine Query löschen, landet sie zuerst für 30 Tage im ›Papierkorb‹. Erst dann löscht das System die Query vollständig.

Wenn das InfoSet geändert wurde, kann ein Abgleich zwischen Query und InfoSet durchgeführt werden. Die entsprechende Funktion findet sich im Startbildschirm der SQ01 unter ›Query/Weitere Funktionen/Abgleichen‹.

Mit dem Button ›InfoSet Query‹ kann man in die InfoSet Query verzweigen (Kapitel 9).

›Beschreibung‹ listet Informationen für eine Query.

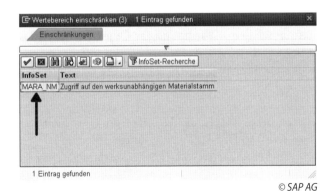

Abb. 6–11

SQ01: Wahl des InfoSets

© SAP AG

→ (Abb. 6–11) Machen Sie einen Doppelklick auf das InfoSet
›MARA_NM‹.

In Abbildung 6–11 sehen alle InfoSets dieser Benutzergruppe, die Sie in
Abbildung 6–9 in die Benutzergruppe aufgenommen haben. Hier ist
im Moment nur eine abgebildet, aber im Regelfall kann man zwischen
verschiedenen auswählen.

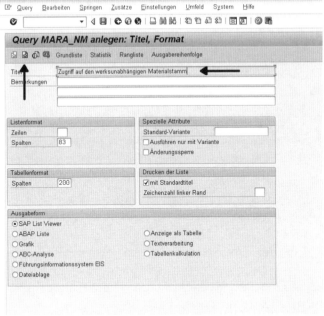

Abb. 6–12

SQ01 Query anlegen: Titel,

Format

© SAP AG

→ (Abb. 6–12) Geben Sie eine Beschreibung ein, z.B. ›Zugriff auf den
werksunabhängigen Materialstamm‹. Wechseln Sie in das nächste
Bild (siehe linker Pfeil).

Die Maske ›Query anlegen: Titel, Format‹ (Abb. 6–12) entspricht von ihrer Funktion her dem Basismodus des QuickViewers. Diese Maske hat drei weitere Sichten, die via ›Nächstes Bild‹ (Pfeil) zugänglich sind. Mit ›Testen‹ kann man eine Query starten. Die Grundliste ist mit dem Layoutmodus des QuickViewers vergleichbar. Statistiken und Ranglisten werden in einer späteren Musteraufgabe besprochen.

Im unteren Bereich kann die Ausgabeform eingestellt werden. Die meisten sind selbsterklärend, aber zu einigen möchte ich Anmerkungen machen. Hinter ›Anzeigen als Tabelle‹ verbirgt sich ein Table Control. Dies ist ein Vorläufer des ALV-Grids und hat ähnliche Eigenschaften.

Die ›private Ablage‹ ist eine Schnittstelle zu Drittprodukten, die aber explizit von der Basis eingerichtet werden muss. In der Standardauslieferung ist daher in Abb. 6–12 die Selektionsmöglichkeit ›private Ablage‹ nicht vorhanden.

Bei ›Dateiablage‹ wird lokal auf Ihrem Arbeitsrechner die Trefferliste gespeichert.

Abb. 6–13
SQ01 Query anlegen:
Feldgruppenwahl

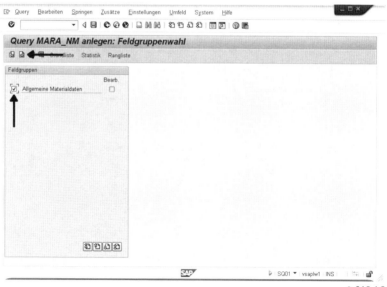

© SAP AG

→ (Abb. 6–13) Setzen Sie das Häkchen bei der Feldgruppe. Wechseln Sie in die nächste Sicht (siehe Pfeil).

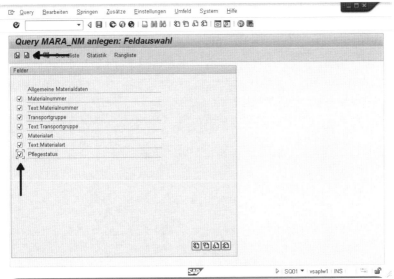

Abb. 6–14

SQ01 Query anlegen:

Feldauswahl

→ (Abb. 6–14) Markieren Sie alle Felder und gehen Sie in die nächste Sicht.

Mit den in Abbildungen 6–13 und 6–14 gemachten Einstellungen legen Sie fest, welche Felder bei einigen Funktionen sichtbar sind. So erscheinen später bei Statistiken und Ranglisten nur die hier markierten Felder.

An Abbildung 6–14 sehen Sie den Effekt einer Feldgruppe. Von allen Feldern der Tabelle MARA sind nur die Felder der Feldgruppe zugänglich. Wenn also unterschiedliche Personen SQ02 und SQ01 einsetzen, dann kann der Ersteller einer Query nur mit den Feldern einer Tabelle arbeiten, die explizit freigeschaltet sind. Beim QuickViewer könnte er immer mit allen Feldern arbeiten.

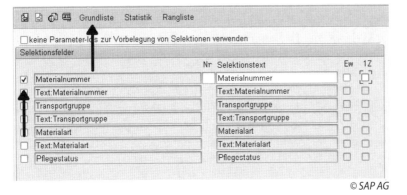

Abb. 6–15

SQ01 Query anlegen:

Selektionsmaske

→ (Abb. 6–15) Markieren Sie das Feld ›Materialnummer‹, sichern Sie
und klicken Sie auf den Button ›Grundliste‹.

In Abbildung 6–15 werden die Selektionsfelder gewählt. Falls Sie wollen, können Sie an dieser Stelle auch einen anderen Selektionstext für
die Selektionsmaske wählen.

Abb. 6–16

SQ01: Query-Layout

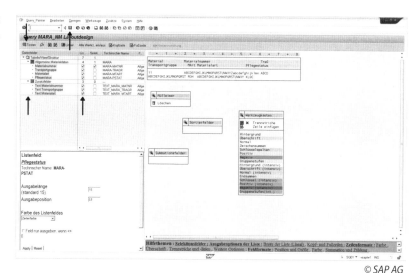

© SAP AG

→ (Abb. 6–16)
1. Vergrößern Sie den linken Bereich und klappen Sie die beiden
   Tabellen ›Allgemeine Materialdaten‹ und ›Zusatzfelder‹ auf.
2. Setzen Sie die Häkchen in den Listenfeldern, und zwar in der
   Reihenfolge Datenfeld, Text zum Datenfeld, Datenfeld, …
3. Sichern Sie und klicken Sie auf ›Testen‹.

Der Query Painter in Abbildung 6–16 sollte Ihnen vom QuickViewer
bekannt vorkommen. Er hat die gleichen Eigenschaften und es gelten
die gleichen Einschränkungen wie dort. Das bedeutet, dass nur die
ABAP-Liste alle Layouteinstellungen verwendet. Der ALV-Grid übernimmt nur einige Einstellungen wie z.B. die Reihenfolge, Farben oder
Sortierfelder.

Wenn Sie das linke, obere Fenster in Abbildung 6–16 vergrößern,
dann sehen Sie die möglichen List- und Selektionsfelder. Mit der Reihenfolge, in der Sie die Häkchen bei ›Listenfelder‹ (rechter unterer
Pfeil) setzen, erscheinen die Felder auf der Ausgabeliste.

Die MARA enthält nur Datenfelder. Die Query zieht Ihnen automatisch Textfelder zu den Datenfeldern. Die Textfelder finden sich im Ordner Zusatzfelder.

Falls Ihr Bildschirm ganz anders als Abbildung 6–16 aussieht, dann haben Sie den grafischen Query Painter nicht aktiviert. Gehen Sie mit ›F3‹ einen Schritt zurück und schalten Sie den grafischen Query Painter über ›Einstellungen/Einstellungen‹ ein.

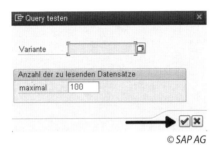

Abb. 6–17

SQ01: Abfrage Variante und Datensatzanzahl

→ (Abb. 6–17) Drücken Sie ›Return‹.

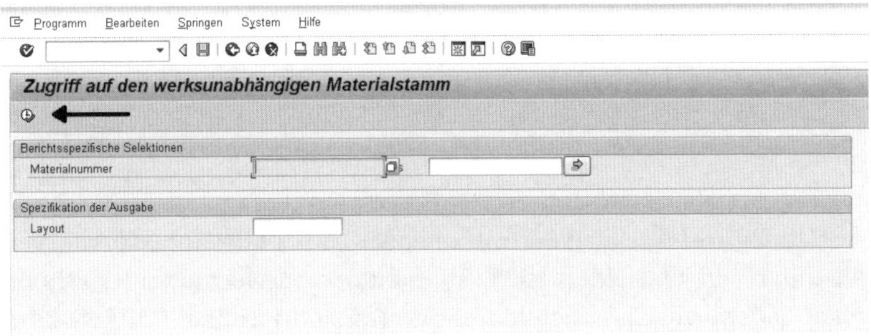

Abb. 6–18

SQ01: Selektionsmaske

→ (Abb. 6–18) Betätigen Sie F8.

Abb. 6–19

SQ01: Trefferliste

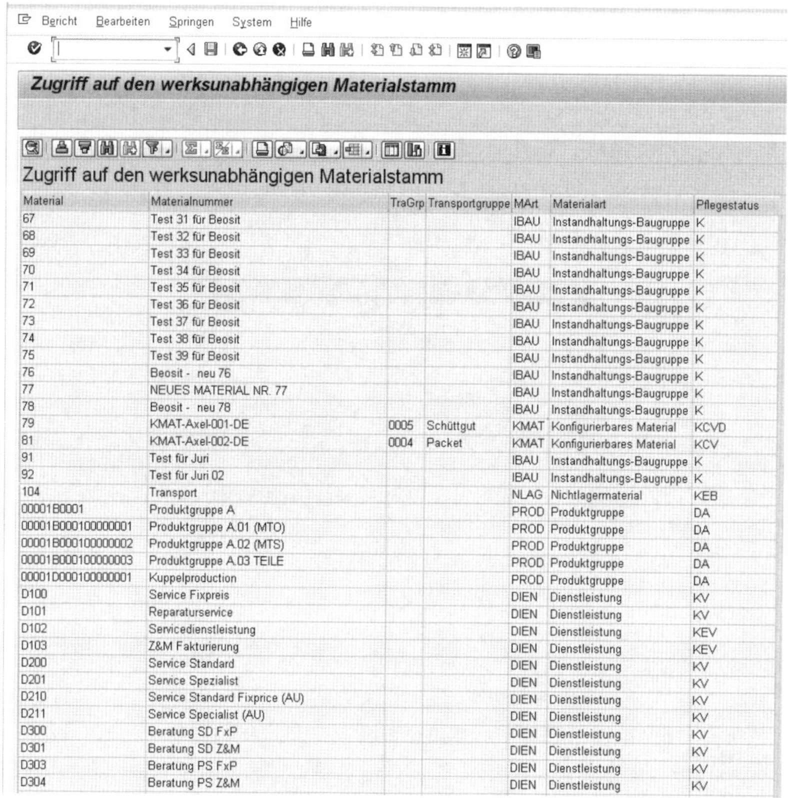

© SAP AG

Abbildung 6–19 zeigt die Treffermenge. Dabei fällt auf, das die Verwendung von Textfeldern die Lesbarkeit der Auswertung stark erhöht. Nicht jeder weiß, dass sich hinter der Transportgruppe ›0005‹ Schüttgut versteckt.

6.4   Musteraufgabe 8: FI-Belege und logische Datenbanken

Diese Aufgabe wird im globalen Bereich gelöst. Damit ist sie automatisch an das SAP-Transportsystem angeschlossen. Sie brauchen daher entweder einen **Änderungsauftrag** und ein **Paket** oder Sie speichern das InfoSet als **Lokales Objekt**. Alternativ können Sie die Übung natürlich auch im Standardbereich lösen.

In Kapitel 3 wurden die theoretischen Grundlagen der logischen Datenbanken behandelt. Hier in dieser Musteraufgabe erfolgt nun eine praktische Anwendung. Ein sinnvoller Einsatz von logischen Datenbanken ist der Zugriff auf **Clustertabellen**. Ein SAP-Modul, in dem relativ intensiv mit Clustertabellen gearbeitet wird, ist FI.

6.4.1   Aufgabenstellung

Schreiben Sie ein InfoSet, das folgende Felder von FI-Belegen enthält:

- Kennzeichen: Belegselektion gewünscht?
- Buchungskreis
- Belegart
- Geschäftsjahr
- Belegdatum im Beleg
- Betrag in Hauswährung
- Soll-/Haben-Kennzeichen
- Kontoart
- Buchungsschlüssel
- Nummer der Buchungszeile
- Belegnummer eines Buchhaltungsbeleges

6.4.2   Lernziele

Mithilfe der Musteraufgabe wird der Einsatz von logischen Datenbanken und der Zugriff auf Clustertabellen sowie das Arbeiten mit Änderungsaufträgen und Paketen im globalen Bereich vermittelt.

6.4.3   Lösung

Einige Felder der Aufgabenstellung finden sich in der Clustertabelle BSEG. Eine Clustertabelle kann nicht mit einem Join ausgewertet werden. Daher wird diese Lösung mit der logischen Datenbank BRF erstellt.

Eine logische Datenbank enthält immer auch verschiedene Selektionsbildschirme, die z.B. mit der F4-Hilfe ermittelt werden können. Die BRF hat die Selektionsbildversionen 900-903 und 950. Diese unterscheiden sich in den dargestellten Feldern auf der Selektionsmaske. Daher gibt man bei der Wahl der Datenquelle logische Datenbank und Selektionsbild gemeinsam an.

Mehr Informationen über die logische Datenbank BRF erhalten Sie in der Transaktion SE36, wenn Sie dort auf ›Dokumentation‹ klicken.

Logische Datenbanken können eine Berechtigungsprüfung durchführen. Die BRF z.B. überprüft die Berechtigungsobjekte F_BKPF_KOA, F_BKPF_BUK, F_KNA1_BED, F_LFA1_BEK und F_SKA1_BES bei Tabellenzugriffen.

Abb. 6–20

SQ02: Startbildschirm

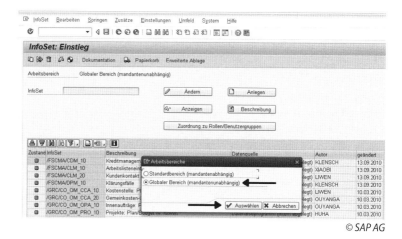

© SAP AG

→ (Abb. 6–20)

1. Starten Sie die Transaktion SQ02.
2. Gehen Sie über ›Umfeld/Arbeitsbereiche‹ in den globalen Bereich.

Abb. 6–21

SQ02: Titel und

Datenbank

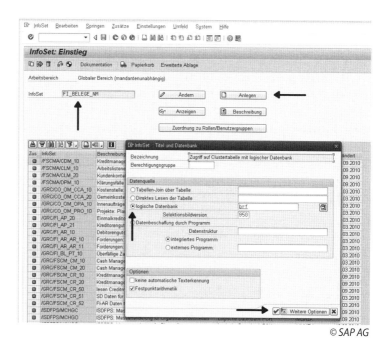

© SAP AG

→ (Abb. 6–21)
1. Geben Sie bei InfoSet einen Namen an, z.B. ›FI_BELEGE_NM‹, und klicken Sie auf den Button ›Anlegen‹.
2. Setzen Sie den Radiobutton bei ›logische Datenbanken‹, geben Sie ›BRF‹ und Selektionsbildversion ›950‹ an. Betätigen Sie ›Return‹.

Wie oben erwähnt reicht es nicht, nur die logische Datenbank anzugeben. Sie müssen auch einen Selektionsbildschirm angeben (Abb. 6–21).

Mit der F4-Hilfe kann man sich die existierenden logischen Datenbanken ansehen. Auf dem IDES-System gibt es z.B. 262 logische Datenbanken.

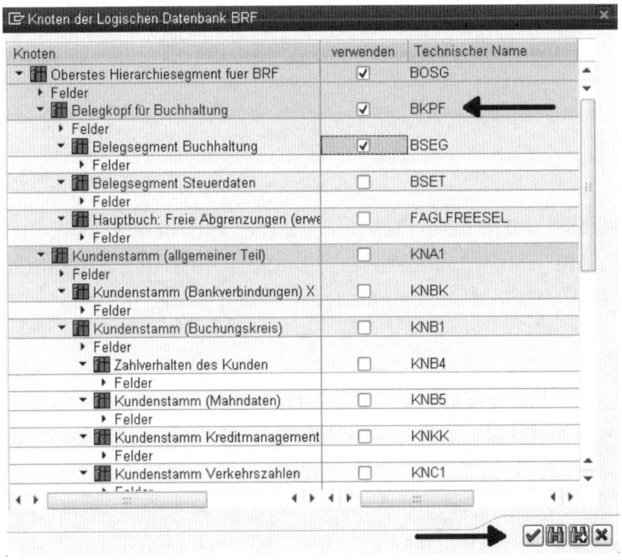

Abb. 6–22

Knoten der logischen Datenbank BRF

© SAP AG

→ (Abb. 6–22) Wählen Sie die Knoten BOSG, BKPF und BSEG aus und drücken Sie ›Return‹.

Wie Sie in Abbildung 6–22 sehen, enthält die logische Datenbank BRF eine ganze Anzahl von Tabellen. Insbesondere wird deutlich, dass logische Datenbanken eine hierarchische Struktur haben. Bei Zugriffen auf die Datenbank erfolgen diese entsprechend zur hierarchischen Struktur. Zuerst wird der Knoten BOSG aus der Datenbank gezogen, dann der Knoten BKPF und schließlich der Knoten BSEG.

Abb. 6–23

SQ02: Initiales InfoSet

© SAP AG

→ (Abb. 6–23) Klappen Sie jeweils die Tabellen BOSG, BKPF und BSEG auf und transportieren Sie die Felder der Aufgabenstellung per Drag & Drop in die entsprechenden Feldgruppen.

Abb. 6–24

SQ02: Fertiges InfoSet

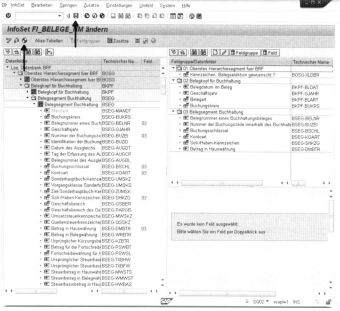

© SAP AG

➜ (Abb. 6–24) Sichern und generieren Sie das InfoSet.

Wenn Sie in Abbildung 6–24 auf ›Sichern‹ klicken, werden zuerst
Paket und Workbench-Auftrag abgefragt. Erst dann können Sie das
InfoSet generieren.

Alternativ kann natürlich in Abbildung 6–25 das InfoSet auch als
›Lokales Objekt‹ gespeichert werden. Lokale Objekte sind Teil des
Paketes $TMP und können nicht transportiert werden. Bei Objekten,
die Teil von $TMP sind, kann aber jederzeit das Paket gewechselt wer-
den. Also im Startbildschirm der SQ02 unter ›InfoSet/Weitere Funkti-
onen/Paket wechseln‹.

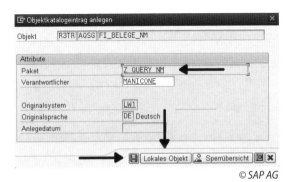

Abb. 6–25

SQ02: Objektkatalog

© SAP AG

➜ (Abb. 6–25)
Variante A: Geben Sie ein Paket an und sichern Sie.
Variante B: Klicken Sie auf den Button ›Lokales Objekt‹.

Abb. 6–26

SQ02: Transportauftrag

© SAP AG

➜ (Abb. 6–26) Geben Sie einen Workbench-Auftrag an und betätigen
Sie die Returntaste (nicht bei lokalem Objekt).

6.5   Musteraufgabe 9: Werksabhängiger Materialstamm und Joins

In dieser Übung wird ein InfoSet im Standardbereich erstellt, das mit einem Join auf Felder des werksabhängigen Materialstamms zugreift. Joins werden in der SQ02 mit einem grafischen Join-Editor erstellt. Dieser gleicht dem Join-Editor des QuickViewers: Eigenschaften wie Alias-Tabellen, Einfügen von Tabellen und Definition der Join-Bedingung entsprechen sich. Diese Fragestellungen wurden in Musteraufgabe 3 in Kapitel 4 behandelt.

Auf Basis dieses InfoSets erfolgt in Musteraufgabe 11 eine Einführung in Grafiken, Statistiken und Ranglisten.

6.5.1   Aufgabenstellung

Erstellen Sie ein InfoSet, das auf die folgenden Felder im Materialstamm zugreift:

- Materialnummer
- Materialart
- Nettogewicht
- Gewichtseinheit
- Werk
- Disponent
- Einkäufergruppe

6.5.2   Lernziele

In dieser Aufgabe wird die Verwendung des Join-Editors in der SQ02 sowie der Zugriff auf den werksabhängigen Materialstamm erläutert.

6.5.3   Lösung

Manche Felder des Materialstamms der Aufgabenstellung sind werksunabhängig (Tabelle MARA), andere werksabhängig (Tabelle MARC). Daher werden diese beide Tabellen mit einem Join kombiniert.

Nachdem im Join-Editor ein Join definiert wurde (Abbildung 6–28), wird die Maske mit ›F3‹ verlassen. Man kann nicht sichern, obwohl eine Join-Definition aufgebaut wurde. Ich empfinde dies von der Benutzerführung her als inkonsistent.

Abb. 6–27

SQ02: Startbildschirm

→ 1. Starten Sie die SQ02. Optional: Gehen Sie in den Standardbereich (Abb. 6–27).

2. Geben Sie eine Bezeichnung an, z.B. ›Join von MARA und
  MARC‹. Setzen Sie den Radiobutton bei ›Tabellen-Join über
  Tabelle‹ und fügen Sie ›MARA‹ ein. Betätigen Sie die Returntaste.

Abb. 6–28

SQ02: Grafischer

Join-Editor

→ (Abb. 6–28) Klicken Sie auf ›Tabelle einfügen‹ (linker Pfeil) und geben Sie MARC an. Betätigen Sie ›F3‹.

Abb. 6–29

SQ02: Vorbelegung von

Feldgruppen

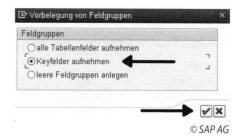

© SAP AG

→ (Abb. 6–29) Wählen Sie ›Keyfelder aufnehmen‹ und klicken Sie auf ›Weiter‹.

Abb. 6–30

SQ02: Fertiges InfoSet

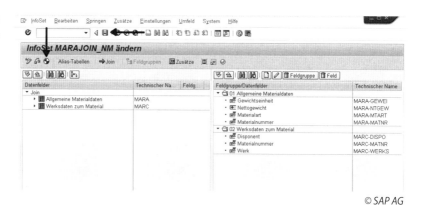

© SAP AG

→ (Abb. 6–30) Überführen Sie die Felder der Aufgabenstellung in die Feldgruppen, sichern und generieren Sie.

6.6   Musteraufgabe 10: Zusätze bei InfoSets

Mit den bis jetzt vorgestellten Möglichkeiten bin ich bei der Besprechung der SQ02 auf dem Niveau des QuickViewers geblieben. Doch die SQ02 kann mehr. In diesem Abschnitt werden wir uns mit den Erweiterungen beschäftigen.

Bis jetzt war es so, dass auf dem Selektionsbild bzw. in der Ausgabe Tabellenfelder verwendet wurden. In dieser Aufgabe werden ein eigenes Feld auf dem Selektionsbild und ein eigenes Feld auf der Trefferliste jeweils ohne Tabellenbezug erscheinen.

Für diese Aufgabe ist weder ABAP-Know-how noch eine Entwicklerberechtigung nötig. Im nächsten Kapitel wird diese Aufgabe dann um ABAP-Bestandteile erweitert.

In den Zusätzen können Zusatzfelder definiert werden. Der Zugriff darauf geht aber nur mit ABAP. Das heißt, in dieser Aufgabe wird nur ein Feld definiert; in der Fortsetzung im nächsten Kapitel wird es dann für eine Summation verwendet.

Die Query zieht automatisch Texte, so z.B. den Materialkurztext. Dummerweise macht sie das immer in der Anmeldesprache. Was, wenn man die Materialkurztexte in einer anderen Sprache haben möchte?

6.6.1 Aufgabenstellung

Erstellen Sie ein InfoSet für die Lagerortdaten zum Material, das folgende Felder enthält:

- Materialnummer
- Werk
- Lagerort
- Bewerteter, frei verwendbarer Bestand
- Umlagerungsbestand (Lagerort zu Lagerort)
- Qualitätsprüfbestand

Erstellen Sie zusätzlich ein Feld ›Summe_Bestand‹, das für die Summe von freiem, Umlagerungs- und Qualitätsprüfbestand für jedes Material vorgesehen ist.

Erstellen Sie eine Abfrage der Sprache auf dem Selektionsbild. In dieser Sprache soll der Kurztext des Materials ausgegeben werden.

6.6.2 Lernziele

In dieser Musteraufgabe werden Mengenfelder und die Zusätze der SQ02 besprochen. Dies sind zusätzliche Felder, Zusatztabellen und Abgrenzungen.

Das Feld ›Summe_Bestand‹ ist ein zusätzliches Feld, die Abfrage der Sprache ist eine Abgrenzung und die Kurztexte werden aus einer Zusatztabelle gezogen.

Die Lagerortdaten sind in der Tabelle MARD gespeichert.

6.6.3   Lösung

Umgang mit Mengenfeldern (QUAN)

Wenn man sich die Felder der Aufgabenstellung ansieht, dann stellt man fest, dass alle in der Tabelle MARD vorkommen. Daher könnte man zuerst annehmen, dass als Datenquelle ein ›Direktes Lesen der Tabelle‹ MARD ausreichen würde. Dies funktioniert für alle Teile der Aufgabenstellung. Nur wenn dann am Ende der Button ›Generieren‹ betätigt wird, erhält man die Warnung: »Einheitenfeld MARA-MEINS wird nicht versorgt«. Warum? Der Grund ist, dass die Felder INSME, LABST und UMLME der MARD Mengenfelder, also vom Typ QUAN, sind. Und Mengenfelder korrespondieren immer mit einer Einheit. Hier in diesem Fall ist das Einheitenfeld das Feld MEINS der Tabelle MARA. Da dieses Einheitenfeld unbekannt ist, erscheint die Warnung. Im Prinzip können Sie die Warnung ignorieren. Nur werden dann Ihre Auswertungen keine Einheiten haben und damit ihren Gebrauchswert stark einschränken.

Aus diesem Grund ist die Datenquelle für diese Aufgabe ein Join der Tabellen MARA und MARD. Ziehen Sie MATNR und MEINS aus der MARA und die restlichen Felder aus der MARD.

Neben den Mengenfeldern gibt es noch analog die Währungsfelder (Typ CURR). Währungsbetrag und Währung bilden ein Paar. 1000 Schweizer Franken und 1000 Dänische Kronen sind halt nicht das Gleiche.

> Mengenfelder ohne Einheit oder Währungsfelder ohne Währung sind in einer Auswertung sinnlos.

Wie bekommt man nun heraus, welches Mengenfeld mit welchem Einheitenfeld korrespondiert? Wie immer in diesem Buch ist die Antwort die SE12. In Abbildung 6–31 ist der Reiter ›Währungs-/Mengenfelder‹ für die MARD in der SE12 gewählt. Man sieht, dass für das Feld LABST das Einheitenfeld MEINS der Tabelle MARA verwendet wird.

Abb. 6–31
SE12: Währungs- und Mengenfelder

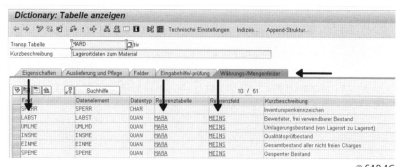

© SAP AG

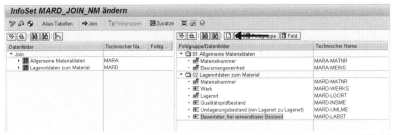

Abb. 6–32
SQ02: Start

→ 1. Erstellen Sie ein InfoSet im Standardbereich basierend auf einem Join der Tabellen MARA und MARD .
2. Transferieren Sie die Felder der Aufgabenstellung in die Feldgruppen (Abb. 6–32).
3. Klicken Sie auf den Button ›Feldgruppe anlegen‹.

Abb. 6–33
SQ02: Neue Feldgruppe

→ (Abb. 6–33) Geben Sie in Feldgruppe z.B. ›03‹ und in Bedeutung ›Kurztexte‹ ein. Drücken Sie ›Return‹.

In Abbildung 6–34 wurde eine weitere Feldgruppe angelegt. In diese wandern später die Felder für die Kurztexte. Mit dem Button ›Zusätze‹ springt man in die Zusätze und mit dem Button ›Feldgruppen‹ (Abb. 6–41) zurück.

© SAP AG

➜ (Abb. 6–34) Führen Sie einen Mausklick auf das Icon ›Zusätze‹ durch.

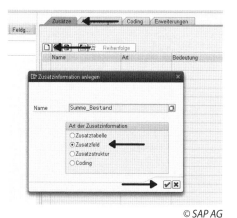

© SAP AG

Über die Reiter (oberer Pfeil) in Abbildung 6–35 erfolgt der Zugriff auf die verschiedenen Zusätze. Dem Reiter ›Zusätze‹ sind Zusatztabellen, Zusatzfelder und Zusatzstrukturen zugeordnet. Via Reiter ›Abgrenzungen‹ lassen sich Abgrenzungen erstellen, über den Reiter ›Coding‹ kann man in das InfoSet ABAP-Code einfügen und der Reiter ›Erweiterungen‹ enthält Klassen, die das Systemverhalten des InfoSets steuern.

➜ (Abb. 6–35)
1. Klicken Sie auf das Icon ›Anlegen‹ (zweiter Pfeil von oben).
2. Geben Sie einen Namen an, z.B. ›Summe_Bestand‹, und setzen Sie den Radiobutton bei ›Zusatzfeld‹. Betätigen Sie ›Return‹.

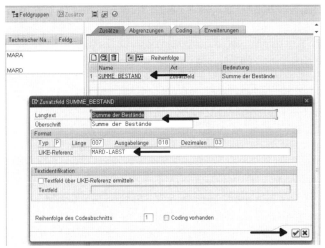

Abb. 6–36
SQ02: Zusatzfeld definieren

→ (Abb. 6–36)

1. Fügen Sie einen Langtext und eine Überschrift ein. Setzen Sie den Cursor in die Zeile ›LIKE-Referenz‹ und geben Sie ›MARD-LABST‹ an. Drücken Sie die Returntaste.

2. Machen Sie einen Doppelklick auf ›Summe_Bestand‹ (oberer Pfeil). Die Felder Typ, Länge, Ausgabelänge und Dezimalen sind ausgefüllt.

Ein Zusatzfeld ist mit einer Rechenvorschrift gekoppelt. Hier in dieser Musteraufgabe wird das Zusatzfeld ›Summe_Bestand‹ deklariert.

Zusatzfelder

Es gibt einen Haken bei der Sache. Zwar können Sie, falls Sie die Berechtigung für die SQ02 haben, Zusatzfelder anlegen, aber für die Rechenvorschrift brauchen Sie die ABAP-Coding-Berechtigung. Und ohne Letztere machen Zusatzfelder nicht viel Sinn.

Bei der ABAP-Coding-Berechtigung gibt es nur ein alles oder nichts. Ein Anwender kann also, wenn er diese Berechtigung hat, beliebigen Code einfügen.

Eine Alternative zu Zusatzfeldern sind die lokalen Felder der SQ01. Auch mit diesen sind Berechnungen möglich. Für lokale Felder ist keine zusätzliche Berechtigung notwendig. Sie werden in der Musteraufgabe 12 besprochen.

Das Arbeiten mit Zusatzfeldern läuft in drei Schritten ab. Zuerst wird ein Name (Abb. 6–35) gewählt, dann findet die Deklaration statt und abschließend wird eine Rechenvorschrift erstellt. In der Definition (Abb. 6–36) wird dem Zusatzfeld ein Datentyp zugeordnet. Dies erfolgt über die LIKE-Referenz (siehe unterer Pfeil). Durch die Deklaration definiere ich, dass das Feld ›Summe_Bestand‹ die gleichen

Abgrenzungen:
Selektionskriterium und
Parameter

Eigenschaften wie das Feld LABST (dies ist der frei verwendbare, bewertete Bestand) der Tabelle MARD hat.

Beim Ausfüllen von ›Zusatzfeld Summe_Bestand‹ (Abb. 6–36) gibt es einen Trick. Setzen Sie den Cursor in die Zeile LIKE-Referenz (siehe Pfeil) und geben Sie Tabelle und Element an. Wenn Sie dann auf ›Return‹ drücken, zieht das System Daten aus dem Data Dictionary und füllt die Felder in der Zeile über der LIKE-Referenz aus.

Als Nächstes wird eine Abgrenzung erzeugt. Abgrenzungen sind Abfragen, die auf der Selektionsmaske erscheinen. Hier in diesem Beispiel wird eine Abgrenzung erstellt, die auf der Selektionsmaske die Sprache des Materialkurztextes (Tabelle MAKT) abfragt.

Abgrenzungen gibt es in zwei Ausprägungen: Selektionskriterium und Parameter. Ein Selektionskriterium kann mehrere Abfragen enthalten, ein Parameter enthält immer nur eine Abfrage. Dahinter verstecken sich die zwei ABAP-Befehle SELECT-OPTIONS und PARAMETER. Zum Selektionskriterium gibt es eine Übungsaufgabe in Kapitel 8.

In Abbildung 6–38 erfolgt die Deklaration der Abgrenzung. Der LIKE-Zusatz definiert, dass die Abgrenzung ›Sprache‹ die gleichen Eigenschaften wie das Element SPRAS der Tabelle MAKT hat.

Es gilt das Gleiche wie oben bei den Zusatzfeldern. Wenn Sie bei LIKE eine Eingabe machen und die Returntaste betätigen, dann zieht das System die Werte für Typ und Länge aus dem Data Dictionary.

Abb. 6–37
SQ02: Abgrenzung
anlegen

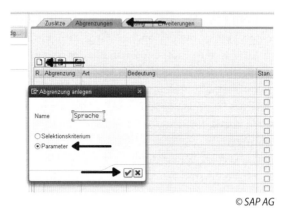

© SAP AG

→ (Abb. 6–37)

1. Klicken Sie auf den Reiter ›Abgrenzungen‹ (oberer Pfeil) und dort auf ›Anlegen‹.
2. Setzen Sie den Radiobutton bei ›Parameter‹ und geben Sie einen Namen an, z.B. ›Sprache‹. Betätigen Sie ›Return‹.

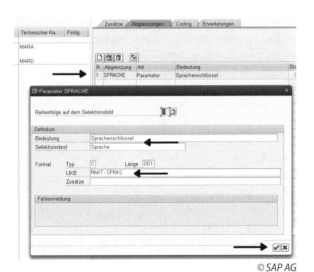

Abb. 6–38

SQ02: Abgrenzung
definieren

© SAP AG

→ (Abb. 6–38)
1. Fügen Sie eine Bedeutung, z.B. ›Sprachenschlüssel‹, und einen Selektionstext, z.B. ›Sprache‹, ein. Setzen Sie den Cursor in die Zeile mit ›LIKE‹ , geben Sie ›MAKT-SPRAS‹ ein und betätigen Sie ›Return‹.
2. Doppelklicken Sie auf ›Sprache‹ (oberer Pfeil). Die Felder Typ und Länge sind ausgefüllt.

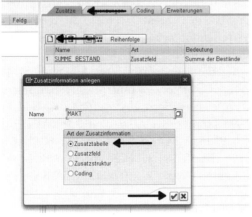

Abb. 6–39

SQ02: Zusatztabelle
anlegen

© SAP AG

→ (Abb. 6–39)
1. Klicken Sie auf den Reiter ›Zusätze‹ (oberer Pfeil) und dann auf das Icon ›Anlegen‹.
2. Setzen Sie den Radiobutton bei ›Zusatztabelle‹, geben Sie ›MAKT‹ ein und drücken Sie die Returntaste.

Eine weitere Möglichkeit der Zusätze ist die Zusatztabelle (Abb. 6–40). Wie der Name schon vermuten lässt, kann neben der eigentlichen Datenquelle mit der Zusatztabelle eine weitere Tabelle, aus der Daten gezogen werden, definiert werden. Hier in diesem Beispiel ist das die Tabelle MAKT. Diese Tabelle enthält die Materialkurztexte.

Beim Einsatz von Zusatztabellen gibt es eine Limitierung: Es wird jeweils nur ein Datensatz gezogen, da bei Zusatztabellen der ABAP-Befehl SELECT SINGLE eingesetzt wird. Und dieser selektiert nur jeweils einen Datensatz. Was bedeutet das für die Verwendung von Zusatztabellen? Dies schränkt die Verwendungsmöglichkeiten von Zusatztabellen stark ein. Es gibt nur zwei sinnvolle Anwendungen: Wenn Sie nur einen beliebigen Datensatz brauchen, etwa als Beispiel, oder wenn es nur einen Datensatz gibt.

Erinnern Sie sich an Kapitel 5 und die kurze Einführung in die relationalen Datenbanken? Zu einem vollständigen Primärschlüssel gibt es jeweils nur einen Datensatz. Hier bei der Tabelle MAKT besteht der Primärschlüssel aus den Feldern MATNR und SPRAS, also der Materialnummer und der Sprache. Wird bei einem Zugriff auf die MAKT-Tabelle MATNR und SPRAS angegeben, dann erhält man nur einen Datensatz. Daher ist hier der Einsatz einer Zusatztabelle sinnvoll.

In Abbildung 6–40 kann die Reihenfolge der Codeabschnitte eingegeben werden (oberer Pfeil). Achten Sie dabei auf Überschneidungen. Des Weiteren gibt es noch ein Ankreuzfeld ›Intern puffern‹. Wenn mehrfach auf den gleichen Datensatz zugegriffen wird, dann sollte dort ein Häkchen gesetzt werden. In dieser Musteraufgabe kommt jede Materialnummer nur einmal vor. Deswegen ist das Feld nicht angekreuzt.

Der zweite Teil des Primärschlüssel in Abbildung 6–40 wird durch eine Abgrenzung bestimmt. Damit dies funktioniert, muss die Abgrenzung die gleichen Eigenschaften wie das Feld haben. Daher wurde bei der Deklaration der Abgrenzung SPRACHE in Abbildung 6–38 als Typ das Element MAKT-SPRAS angegeben.

Beim Anlegen einer Zusatztabelle haben Sie die Möglichkeit eines Syntaxchecks (unterer, rechter Pfeil). Nutzen Sie diese Möglichkeit.

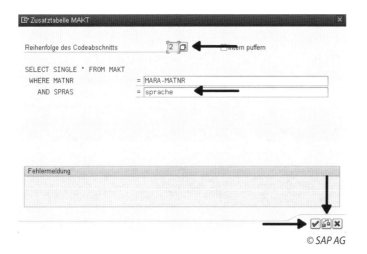

Abb. 6–40

SQ02: Zusatztabelle definieren

→ (Abb. 6–40) Geben Sie bei Reihenfolge des Codeabschnitts ›2‹, (oberer Pfeil), bei WHERE MATNR ›MARA-MATNR‹ und bei SPRAS ›SPRACHE‹ an. Testen Sie Ihre Eingaben (unterer, rechter Pfeil) und drücken Sie ›Return‹.

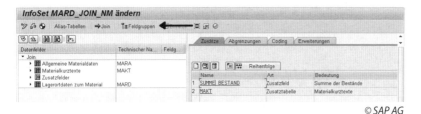

Abb. 6–41

SQ02: Finale Zusätze

→ (Abb. 6–41).Klicken Sie auf den Button ›Feldgruppen‹.

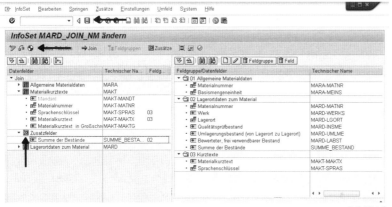

Abb. 6–42

SQ02: Finales InfoSet

➜ (Abb. 6–42)

1. Überführen Sie das Feld ›Summe der Bestände‹ in die Feldgruppe ›Lagerortdaten zum Material‹ und die Felder Sprachenschlüssel und Materialkurztext in die Feldgruppe ›Kurztexte‹.

2. Sichern und generieren Sie.

Abb. 6–43

SQ02: Warnung beim

Aktivieren

In Abbildung 6–42 sehen Sie das fertige InfoSet. Im Vergleich zum
Start-InfoSet ist auf der linken Seite unter ›Datenfelder‹ eine weitere
Tabelle, die MAKT, und ein Zusatzfeld aufgetaucht. Vergessen Sie
nicht, die neuen Felder in Ihr InfoSet aufzunehmen. Abschließend müssen Sie das InfoSet wie immer generieren.

Danach taucht zuerst ein Pop-up und dann die Warnung (Abb.
6-43) auf. Da kein Coding für das Feld ›Summe_Bestand‹ vorliegt, ist
die Warnung richtig, und da es sich um eine Warnung handelt, lässt
sich das InfoSet trotzdem erfolgreich aktivieren. Aktivierte InfoSets
haben im Startbildschirm der SQ02 ein grünes Icon (Spalte ›Zustand‹).

6.7   Musteraufgabe 11: Grafik, Statistik und Ranglisten

Im Vergleich mit dem QuickViewer ist auch die eigentliche Query
SQ01 leistungsfähiger. Insbesondere die ABAP-Liste bietet einen
größeren Funktionsumfang. In den nächsten beiden Musteraufgaben
werden wir diese Erweiterungen betrachten.

Für ABC-Analysen, Grafiken, Statistiken und Ranglisten braucht
man in der Query eine bestimmte Kombination in der Datenquelle.
Notwendig sind dafür ein numerisches Feld (also z.B. Datentyp QUAN
oder NUMC im Data Dictionary) und ein nicht numerisches Feld.

Stellen Sie sich vor, dass neue Schraubregale für das Fertigmateri-
alienlager gekauft werden sollen. Dafür müssen Sie wissen, welchen
Belastungen diese später ausgesetzt werden. Interessante Fragen
wären:

Was sind die schwersten Materialien?

Wie sieht die Verteilung prozentual aus?

Wie lässt sich das in einer entsprechenden Grafik darstellen?

In diesem Beispiel wird das Nettogewicht NTGEW aus der Tabelle MARA als numerisches Feld verwendet, das ein Mengenfeld (Typ QUAN) ist, sowie die Materialnummer als nicht numerisches Feld.

Alternativ können Sie Ihre Daten natürlich auch in eine Tabellenkalkulation exportieren und dort statistische Auswertungen oder Grafiken erstellen.

6.7.1   Aufgabenstellung

Analysieren Sie die Gewichtsverteilung der Materialien der Materialart FERT im Materialstamm mittels einer Grafik, Statistik und Rangliste.

Verwenden Sie in dieser Musteraufgabe das InfoSet MARA-JOIN_NM. Damit erhalten Sie in Ihrer Treffermenge automatisch nur Materialien, die auch in Werken eingesetzt werden, obwohl NTGEW im werksunabhängigen Materialstamm steht.

Selektionsfelder

Materialnummer

Materialart

Ausgabefelder

Materialnummer

Text Materialnummer

Nettogewicht

Einheit Nettogewicht

Materialart

Text Materialart

6.7.2   Lernziele

In dieser Aufgabe wird der Umgang mit Grafiken, Statistiken und Ranglisten in der SQ01 vermittelt.

6.7.3   Lösung

Diese Musteraufgabe wird im Standardbereich durchgeführt. Wechseln Sie gegebenenfalls in diesen Bereich. Des Weiteren müssen Sie das InfoSet MARAJOIN_NM via SQ03 in Ihre Benutzergruppe aufnehmen.

→ 1. Starten Sie die SQ03.
   2. Optional: Gehen Sie in den Standardbereich.
   3. Geben Sie Ihre Benutzergruppe an und klicken Sie auf den
      Button ›Benutzer und InfoSets‹ zuordnen.
   4. Setzen Sie in der Sicht ›Zuordnung InfoSets‹ das Häckchen bei
      dem InfoSet ›MARAJOIN_NM‹. Sichern Sie.

Abb. 6–44

SQ01: Startbildschirm

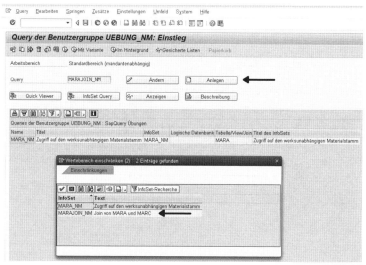

© SAP AG

→ 1. Starten Sie die SQ01. Geben Sie einen Namen an, z.B. ›MARA-
      JOIN_NM‹ und klicken Sie auf ›Anlegen‹ (Abb. 6–44).
   2. Machen Sie einen Doppelklick auf MARAJOIN_NM.

Abb. 6–45

SQ01: Titel und Format

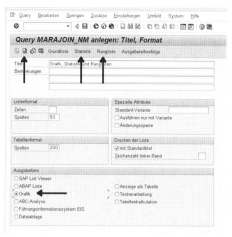

© SAP AG

→ (Abb. 6–45)

1. Geben Sie einen Titel an, z.B. ›Grafik, Statistik und Ranglisten‹. Setzen Sie den Radiobutton bei ›Grafik‹ und betätigen Sie den Button ›nächstes Bild‹ (oberer linker Pfeil).

2. Setzen Sie im Bild ›Feldgruppenwahl‹ das Häkchen bei ›Allgemeine Materialdaten‹ und klicken Sie auf ›nächstes Bild‹.

3. Aktivieren Sie im Bild ›Feldauswahl‹ die Felder ›Gewichtseinheit‹, ›Nettogewicht‹, ›Materialart‹, ›Text: Materialart‹, ›Materialnummer‹ und ›Text: Materialnummer‹.

4. Setzen Sie im Bild Selektionsfelder ein Häkchen bei ›Materialnummer‹, ›Materialart‹ und klicken Sie auf ›Statistik‹.

In Abbildung 6–45 ist der Radiobutton als Ausgabeform bei Grafik (unterer Pfeil) gesetzt. Später in der Übung wird eine Ausgabe in Form einer ABAP-Liste erfolgen. Bei dieser kann man zwischen der Grundliste, Statistik und Rangliste mit den entsprechenden Buttons (oberer rechter und mittlerer Pfeil) hin- und herspringen.

Die Eingaben zu Abbildung 6–45 schließen drei weitere Bildschirmmasken ein, die nicht abgebildet sind: ›Feldgruppenwahl‹, ›Feldauswahl‹ und ›Selektionsfelder‹. Sie können zwischen diesen Masken mit dem Icon ›Nächstes/Vorheriges Feld‹ (oberer linker Pfeil) wechseln.

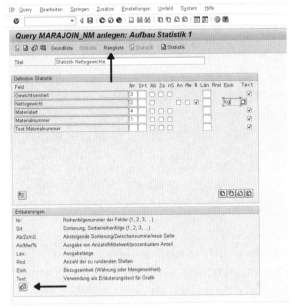

Abb. 6–46

SQ01: Definition Statistik

© SAP AG

→ (Abb. 6–46) Fügen Sie einen Titel ein, z.B. ›Statistik Nettogewichte‹. Geben Sie die Reihenfolge der Ausgabefelder bei ›Nr‹ an
(Materialnummer 1, Nettogewicht 2, Gewichtseinheit 3, Materialart 4). Setzen Sie ein Häkchen bei ›%‹ und geben Sie als Einheit
bei Nettogewicht ›kg‹ an. Setzen Sie die Häckchen bei ›Text‹.
Klicken Sie auf ›Rangliste‹ (siehe Pfeil).

In der Maske für eine Statistik (Abb. 6–46) besteht eine ganze Anzahl
von Eingabemöglichkeiten. Tabelle 6–1 erklärt die einzelnen Abkür-
zungen.

Tab. 6–1
Eingabeparameter bei
Statistiken

Feldname	Bedeutung
Nr	Reihenfolge der Ausgabe
Srt	Festlegung der Sortierreihenfolge
Ab	Absteigende Sortierung
Zs	Bildung von Zwischensummen
nS	Seitenvorschub bei Wechsel des Sortierbegriffes
An	Zählung der Datensätze
Mw	Mittelwertbildung
%	Prozentualer Anteil des Feldes an der Gesamtsumme
Län	Ausgabelänge eines Feldes
Rnd	Anzahl der Stellen bei Rundung
Einh	Einheit
Text	Einblendung als Text in Präsentationsgrafiken

Wenn Sie sich die Felder in Abbildung 6–46 genauer ansehen, dann
werden Sie feststellen, dass es zwei unterschiedliche Typen gibt. Es gibt
Zeilen wie die Materialnummer und es gibt die Zeile des Nettoge-
wichtes. Dieses hat, da es ein numerisches Feld ist, andere Eingabemöglichkeiten.

Was bewirken die gemachten Eingaben? Mit der Nummerierung
bei ›Nr‹ wird die Ausgabenreihenfolge festgelegt. Jedes dieser Felder
hat eine definierte Länge, die im Data Dictionary definiert wird. Das
Ergebnis von Reihenfolge und Feldlänge ist im Zeilenaufbau im
unteren Maskenbereich sichtbar. Falls Sie andere Feldlängen haben
wollen, können Sie diese bei ›Län‹ angeben. Ein Eintrag bei ›Srt‹
bewirkt, dass die Trefferliste nach Nettogewichten sortiert wird. Das
Häkchen bei ›%‹ ordnet jeder Zeile seinen prozentualen Anteil zu. Wie
Sie später sehen werden, kann man aus der Statistiksicht der ABAP-
Liste in eine Präsentationsgrafik verzweigen. Damit Felder zum Auf-

bau von Texten in dieser Grafik verwendet werden, muss ein Häkchen bei ›Text‹ gesetzt werden.

Wichtig ist die Einheit ›Einh‹. Das Nettogewicht NTGEW ist ein Mengenfeld. Diese korrespondieren immer mit einer Einheit. Durch die Wahl der Einheit legen Sie einen Bezugspunkt fest.

Im unteren Bereich der Eingabemaske (unterer Pfeil) werden Informationen eingeblendet. Diese bestehen entweder aus dem Zeilenaufbau, also der Reihenfolge der Felder und der jeweiligen Feldlänge, oder aus Erläuterungen, wenn auf den Button ›Mit Erläuterungen‹ links unten geklickt wurde. Mit der Schaltfläche ›Ohne Erläuterungen‹ kann man Zeilenaufbau oder Erläuterungen ausblenden.

Den gleichen Bereich finden Sie auch bei den Ranglisten, zu den man via Button ›Rangliste‹ springen kann.

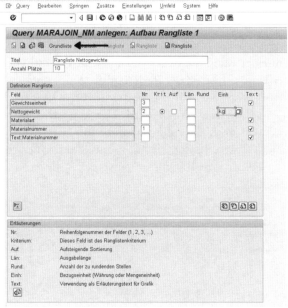

Abb. 6–47

SQ01: Rangliste

© SAP AG

➜ (Abb. 6–47) Geben Sie bei Titel ›Rangliste Nettogewichte‹ und bei Anzahl Plätze ›10‹ an. Tragen Sie die Nummern der Ausgabenreihenfolge bei ›Nr‹ ein (Materialnummer 1, Nettogewicht 2, Gewichtseinheit 3), setzen Sie den Radiobutton bei ›Krit‹ und geben Sie als Einheit ›kg‹ an. Setzen Sie die Häckchen bei ›Text‹. Betätigen Sie den Button ›Grundliste‹.

Ranglisten helfen bei der Suche nach Extremen. In der Rangliste der Musteraufgabe werden die zehn schwersten Materialien gelistet. Falls

Sie also Fragestellungen wie »Welche Produkte sind besonders gefragt?« oder »Welche Verkäufer sind besonders effektiv?« haben, dann sind Ranglisten Ihre Freunde.

Wie bei den Statistiken bestehen auch bei Ranglisten (Abb. 6–47) verschiedene Eingabeparameter, die in Tabelle 6–2 zusammengefasst sind.

Tab. 6–2

Eingabeparameter bei Ranglisten

Feldname	Bedeutung
Nr	Reihenfolge der Ausgabe
Krit	Rangfolgenkriterium
Auf	aufsteigende Sortierung
Län	Ausgabelänge eines Feldes
Rund	Anzahl der Stellen bei Rundung
Einh	Einheit des Kriteriums
Text	Einblendung als Text in Präsentationsgrafiken

Der Aufbau einer Rangliste ist sehr ähnlich zur Definition einer Statistik. Größter Unterschied ist der Radiobutton ›Krit‹, mit dem das Ranglistenkriterium festgelegt wird. Damit wird bestimmt, nach welchem Kriterium die Rangliste erstellt wird. Der gesetzte Radiobutton bei Nettogewicht bewirkt, dass die Rangliste die N schwersten Materialien auflistet. N wird in der Selektionsmaske der Query eingegeben. Die anderen Felder von Ranglisten entsprechen ihren Gegenstücken bei Statistiken.

Abb. 6–48

SQ01: Grundliste

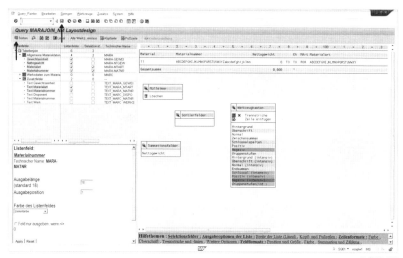

→ (Abb. 6–48) Setzen Sie die Listenbreite mit einem Klick auf das Lineal (ganz oben) und geben Sie bei der ›Listenbreite‹ ›200‹ an. Setzen Sie Häkchen bei ›Materialnummer‹, ›Text: Materialnummer‹, ‹Nettogewicht‹, ›Gewichtseinheit‹, ›Materialart‹ und Text: Materialart‹ als Listenfelder. Klicken Sie auf ›Sichern‹ und ›Testen‹.

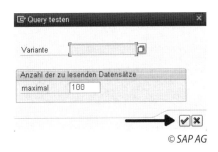

Abb. 6–49

SQ01: Maximale Datensätze

© SAP AG

→ (Abb. 6–49) Betätigen Sie ›Return‹.

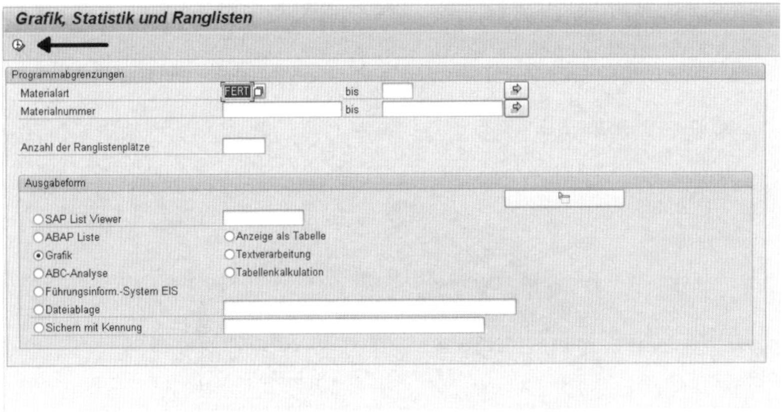

Abb. 6–50

SQ01: Selektionsbild

© SAP AG

→ (Abb. 6–50) Geben Sie bei Materialart ›FERT‹ an und drücken Sie auf ›F8‹.

Abb. 6–51

SQ01: Parameter der
grafischen Darstellung

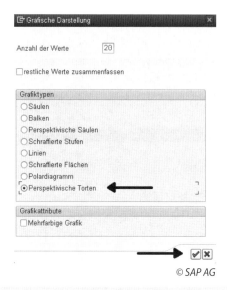

→ (Abb. 6–51) Setzen Sie den Radiobutton bei ›Perspektivische
Torten‹ und betätigen Sie die Returntaste.

Abb. 6–52

SQ01: Tortendiagramm

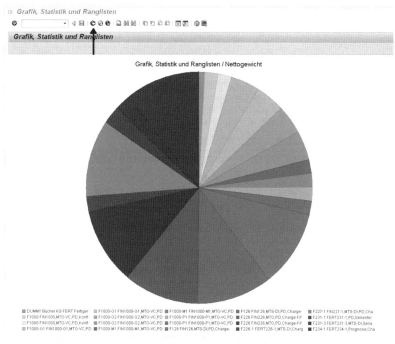

→ (Abb. 6–52) Drücken Sie auf ›F3‹.

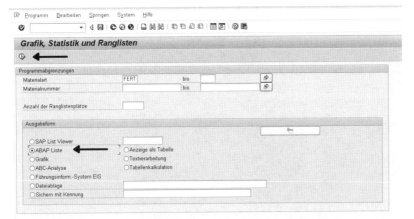

Abb. 6–53

SQ01: Selektionsbild 2

→ (Abb. 6–53) Setzen Sie den Radiobutton bei ›ABAP Liste‹ , geben
Sie bei Materialart ›FERT‹ ein und klicken Sie auf ›Ausführen‹.

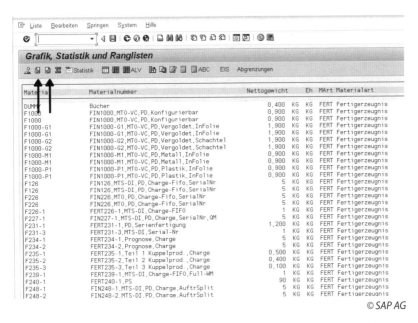

Abb. 6–54

SQ01: Grundliste

Wenn Sie die Präsentationsgrafik mit ›F3‹ verlassen, dann landen Sie
wieder in der Selektionsmaske. Wenn Sie nun den Radiobutton bei
ABAP-Liste setzen, erfolgt die Ausgabe der Query als Liste, die aus
Grundliste, Statistik und Rangliste besteht.

→ (Abb. 6–54) Wechseln Sie mit dem Button ›Nächster Abschnitt‹
(rechter Pfeil) in die Statistik.

Abb. 6–55

SQ01: Statistik

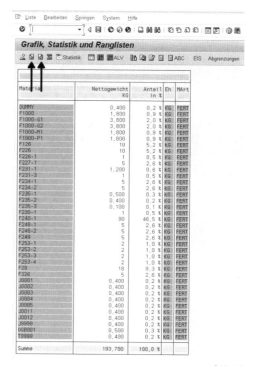

© SAP AG

→ (Abb. 6–55) Gehen Sie via ›Nächster Abschnitt‹ (rechter Pfeil) in die Rangliste.

Abb. 6–56

SQ01: Rangliste

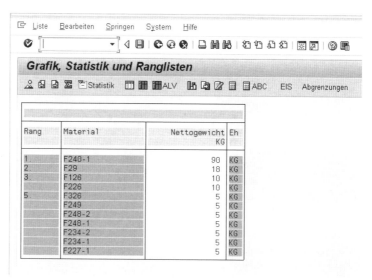

© SAP AG

Sie können mit den Buttons ›Vorheriger/Nächster Abschnitt‹ (Pfeile) zwischen den verschiedenen Teillisten wechseln. Alternativ können Sie die Liste einfach nach unten blättern, um zu Statistik und Rangliste zu gelangen.

Erstellte ABAP-Listen sind via ›Sichern‹ oder über das Menü ›Liste/Sichern‹ speicherbar. Sie können sie dann aus dem Startbildschirm der SQ01 wieder laden. Markieren Sie die entsprechende Query und laden Sie die Liste mit dem Button ›Gesicherte Listen‹.

6.8 Musteraufgabe 12: Gruppenstufen, lokale Felder und Kurzbezeichnungen

In dieser Aufgabe werden Sie zwei Querys mit der Ausgabeform ABAP-Liste erstellen, um weitere Möglichkeiten der SQ01 zu erlernen. Diese Musterlösung basiert auf der Musteraufgabe 8, also der logischen Datenbank BRF.

Diese Musteraufgabe wird im globalen Bereich durchgeführt, da dort das InfoSet erstellt wurde. Wechseln Sie gegebenenfalls in diesen Bereich. Des Weiteren müssen Sie das InfoSet FI_BELEGE_NM mit der SQ03 in eine Benutzergruppe aufnehmen.

6.8.1 Aufgabenstellung

a) Erstellen Sie eine Query mit den Feldern:
- Belegart
- Text: Belegart
- Belegdatum im Beleg
- Buchungskreis

Die Trefferliste sehen Sie in Abbildung 6–67: Vor dem Buchungsdatum soll ein Icon erscheinen (zweiter Pfeil von oben). Als erstes Element soll in der Ausgabezeile das Quartal erscheinen (oberster Pfeil). Nach Quartal wird sortiert und gruppiert, nach Datum nur sortiert. Alle Datensätze mit dem gleichen Quartal sind von einem Rahmen umgeben (rechter, unterer Pfeil). Beim Wechsel der Gruppenstufe wird eine Überschrift ausgegeben (linker, unterer Pfeil). Wenn der Tag in einem Datum eines Beleges größer ist als der 15., dann wird ein Warnsymbol ausgegeben (dritter Pfeil von oben).

Diese Ausgabeoptionen werden mit lokalen Feldern und Gruppenstufen realisiert.

b) Erstellen Sie eine Query mit den Feldern:

analog Query a mit den zusätzlichen Feldern:

- Belegnummer eines Buchhaltungsbeleges
- Buchungsschlüssel
- Nummer der Buchungszeile innerhalb des Buchhaltungsbelegs
- Betrag in Hauswährung
- Kontoart
- Soll-/Haben-Kennzeichen

Fügen Sie die zusätzlichen Felder in eine zweite Ausgabezeile und setzen Sie hierarchische Gruppenstufen ein.

6.8.2   Lernziele

Durch Einsatz von Gruppenstufen und hierarchischen Gruppenstufen kann eine ABAP-Liste gegliedert werden. Mit lokalen Feldern können Berechnungen durchgeführt und Symbole und Icons ausgegeben werden. Für Berechnungen mit lokalen Feldern sind Kurzbezeichnungen notwendig. Bei mehrzeiligen ABAP-Listen und einer logischen Datenbank als Datenquelle kann man zwischen den zwei Darstellungsformen ›komprimiert‹ und ›expandiert‹ springen. Es wird kurz der alphanumerische Query Painter vorgestellt.

6.8.3   Lösung: Query a

→ 1. Optional: Legen Sie eine Benutzergruppe im globalen Bereich an.
   2. Nehmen Sie das InfoSet FI_BELEGE_NM in die Benutzergruppe auf.

Abb. 6–57

SQ01: Startbildschirm

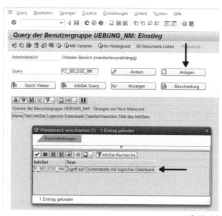

© SAP AG

→ (Abb. 6–57)

1. Starten Sie die SQ01.
2. Optional: Gehen Sie in den globalen Bereich.
3. Legen Sie eine Query an mit dem Namen ›FI_BELEGE_NM‹.
4. Doppelklicken Sie auf das InfoSet ›FI_BELEGE_NM‹.

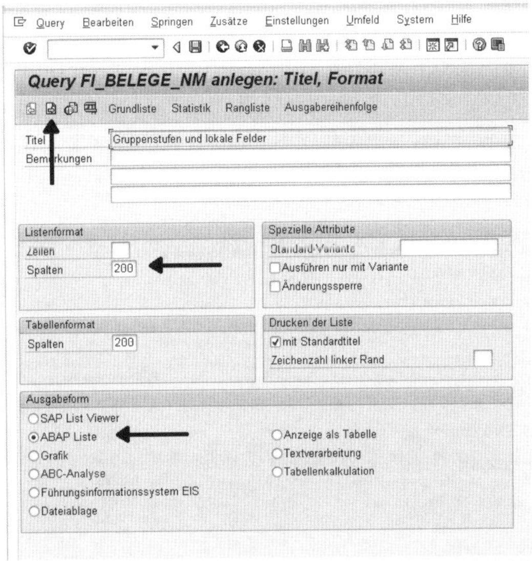

Abb. 6–58

SQ01: Titel und Format

© SAP AG

→ (Abb. 6–58)

1. Wählen Sie die Ausgabeform ›ABAP-Liste‹ und setzen Sie Spalten auf ›200‹.
2. Selektieren Sie in der Sicht ›Feldgruppenwahl‹ die Gruppen ›Oberstes Hierarchiesegment‹ und ›Belegkopf für Buchhaltung‹.
3. Wechseln Sie in die Sicht ›Feldauswahl‹.

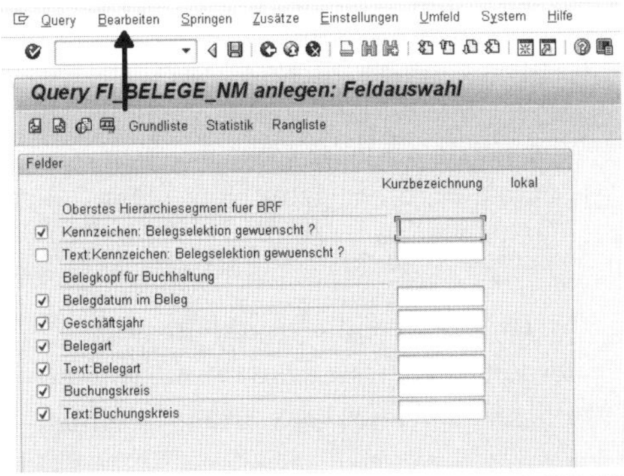

Abb. 6–59

SQ01: Feldauswahl mit Kurzbezeichnungen

© SAP AG

→ (Abb. 6–59)

1. Selektieren Sie die Felder aus der Abbildung.
2. Schalten Sie die Kurzbezeichnungen über das Menü ›Bearbeiten/Kurzbezeichnungen/Ein/auschalten‹ (siehe Pfeil) ein.
3. Springen Sie in ›Bearbeiten/Lokales Feld/Anlegen‹ (siehe Pfeil).

In der Bildschirmmaske ›Feldauswahl‹ kann man lokale Felder und Kurzbezeichnungen anlegen. Im Folgenden werden einige lokale Felder angelegt und ihre Anwendungsmöglichkeiten betrachtet.

In Abbildung 6–60 wird ein lokales Feld angelegt, um ein Icon auszugeben. Beachten Sie, wenn Sie ein Icon auswählen, dass Sie vorher den Cursor in die Zeile Berechnungsvorschrift setzen.

Abb. 6–60

SQ01: Icon für Datum

anlegen

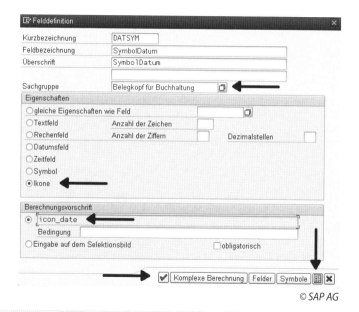

© SAP AG

→ (Abb. 6–60) Geben Sie bei Kurzbezeichnung ›DATSYM‹ sowie bei Feldbezeichnung und Überschrift ›SymbolDatum‹ ein. Selektieren Sie bei Sachgruppe ›Belegkopf für Buchhaltung‹. Setzen Sie den Radiobutton bei ›Ikone‹ und den Cursor in die Zeile (!) ›Berechnungsvorschrift‹. Klicken Sie auf das Icon ›Ikonen‹ (Pfeil rechts unten), wählen Sie das Icon ›Icon_Date‹ aus und betätigen Sie ›Return‹.

In Übungsaufgabe 10 wurde ein Zusatzfeld angelegt. Hier in dieser Musteraufgabe werden wir lokale Felder anlegen. Beide sind in ihren Eigenschaften ähnlich. Zusatzfelder werden in einem InfoSet mit der

SQ02 definiert. Für alle Querys, die ein solches InfoSet mit einem Zusatzfeld verwenden, ist dann dieses Zusatzfeld definiert. Ein lokales Feld ist immer nur für eine Query gültig. Für ein Zusatzfeld ist ABAP-Know-how sinnvoll sowie die ABAP-Coding-Berechtigung S_DE-VELOP notwendig. Bei einem lokalen Feld kann man dagegen einfach eine Formel angeben.

Was kann man nun mit einem lokalen Feld machen? Im Prinzip enthält ein lokales Feld drei Ausprägungen, für die alle im Folgenden ein Beispiel angegeben wird. Man kann mit einem lokalen Feld ein Symbol oder ein Icon ausgeben, Berechnungen anstellen und schließlich können Bedingungen definiert werden.

In Abbildung 6–60 sehen Sie die Felddefinition für ein lokales Feld. Der obere Pfeil zeigt auf das Feld ›Sachgruppe‹. Ein lokales Feld muss immer einer Sachgruppe zugeordnet werden.

Der rechte, untere Pfeil zeigt auf den Button für die Icons. Daneben ist der Schaltknopf ›Symbole‹. Klicken Sie auf beide und blättern Sie einmal in den jeweiligen Listen.

Um ein lokales Feld für die Ausgabe eines Symbols oder Icons zu verwenden, müssen Sie es als solches deklarieren, indem Sie einen Radiobutton setzen (zweiter Pfeil von oben). Und Sie müssen bei ›Berechnungsvorschrift‹ ein Symbol oder Icon angeben.

In Abbildung 6–61 ist das fertige lokale Feld ›DATSYM‹ zu sehen. Man kann es bearbeiten, falls gewünscht, indem man den Cursor auf das Feld setzt und im Menü ›Bearbeiten/Lokales Feld/Ändern‹ wählt.

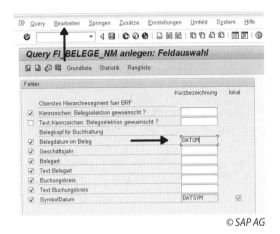

© SAP AG

Abb. 6–61

SQ01: Kurzbezeichnung

vergeben

→ (Abb. 6–61) Geben Sie bei Belegdatum im Beleg die Kurzbezeichnung ›DATUM‹ an.

Kurzbezeichnungen In Abbildung 6–61 sind die Kurzbezeichnungen aktiviert. Dies ist über
›Bearbeiten/Kurzbezeichnungen/Ein/ausschalten‹ möglich. Kurzbe-
zeichungen sind für zwei Dinge sinnvoll: für Berechnungen in lokalen
Feldern und für Kopfzeilen bei ABAP-Listen.

In einen lokalen Feld kann nur auf die Felder zugegriffen werden,
für die eine Kurzbezeichnung existiert. Auf Felder ohne Kurzbezeichnung ist hingegen kein Zugriff möglich.

Des Weiteren können Felder mit Kurzbezeichnung in Kopfzeilen in
einer ABAP-Liste ausgegeben werden. Dazu muss im Query Painter
mit ›Zusätze/Kopfzeile einsetzen‹ eine Kopfzeile erzeugt werden.
Wenn eine Kurzbezeichnung ›Feld‹ vorhanden ist, dann wird mit
&FELD diese in der Kopfzeile ausgegeben. Einige weitere Ausgabefelder sind &D für das Datum, &T für die Zeit, &N für den Namen
des Query-Benutzers und &P für die aktuelle Seitenzahl.

Abb. 6–62
SQ01: Quartal berechnen

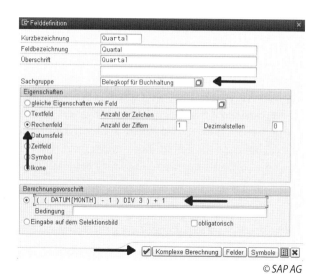

© SAP AG

→ (Abb. 6–62) Springen Sie via ›Bearbeiten/Lokales Feld/Anlegen‹.
Geben Sie bei Kurzbezeichnung, Feldbezeichnung und Überschrift
›Quartal‹ ein. Wählen Sie bei Sachgruppe ›Belegkopf für Buchhaltung‹ und setzen Sie den Radiobutton bei ›Rechenfeld‹. Geben Sie
bei Anzahl der Ziffern ›1‹, bei Dezimalstellen ›0‹ ein und fügen Sie
bei Berechnungsvorschrift ›((DATUM[MONTH] - 1) DIV 3) + 1‹
ein. Drücken Sie ›Return‹.

In diesem lokalen Feld (Abb. 6–62) erfolgt eine Berechnung. Aus dem
Datum wird das Quartal berechnet. Dabei wird die eben definierte
Kurzbezeichnung DATUM verwendet.

In einer Berechnungsvorschrift können die vier Operatoren +, -, *
und / eingesetzt werden. Des Weiteren gibt es die beiden Operatoren
DIV (ganzzahlige Division) und MOD (Rest der ganzzahligen Division). Bei der Ausführung einer Berechnungsvorschrift geht Punktrech-
nung vor Strichrechnung. Mit Klammern kann die Auswertung
gesteuert werden.

Es sind drei Standardvariablen definiert: %TIME (Uhrzeit),
%NAME (Name des Query-Anwenders) und %DATE (Datum).

Es gibt einige spezielle Notationen. FELD[a:b] greift auf einen Teil
eines Textfeldes zu. So liefert z.B. %NAME[1:4] die ersten vier Buchstaben eines Benutzernamens.

Datumsfelder und Zeitfelder sind strukturierte Datentypen, die
verschiedene Felder enthalten. Mit einer speziellen Notation erfolgt
der Zugriff auf diese Felder.

Wenn ein Datumsfeld DATUM definiert ist, dann ergibt DATUM
[YEAR] das Jahr, DATUM[MONTH] den Monat und DATUM[DAY]
den Tag.

Bei dem Zeitfeld UHRZEIT würde UHRZEIT[HOUR] die Stunde,
UHRZEIT[MINUTE] die Minuten und UHRZEIT[SECOND] die
Sekunden liefern.

Bei Verwendung eines Icons oder eines Symbols darf die Berechnungsformel nur aus dem Namen bestehen.

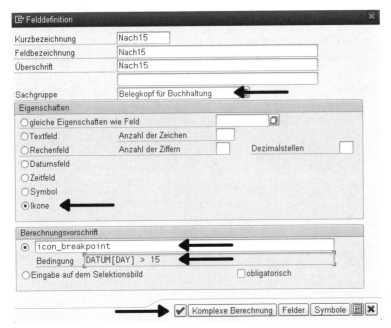

Abb. 6–63

*SQ01: Belege markieren,
die später als der 15. des
jeweiligen Monats
auftreten*

© SAP AG

→ (Abb. 6–63) Springen Sie via ›Bearbeiten/Lokales Feld/Anlegen‹.
Fügen Sie bei Kurzbezeichnung, bei Feldbezeichnung und Über-
schrift ›Nach15‹ ein. Selektieren Sie bei Sachgruppe ›Belegkopf für
Buchhaltung‹ und setzen Sie den Radiobutton bei Ikone. Setzen Sie
den Cursor in die Zeile Berechnungsvorschrift und wählen Sie das
Icon   ›ICON_BREAKPOINT‹.   Geben   Sie   die   Bedingung
›DATUM[DAY] > 15‹ an und betätigen Sie ›Return‹.

Bei dem lokalen Feld in Abbildung 6–63 ist ein Icon mit einer Bedingung vorhanden. Nur wenn die Bedingung wahr ist, wird das Icon ausgegeben. Hier in dieser Aufgabe wurde das Icon ICON_BREAK-
POINT gewählt, weil es an ein rotes Stoppschild erinnert. Andere
interessante Icons für die bedingte Ausgabe sind die Ampel-Icons:
ICON_GREEN_LIGHT, ICON_YELLOW_LIGHT und ICON_RED
_LIGHT.

Die folgenden Operatoren sind bei einem Vergleich zulässig: =
(gleich), > (größer), < (kleiner), >= (größer gleich), <= (kleiner gleich)
sowie <> (ungleich).

Des Weiteren sind die Operatoren NOT (Negation), AND (Und)
und OR (Oder) möglich. Dabei wird zuerst NOT, dann AND und
schließlich OR ausgewertet.

Da das InfoSet auf einer logischen Datenbank beruht, müssen Sie
keine Selektionsfelder angeben. Diese werden automatisch durch die
Wahl der Selektionsbildversion gezogen und sind daher in Abbildung
6–64 ausgegraut. Sie können natürlich zusätzlich weitere Selektionsfelder auswählen, die nicht in der Selektionsbildversion vorhanden sind.

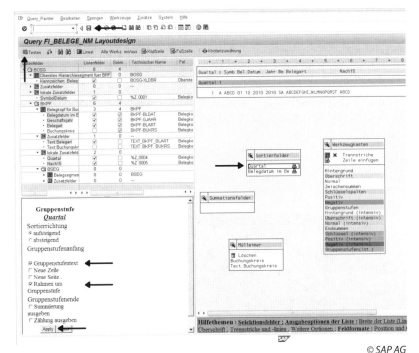

Abb. 6–64

SQ01: Gruppenstufen
aufbauen

© SAP AG

→ (Abb. 6–64)

1. Springen Sie in die Grundliste.

2. Markieren Sie die Ausgabefelder der Aufgabenstellung bei den Datenfeldern. (Reihenfolge: Quartal 1, Kennzeichen: Beleg 2, SymbolDatum 3, Belegdatum 4, Geschäftsjahr 5, Belegart 6, Text: Belegart 7, Nach15 8).

3. Vergrößern Sie die Ausgabelänge von Quartal auf 7 und Nach15 auf 6 Zeichen. Verändern Sie die Überschrift des Feldes Quartal zu ›Quartal‹ und des Feldes Nach15 zu ›Nach15‹.

4. Löschen Sie gegebenenfalls vorhandene Summationsfelder und definieren Sie Quartal und Buchungsdatum als Sortierfelder.

5. Klicken Sie auf Quartal (rechter Pfeil) und selektieren Sie ›Gruppenstufentext‹ sowie ›Rahmen um Gruppenstufe‹ und deselektieren Sie falls notwendig ›Summierung‹ und ›Zählung ausgeben‹. Klicken Sie auf ›Apply‹.

6. Markieren Sie das Belegdatum in den Sortierfeldern. Deselektieren Sie alles außer der Sortierrichtung und klicken Sie auf den Button ›Apply‹.

7. Sichern Sie und klicken Sie auf ›Testen‹.

Sobald ein Feld ein Sortierfeld wird, gibt es eine Gruppenstufe zu diesem Feld. In Abbildung 6–64 sind die zwei Felder Quartal und Buchungsdatum Sortierfelder. Mit einem Klick auf z.B. Quartal in Sortierfelder erscheint die entsprechende Sicht.

Das Häkchen bei ›Gruppenstufentext‹ (linker Pfeil) bewirkt, dass bei jedem Quartalwechsel eine Überschrift ausgegeben wird. Durch ›Rahmen um Gruppenstufe‹ wird um alle Felder des gleichen Quartals ein Rahmen gezogen.

Lokale Felder, insbesondere die Ausgabe von Icons, sind sowohl für ABAP-Listen als auch für ALV-Grids nutzbar. Hingegen erscheinen die Einstellungen bei Gruppenstufe nur bei ABAP-Listen.

Abb. 6–65

SQ01: Katalogeintrag

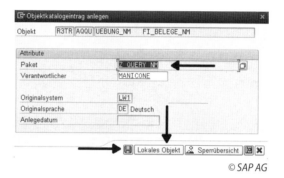

© SAP AG

Die Übung erfolgt im globalen Bereich. Beim Sichern wird daher der Objektkatalog (Abbildung 6–65) abgefragt. Sichern Sie entweder in ein Paket oder wählen Sie ›Lokales Objekt‹.

Abb. 6–66

SQ01: Selektionsbild

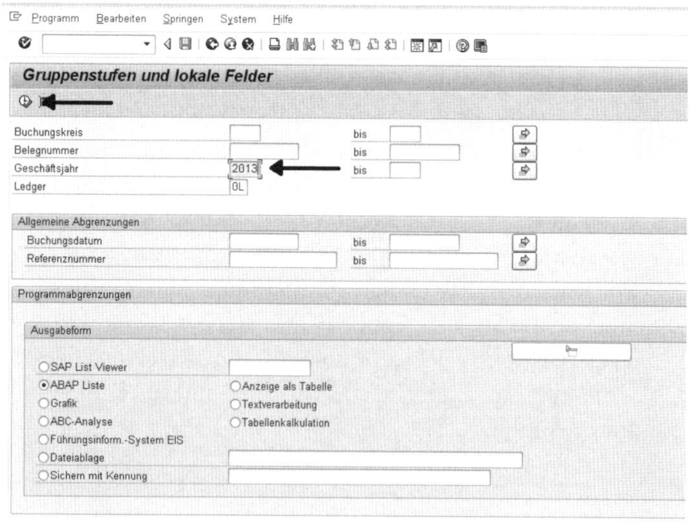

© SAP AG

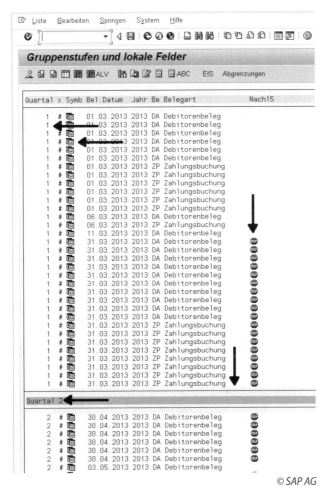

Abb. 6–67

SQ01: Trefferliste mit

Gruppenstufen

© SAP AG

Auf einem SAP-System gibt es sehr viele FI-Belege. Geben Sie daher in der Selektionsmaske (Abb. 6–66) Werte an, z.B. das Geschäftsjahr und gegebenenfalls den Buchungskreis.

6.8.4   Lösung: Query b

Basierend auf FI_BELEGE_NM werden wir nun eine weitere Query erstellen. Dies geht am schnellsten durch Kopieren in der SQ01.

In dieser neuen Query wird eine Drill-down-Funktionalität implementiert. Die Ausgabeliste entspricht der von FI_BELEGE_NM. Es besteht aber zusätzlich die Möglichkeit, einen Datensatz zu markieren und über den Button ›Detailsicht‹ in eine Folgeliste zu springen.

Drill-down-Listen funktionieren nur in der Kombination von ABAP-Listen und logischer Datenbank.

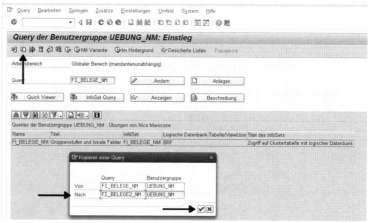

© SAP AG

→ (Abb. 6–68) Selektieren Sie die Query FI_BELEGE_NM und klicken Sie auf das Icon Kopieren (oberer Pfeil). Geben Sie bei Nach ›FI_BELEGE2_NM‹ an und drücken Sie ›Return‹.

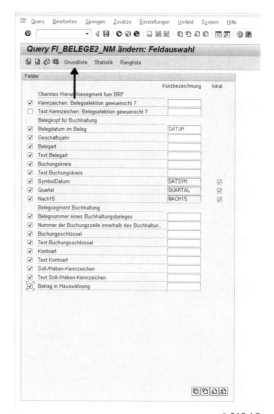

© SAP AG

→ (Abb. 6–69) Markieren Sie in der SQ01 die Query
›FI_BELEGE_2_NM‹ und klicken Sie auf ›Ändern‹. Gehen Sie in
die Sicht ›Feldauswahl‹ und markieren Sie die Felder des Belegsegmentes Buchhaltung. Klicken Sie auf den Button ›Grundliste‹.

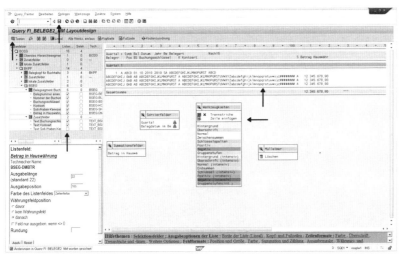

Abb. 6–70

SQ01: Grundliste mit
Drill-down-Funktionalität

© SAP AG

→ (Abb. 6–70)
1. Legen Sie eine leere, untere Zeile mit ›Zeile einfügen‹ aus dem
   Werkzeugkasten an.
2. Transportieren Sie die Felder des Belegsegmentes Buchhaltung
   (BSEG) in die zweite Ausgabezeile (!).
3. Ändern Sie die Ausgabelänge von ›Kontoart‹ auf 5 Zeichen und
   die Überschrift dieses Feldes zu ›KnArt‹.
4. Löschen Sie gegebenenfalls vorhandene Summationsfelder.
5. Sichern Sie und betätigen Sie ›F3‹.

In Abbildung 6–69 sehen Sie, dass alle neuen Felder aus der Tabelle
BSEG sind. Diese neuen Felder sind in Abbildung 6–70 alle in der
zweiten Zeile angeordnet. Die erste Ausgabezeile enthält Felder aus
BOSG und BKPF, die zweite Zeile die Felder aus BSEG. Wenn die
Trennung korrekt ist, dann stellt der Query Painter die zweite Linie
dreizeilig dar (siehe oberer, rechter Pfeil in Abbildung 6–70).

Wenn nun die Ausgabe in komprimierter Form erfolgt, dann wird
für jeden Datensatz nur die erste Zeile ausgegeben. In der expandierten
Form werden beide Zeilen dargestellt.

Für die Drill-down-Funktionalität müssen unterschiedliche Knoten einer logischen Datenbank unterschiedliche Ausgabezeilen in einer ABAP-Liste
haben!

© SAP AG

➜ (Abb. 6–71) Springen Sie über ›Einstellungen/Einstellungen‹ und
   deselektieren Sie den grafischen Query Painter. Klicken Sie auf
   ›Weiter‹ und dann auf ›Grundliste‹.

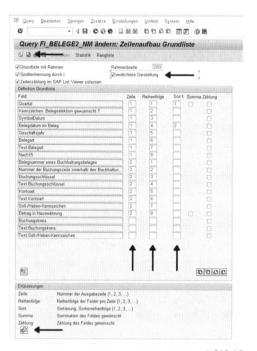

© SAP AG

→ (Abb. 6–72) Setzen Sie das Häkchen bei ›verdichtete Darstellung‹ (oberer rechter Pfeil) und klicken Sie auf ›Nächstes Bild‹.

Neben dem grafischen Query Painter gibt es auch eine alphanumerische Variante. Diese möchte ich kurz im Folgenden vorstellen. Beide sind vom Funktionsumfang (fast) identisch. Was man im grafischen Query Painter definiert, kann man genauso mit dem alphanumerischen bestimmen.

Im alphanumerischen Painter sind verschiedene Sichten vorhanden. In Abbildung 6–72 und in 6–73 sind die beiden Sichten Zeilenaufbau Grundliste und Gruppenstufen dargestellt. Der Wechsel zwischen den Sichten erfolgt mit den Buttons ›Vorheriges Bild‹ und ›Nächstes Bild‹.

Die Sicht Gruppenstufen erscheint nur, wenn Sortierfelder vorhanden sind.

Der Vorteil der alphanumerischen Darstellung ist die konzentrierte, tabellarische Darstellung. So kann man in den beiden Abbildungen sofort sehen, welche Optionen für die Gruppenstufen gesetzt sind, in welcher Reihenfolge die Sortierungen ausgeführt werden oder in welcher Zeile ein Feld ausgegeben wird.

Des Weiteren gibt es Eigenschaften, die nur im alphanumerischen Painter zur Verfügung stehen. In der Sicht Zeilenaufbau Grundliste gibt es das Ankreuzfeld ›verdichtete Darstellung‹. Falls das Häkchen dort gesetzt ist, wird eine Drill-down-Liste zuerst immer in der komprimierten Form dargestellt.

Zwei Bilder weiter in der Sicht Ausgabeoptionen Listzeile gibt es das Feld ›Bedingt‹. Damit ist es möglich, Zeilen nur dann auszugeben, wenn eine andere Ausgabezeile im gleichen Datensatz vorhanden ist. Beispiel: Sie haben eine Ausgabeliste mit zwei Zeilen A und B. In der Ausgabeliste gibt es Datensätze, in denen Zeile B leer ist. Wenn Sie nun Zeile A von Zeile B abhängig machen, werden nur Datensätze in der Liste angezeigt, die in beiden Zeilen Daten enthalten.

Abb. 6–73

SQ01: Alphanumerischer
Query Painter/
Gruppenstufen

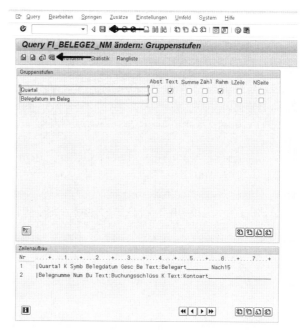

© SAP AG

→ (Abb. 6–73) Klicken Sie auf ›Sichern‹ und dann auf ›Testen‹.

Abb. 6–74

SQ01: Grundliste mit
Drill-down-Funktionalität

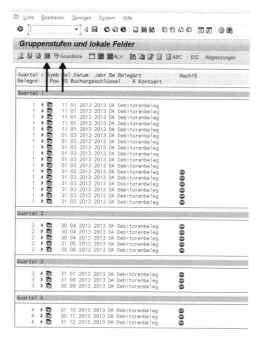

© SAP AG

In Abbildung 6–74 tauchen zwei neue Buttons auf: Mit ›Expandiert anzeigen‹ können Sie in die erweiterte Sicht (Abb. 6–76) wechseln. Mit dem Button ›Detailsicht‹ kann ein markierter Datensatz vollständig angezeigt werden (Abb. 6–75).

Abb. 6–75

SQ01: Detailsicht

→ (Abb. 6–75) Markieren Sie einen Datensatz in Abbildung 6–74 und betätigen sie ›Detailsicht‹.

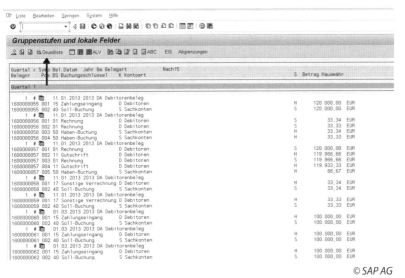

Abb. 6–76

SQ01: Grundliste in expandierter Darstellung

→ (Abb. 6–76) Verlassen Sie die Bildschirmmaske mit ›F3‹ und betätigen Sie den Button ›Grundliste‹.

6.9   Die Bericht-Bericht-Schnittstelle

Abb. 6–77

SQ01: Bericht-Bericht-Schnittstelle

© SAP AG

Aus einer ABAP-Liste oder einem ALV-Grid der SQ01 kann mit einen Doppelklick auf einen Datensatz in einen anderen Bericht verzweigt werden, wenn dies in der Bericht-Bericht-Schnittstelle eingestellt wurde.

Diese ist via ›Springen/Berichtszuordnung‹ aus der Sicht ›Titel, Format‹ erreichbar (Abb. 6–77). Mit ›Zeile einfügen‹ wird ein weiterer Bericht in die Liste aufgenommen.

In den Screenshots in diesem Kapitel wird die Transaktion ›Material anzeigen MM03‹ in die Bericht-Bericht-Schnittstelle der Query ›MARA_NM‹ eingebunden. Bei einem Klick auf eine Zeile der Trefferliste springt man dann in die MM03. Mit ›F3‹ verlässt man die MM03 und landet wieder in der Trefferliste der Query.

Abb. 6–78

SQ01: Bericht-Bericht-Schnittstelle/Initial

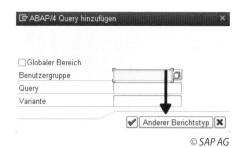

© SAP AG

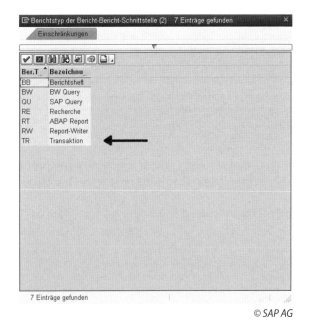

Abb. 6–79
Bericht-Bericht-
Schnittstelle/
Berichtstypen

© SAP AG

Es kann entweder eine Query oder ein anderer Berichtstyp gewählt
werden. So kann u.a. ein ABAP-Report oder eine Transaktion angegeben werden (Abb. 6–79).

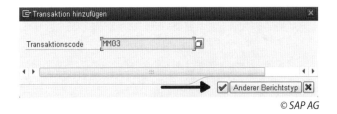

Abb. 6–80
Bericht-Bericht-
Schnittstelle/Bericht
hinzufügen

© SAP AG

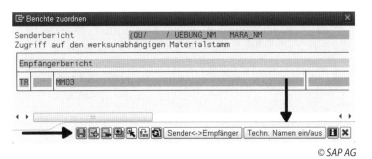

Abb. 6–81
Bericht-Bericht-
Schnittstelle/speichern

© SAP AG

Bei manchen SAP-Standardtransaktionen wird die Eingabemaske korrekt beim Berichtsstart ausgefüllt, aber manchmal funktioniert die
Übergabe der Parameter leider nicht korrekt. Beispiele, bei denen die

Übergabe nicht funktioniert, sind z.B. die MM03 oder die MMBE. Dann ist es notwendig, einen kleinen Hilfsreport zu erstellen, der die Standardtransaktion »verschalt«. Statt der MM03 ruft man den Hilfs-report in der Bericht-Bericht-Schnittstelle auf.

Es sind zwei Schritte notwendig: Zuerst müssen die Parameter-IDs der Felder auf der Eingabemaske bestimmt werden. Danach werden diese Werte via ABAP übergeben.

→ Starten Sie die Transaktion MM03. Setzen Sie den Cursor in das Feld Material und drücken Sie die F1-Taste sowie auf den Button ›Technische Hilfe‹. Es erscheint die technische Info (Abb. 6–82).

Die Parameter-ID für das Feld Material ist MAT (Pfeil in Abb. 6–82)! Nun müssen Sie noch den kleinen Report Z_CALL_MM03 in der SE38 erstellen, der als Vermittler zwischen Query und MM03 auftritt. Analog kann man den Report Z_CALL_MMBE erstellen, der die Maske der MMBE korrekt füllt.

Abb. 6–82
Technische Info des
Materialfeldes der MM03

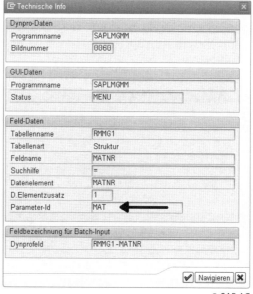

© SAP AG

Listing 6–1
Z_CALL_MM03/ Korrektes
Füllen der Eingabemaske
der MM03

```
REPORT  Z_CALL_MM03.
   parameters: p_matnr like mara-matnr.
   set parameter id 'MAT' field p_matnr.
   call transaction 'MM03'.
```

```
REPORT  Z_CALL_MMBE.
parameters:
   p_matnr like mara-matnr,
   p_werks like marc-werks,
   p_LGORT like mard-LGORT.
   set parameter id 'MAT' field p_matnr.
   set parameter id 'WRK' field p_werks.
   set parameter id 'LAG' field p_lgort.
   call transaction 'MMBE'.
```

Listing 6–2
Z_CALL_MMBE/ Korrektes
Füllen der Eingabemaske
der MMBE

6.10   Transport von Querys

Es gibt drei Transportarten in der SapQuery:

▨ Man kann einen QuickView in eine SapQuery umwandeln.
▨ SapQuerys sind zwischen Standard- und globalem Bereich und
   zwischen verschiedenen SAP-Systemen mit dem SapQuery-Transporttool transportierbar.
▨ Der Report RSAQCOPY bietet weitere Funktionalität. Er kann
   z.B. Query plus InfoSet in eine neue Query plus InfoSet kopieren.

QuickViews lassen sich in SapQuerys konvertieren. Im Startbildschirm
der SQ01 findet sich im Menü ›Query‹ der Eintrag ›QuickView konvertieren‹. Dies geht nur im Standardbereich. Im globalen Bereich ist
der Menüeintrag ausgegraut. Falls Sie trotzdem einen QuickView in
eine SapQuery im globalen Bereich konvertieren oder gar auf ein anderes SAP-System transportieren wollen, müssen Sie es in zwei Schritten
erledigen. Zuerst den QuickView im Standardbereich in eine Query
überführen und von dort mit dem Query-Transporttool in den
globalen Bereich exportieren.

QuickViews konvertieren

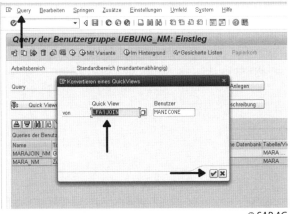

Abb. 6–83
SQ01: QuickView
konvertieren 1

© SAP AG

→ Abb. (6–83)

1. Starten Sie die SQ01. Wechseln Sie in den Standardbereich (›Umfeld/Arbeitsbereiche‹).
2. Rufen Sie den Menüeintrag ›Query/QuickView konvertieren‹ auf.
3. Geben Sie einen QuickView an, z.B. ›LFA1JOIN‹.

Abb. 6–84

SQ01: QuickView konvertieren 2

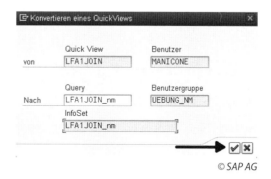

© SAP AG

In Abbildung 6–84 sehen Sie, dass die Benutzergruppe nicht abgefragt, sondern automatisch die aktuelle gezogen wird. Beim Konvertieren wird eine Query und ein InfoSet angelegt und Letzteres in die Benutzergruppe eingetragen.

SapQuery-Transporttool Das SapQuery-Transporttool wird aus dem Startbildschirm der SQ02 gestartet. Via ›Umfeld/Transporte‹ kann man es aufrufen.

Eine SapQuery besteht aus Benutzergruppe, InfoSet und Query. Unter Umständen kommen noch Varianten hinzu. Bei einem Transport muss auf Konsistenz[3] und Reihenfolge geachtet werden. Es reicht also nicht aus, nur die Query zu transportieren, sondern sämtliche Query-Objekte müssen auf dem Zielsystem nach dem Transport vorhanden sein. Dabei ist die Reihenfolge des Importes wichtig.

SAP → SAP Das Transporttool ist aber nicht immer erforderlich. Für den Fall, dass Sie eine Query in ein anderes SAP-System transportieren wollen und Sie konsequent im globalen Bereich gearbeitet haben, dann können Sie ohne das Transporttool und regulär mit dem Transportmanagementsystem arbeiten. Es ist möglich, Benutzergruppe, InfoSet und Query in einem einzigen Transportauftrag zu importieren.

---

3. Es besteht die Möglichkeit, einen Konsistenzcheck der SapQuery durchzuführen. Aus dem Startbildschirm der SQ02 kann über ›Springen/Weitere Funktionen/Konsistenzprüfung‹ eine Überprüfung erfolgen.

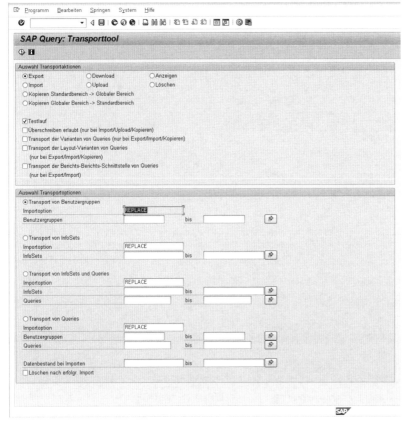

Abb. 6–85

SQ02: Transporttool

Standardbereich

© SAP AG

Diese Aussage kann man auch invertieren. Das bedeutet, wenn Sie eine Query mit einem Transportauftrag in ein SAP-System importieren, dann landet diese immer im globalen Bereich.

Damit nun das Leben nicht zu einfach ist, gibt es das Transporttool in zwei Ausführungen. In Abbildung 6–85 sehen Sie das Transporttool im Standardbereich und in Abbildung 6–86 im globalen Bereich. Im oberen Segment der Eingabemaske können Sie angeben, wie etwas, und im unteren, was transportiert werden soll.

Beide bieten die Gelegenheit, zuerst einen Testlauf durchzuführen. Falls der Testlauf erfolgreich war, taucht am Ende des Protokolls »...importiert RC=00« auf. »RC« steht für Return Code. Ein Return Code gleich null bedeutet Fehlerfreiheit.

Beim Transport muss eine Importoption angegeben werden. Diese sind für die verschiedenen Transportarten in Tab. 6–3 aufgelistet. REPLACE und MERGE sind selbsterklärend, bei GROUP wird eine andere und bei UNASSIGN keine Benutzergruppe zugewiesen.

© SAP AG

Transportart	Importoptionen
Transport Benutzergruppe	REPLACE, MERGE
Transport InfoSet	REPLACE, MERGE, GROUP=benutzergruppe, UNASSIGN
Transport InfoSet und Query	REPLACE, MERGE
Transport Query	REPLACE, GROUP=benutzergruppe

Im Folgenden soll die Vorgehensweise an zwei Beispielen erläutert werden.

Standard → Standard   Sie möchten eine vollständige Query aus dem Standardbereich des Mandanten A in den Standardbereich des Mandanten B exportieren. Dazu muss zuerst ein Export in Mandant A des globalen Bereichs (›Kopieren Standardbereich → Globaler Bereich‹) und dann ein Import in Mandant B (›Kopieren Globaler Bereich → Standardbereich‹) erfolgen.

Standard → anderes SAP-System   Sie wollen eine Query aus dem Standardbereich in den Standardbereich eines anderen SAP-Systems exportieren. Dies kann auf zwei Wegen erfolgen:

1. Sie kopieren alle relevanten Objekte in einen Änderungsauftrag (›Kopieren Standardbereich → Globaler Bereich‹), importieren den Änderungsauftrag in den globalen Bereich des zweiten SAP-Systems mit dem Transportmanagementsystem und importieren die Objekte in den Standardbereich via ›Kopieren Globaler Bereich → Standardbereich‹.

2. Sie speichern mit ›Download‹ Benutzergruppe, InfoSet und Query in verschiedenen Dateien. Diese werden anschließend in den Standardbereich des zweiten SAP-Systems mit ›Upload‹ geladen.

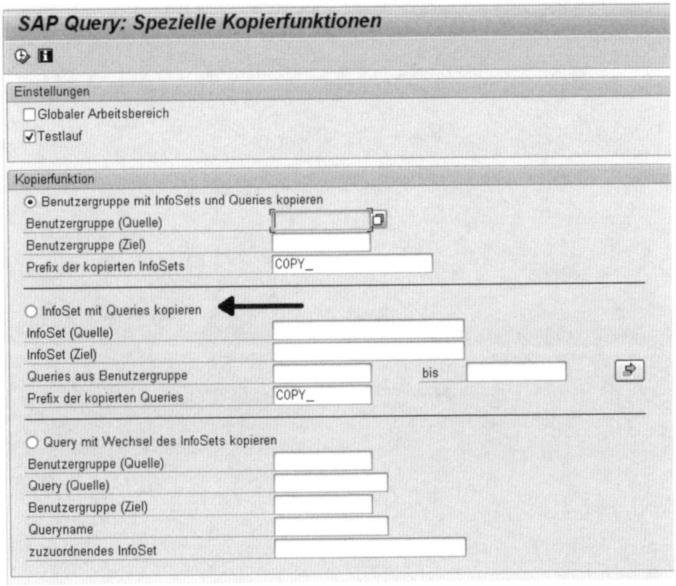

Abb. 6–87

Selektionsmaske des Reports RSAQCOPY

© SAP AG

Der Report RSAQCOPY deckt einige Spezialfälle ab. So kann er (siehe Pfeil) eine Query plus das dazugehörige InfoSet kopieren. Des Weiteren sind folgende Kopierfunktionen möglich:

- ›Benutzergruppe mit InfoSets und Queries kopieren‹ kopiert alle Queries der Benutzergruppe Quelle in die neue Benutzergruppe und legt dabei neue InfoSets an.
- ›Query mit Wechsel des InfoSets kopieren‹ erzeugt eine Kopie mit einem anderen InfoSet. Dabei bestehen Restriktionen (siehe Info-icon).

6.11   Sprachabgleich

Eine SapQuery wird immer in der Anmeldesprache erstellt. Für einen Endanwender wäre es natürlich schön, eine Query in seiner eigenen Muttersprache ausführen zu können. Die SapQuery bietet daher die Möglichkeit eines Sprachabgleiches.

Wann sollte man einen Sprachabgleich ins Auge fassen? Es ist sinnvoll, auf einen Sprachabgleich so lange zu warten, bis eine Query sich nicht mehr verändert.

Abb. 6–88

SQ07 Sprachabgleich: Startbildschirm

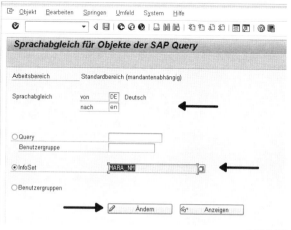

© SAP AG

➔ (Abb. 6–88)
1. Starten Sie die SQ07.
2. Geben Sie eine Zielsprache an, z.B. ›EN‹.
3. Setzen Sie den Radiobutton bei InfoSet und geben Sie ein Info-Set an, z.B. MARA_NM.
4. Klicken Sie auf den Button ›Ändern‹.

Die Übersetzung erfolgt mit der Transaktion für den Sprachabgleich SQ07 (Abb. 6–88). Wie bei den anderen SapQuery-Transaktionen gibt es auch hier einen Standard- und einen globalen Bereich.

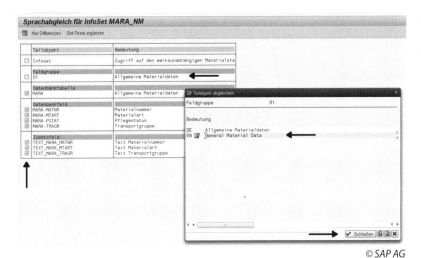

© SAP AG

Abb. 6–89

SQ07 Sprachabgleich: InfoSet

→ (Abb. 6–89)

1. Machen Sie einen Doppelklick auf die Feldgruppe (oberer Pfeil).
2. Geben Sie eine Übersetzung an, z.B. ›General Material Data‹, und drücken Sie ›Return‹.
3. Sichern Sie.

Wichtig ist, dass Sie die Übersetzung in der richtigen Reihenfolge durchführen. Fangen Sie mit dem InfoSet an, da die Query Texte aus dem InfoSet zieht.

Abbildung 6–89 zeigt die Vorgehensweise. Texte, die ein Häkchen haben (linker Pfeil), sind schon übersetzt, da das System automatisch vorhandene Übersetzungen aus dem Data Dictionary zieht. In Abbildung 6–89 muss also nur noch die Beschreibung des InfoSets und der Name der Feldgruppe übersetzt werden. Mit einem Doppelklick erfolgt der Aufruf einer Eingabemaske, in der die Übersetzung eingegeben werden kann.

6.12 Aufgaben

1. Im mandantenunabhängigen Bereich der SapQuery sind im SAP-Standard schon diverse Querys und InfoSets vorhanden. Diese sind über verschiedene Benutzergruppen verteilt. Schauen Sie sich diese in der SQ01 bzw. die korrespondierenden InfoSets in der SQ02 an.
2. Erstellen Sie Querys zu den InfoSets der Musteraufgaben 8, 9 und 10.

7 ABAP auf Lücke

Sinn der SapQuery ist es, ohne ABAP-Know-how Auswertungen erstellen zu können. Daher sollte dieses Buch eigentlich nie eine ABAP-Einführung bzw. ein eigenes ABAP-Kapitel bekommen. Aber irgendwie sammelte sich in den vorherigen Auflagen und im Buch-Forum immer mehr ABAP-Content an. Dieser hat nun ein neues Zuhause in diesem Kapitel gefunden und die restlichen Buchkapitel sind (fast) ABAP-frei.

Wir leben in einer Klassengesellschaft. Es gibt die besitzende Klasse, die die S_DEVELOP-Berechtigung hat und dieses Kapitel vollständig nacharbeiten kann und die Klasse, die diese Berechtigung nicht hat, und nun die anderen Kapitel des Buches in Frieden durcharbeiten kann, ohne ständig über kryptische Listings zu stolpern.

Eine einigermaßen vollständige Einführung in die ABAP-Grundlagen benötigt im Minimum 500 Buchseiten und würde den Rahmen dieses Buches bei Weitem sprengen. Sich in dieser Tiefe in ein Thema einzuarbeiten, ist nur sinnvoll, wenn dieses Wissen dann auch regelmäßig angewendet wird. Sonst ist es nach kurzer Zeit weg.

Daher enthält diese Auflage nun eine Minimalversion einer ABAP-Einführung speziell für die SapQuery. In meinen Studententagen gab es eine Strategie, um Prüfungen mit »minimalistischem« Aufwand zu bestehen, die sich »auf Lücke lernen« nannte. Daher der Kapitelname.

Die Abschnitte 7.1 bis 7.10 sind eine Einführung in SapQuery & ABAP. Abschnitt 7.11 ist ABAP-frei, setzt aber die Berechtigung für die SE93 voraus. Der finale Abschnitt 7.12 wendet sich an erfahrene ABAP-Entwickler.

7.1 Lernziele

ABAP kann auf zwei verschiedenen Wegen in eine Query integriert werden: als Zusatz in der SQ02 und als Datenversorgungsprogramm. Ein Datenversorgungsprogramm ist ein ABAP-Report, der in der

ABAP Workbench geschrieben wird und für die SapQuery eine Datenquelle darstellt. Um ein Datenversorgungsprogramm zu schreiben,
sind die Berechtigungen für die ABAP Workbench und ein Entwicklerschlüssel notwendig.

- ABAP-Coding
  - ABAP in Datenversorgungsprogrammen
  - ABAP in den SQ02-Zusätzen

- ABAP-Schlüsselwörter
  - DATA, CONSTANTS und TYPE
  - CHECK
  - CALL FUNCTION
  - AUTHORITY-CHECK
  - IF ENDIF

- Zuweisungen
- Die F1-Hilfe
- Debugger & Breakpoints
- Query als Transaktion starten
- Einsatz der privaten Ablage
- Datenversorgungsprogramme
  Wie verwende ich einen Report als Datenquelle?
  - Grundmuster eines Datenversorgungsprogramms
  - Zugriff auf Clustertabellen/Einsatz von Funktionsbausteinen
  - AUTHORITY-CHECK beim Datenbankzugriff

7.2   Variablen: Daten, Konstanten und Datentypen

7.2.1   Lernziele

Dies ist ein Kapitel ohne Musteraufgabe, aber mit zentraler Bedeutung.
Für jede ABAP-Operation braucht man Variablen, in denen Werte
gespeichert werden. Aber Variablen an sich kann man nicht vorführen.

- DATA; CONSTANTS, TYPE: Daten, Konstanten und Datentypen
- Numerische und zeichenartige Typen
- Booleans
- Initialwerte
- Datum und Zeit
- Strukturen
- Dynamische Variable
- Kommentare

7.2.2   Lösung

In Listing 7–1 werden die vier Variablen lv_var, lv_anzahl, lv_menge *Numerische Datentypen* und lv_preis deklariert. Eine Variablendeklaration beginnt mit dem Schlüsselwort DATA und endet wie jeder ABAP-Ausdruck mit einem Punkt. Jede Variable hat einen Datentyp, der mit der TYPE-Anweisung festgelegt wird. So hat die Variable lv_var den Datentyp i. Die Programmiersprache ABAP enthält verschiedene vordefinierte Datentypen.

```
DATA
  lv_var       TYPE i.


DATA:
  lv_anzahl  TYPE i,      "ganze Zahl        Beispiel: 7 oder -34
  lv_menge   TYPE f,      "Gleitpunktzahl    Beispiel: 7.3E12
  lv_preis   TYPE p.      "Gepackte Zahl     Beispiel: 3.14
```

Listing 7–1

Numerische Datentypen

Anstatt nun jede einzelne Variable mit einem DATA separat zu deklarieren, kann man mit dem Kettensatzoperator ›:‹ nach dem DATA mehrere Variablen angeben, die durch Komma separiert werden.

Die Variablen in Listing 7–1 beginnen alle mit einem ›lv‹. Dies ist eine Namenskonvention und hat nichts mit der Programmiersprache zu tun. Das ›l‹ bedeutet lokal und ›v‹ steht für Variable. Analog ist ›ls‹ eine lokale Struktur und ›lc‹ eine lokale Konstante. Diese Konvention erhöht die Lesbarkeit des Quellcodes.

Neben Coding enthält das Listing Kommentare. Der ›"‹-Operator leitet einen Kommentar ein. Der Bereich vor dem ›"‹ ist Coding, der Bereich nach dem ›"‹ ist bis zum Ende der Zeile Kommentar.

ABAP kennt drei verschiedene numerische Datentypen: die ganzen Zahlen mit Typ i, die Gleitpunktzahlen mit Typ f und die gepackten Zahlen mit Typ p.

Vor- und Nachkommateil von Kommazahlen werden durch einen Punkt getrennt.

Im Gegensatz zu vielen anderen Programmiersprachen hat der Datentyp f in ABAP eine sehr geringe Bedeutung. Rechenoperationen mit Kommazahlen erfolgen mit dem Datentyp p, da bei Berechnungen mit diesem Datentyp weniger Rundungsfehler auftreten!

Verwenden Sie wegen der höheren Genauigkeit für Nachkommazahlen generell den Datentyp p!

Tab. 7–1

Dimensionen von
numerischen Datentypen

Datentyp	Vorgabelänge [Bytes]	Gültige Feldlänge [Bytes]
i	4	4
f	8	8
p	8	1-16

Listing 7–2

Kommazahlen

```
DATA:
  lv_anzahl_tage          TYPE p LENGTH 8
    DECIMALS 4,                             " z.B. 12345678912.1234
  lv_summe(4)             TYPE p.          " z.B. 1234567
```

Datentypen haben eine Länge (siehe Tabelle 7–1) und damit eine Kapazität. Die Variable lv_summe aus Listing 7–2 kann daher maximal eine 7-stellige Zahl speichern. Die Länge einer Variablen wird entweder mit dem Schlüsselwort LENGTH oder als Zahl innerhalb von Klammern nach dem Variablennamen (siehe lv_summe) definiert. Manche Datentypen wie Typ i haben eine feste Größe. Der Datentyp p kann hingegen zwischen 1 und 16 Bytes groß sein. Für jedes weitere Byte erhöht sich der Wertebereich bei gepackten Zahlen um zwei Stellen. Wird bei einer Deklaration keine Länge angegeben, so gilt die Vorgabelänge. Also bei gepackten Zahlen sind es z.B. 8 Bytes.

Neben der Länge zeichnet sich eine Kommazahl durch die Position des Kommas aus. Das Schlüsselwort DECIMALS bestimmt, wie viele Nachkommastellen eine gepackte Zahl hat. Das Maximum liegt bei 14 Nachkommastellen. So hat lv_summe 0 und lv_anzahl_tage 4 Nachkommastellen.

> LENGTH bestimmt, wie viele Stellen eine gepackte Zahl hat und DECIMALS, wie viele von diesen Stellen Nachkommastellen sind.

Zeichenartige Datentypen

Ein Programmierer bezeichnet Dinge wie Straßennamen, Firmennamen oder eine Produktbezeichnung als Zeichenkette, also eine Folge von Buchstaben. Und für diese sieht ABAP drei vordefinierte Datentypen vor: Das Textfeld c, das numerische Textfeld n und den Datentyp string. Diese drei Datentypen gehören zur Kategorie »Zeichenartige Typen«. Zur gleichen Kategorie gehören die Typen Datum d und Zeit t.

Listing 7–3

Zeichenartige Typen

```
DATA:
  lv_name             TYPE c LENGTH 20,   "Beispiel Müller
  lv_error            TYPE c,             "Beispiel X
  lv_postleitzahl(5)  TYPE n,             "Beispiel 85737
  lv_string           TYPE string,        "Beispiel BlaBlaBla
  lv_datum            TYPE d,             "Beispiel 31.12.2012
  lv_zeit             TYPE t.             "Beispiel 7h12m33s
```

In Listing 7–3 sind Beispiele für zeichenartige Typen deklariert und zusätzlich als Kommentar, was in der Variable gespeichert sein könnte.

Die Datentypen n und c haben eine variable Länge, die via LENGTH oder Klammern festgelegt wird. Wird nichts angegeben, so hat die Variable die Länge eins (Tabelle 7–2).

Die Datentypen n und c habe eine feste Größe. So kann die Variable lv_postleitzahl nur fünf Zahlen fassen. Für eine sechsstellige Postleitzahl muss die Variable mit LENGTH 6 deklariert werden.

Bei einer Postleitzahl ist die Größe fest und eindeutig. In der Praxis gibt es aber immer wieder Fälle, in denen die Größe von Zeichenketten von Datensatz zu Datensatz schwankt oder wo zur Erstellungszeit des Codings nicht bekannt ist, wie groß die Zeichenketten sein werden. Für solche Variablen bietet sich der Datentyp string an, dessen Größe zur Laufzeit variabel ist.

Datentyp	Vorgabelänge [Bytes]	Gültige Feldlänge [Bytes]
c	1	1 - 65535
n	1	1 - 65535
d	8	8
t	6	6
string	dynamisch	dynamisch

Tab. 7–2
Zeichenartige Typen

Viele Programmiersprachen kennen einen Datentyp BOOLEAN, der eine Wahr/Falsch-Information speichert. So kann zum Beispiel bei der Abarbeitung eines Codings ein Fehler auftreten. Diese Information wird in eine booleschen Variable lv_error geschrieben. Ist die Variable wahr, so ist ein Fehler aufgetreten, bzw. ist sie falsch, dann ist beim Ablauf des Codings kein Fehler aufgetreten.

Leider gibt es in ABAP keinen Datentyp BOOLEAN. Stattdessen setzt man Variablen des Datentyps c mit der Länge 1 ein. Ein ›X‹ steht dann für wahr und ein Leerzeichen für falsch.

Eine Variable vom Typ n(3) und eine vom Typ i können beide den Wert 128 speichern. Im Coding sieht dies sehr ähnlich aus, aber intern wird der Wert völlig unterschiedlich codiert. Ein numerisches Textfeld speichert Zahlen als Buchstaben, also als drei separate Buchstaben ›1‹, ›2‹ und ›8‹! Eine Integer ist dagegen intern eine echte Zahl.

Jeder ABAP-Datentyp hat einen korrespondierenden Initialwert. Bei zeichenartigen Typen ist das das Leerzeichen, bei numerischen Typen die Zahl 0. Eine Variable vom Typ n(1) enthält bei der ersten Verwendung also den Buchstaben Leerzeichen.

Der Datentyp d entspricht einem n(8). Die interne Struktur ist JJJJMMTT. Die ersten vier Buchstaben[1] stehen für das Jahr, Position 5 und 6 für den Monat und die letzten beiden für den Tag.

Analoges gilt für den Datentyp t, der intern ein n(6) mit der Struktur SSMMSS ist. Die ersten beiden Buchstaben codieren die Stunden, drei und vier die Minuten und die letzten beiden die Sekunden.

Listing 7–4

Konstanten und

Defaultwerte

```
CONSTANTS:
  lc_pi            TYPE p VALUE '3.14',
  lc_plz_ismaning  TYPE n LENGTH 5 VALUE '85737'.

DATA:
  lv_index         TYPE I DEFAULT 1,
  lv_materialart   TYPE c LENGTH 4 DEFAULT 'ZFER'.
```

Es gibt Variablen, die innerhalb eines Codings immer den gleichen Inhalt haben. Solche Variablen sind Konstanten und sollten daher mit dem Schlüsselwort CONSTANTS (Listing 7–4) deklariert werden. Der Wert einer Konstanten kann im Gegensatz zum Wert einer Variablen innerhalb eines Codings nicht geändert werden.

> Verwenden Sie Konstanten, da diese die Lesbarkeit des Codings erhöhen und nicht durch einen Programmierfehler überschrieben werden können.

Manchmal soll eine Variable einen definierten Initialwert haben, was mit dem Schlüsselwort DEFAULT möglich ist.

Eine Folge von Buchstaben, die den Wert einer Konstanten oder einen Defaultwert ausmacht, wird in Denglisch als Literal bezeichnet. Literale werden in ABAP in Hochkommata gesetzt. Beispiele sind '3.14', '85737' oder 'ZFER' in Listing 7–4. Dagegen muss eine reine[2] Zahl, also z.B. den Defaultwert 1 für lv_index, nicht in Hochkommata stehen.

DDIC versus ABAP-

Datentypen

Für Dr. Jekyll wurde eine gespaltene Persönlichkeit zum Problem, ABAP handhabt im Gegensatz dazu zwei verschiedene Ebenen ohne Schwierigkeiten. Jedes nicht triviale ABAP-Programm liest oder schreibt Daten aus der Datenbank. Und dort werden Daten nicht als ABAP-Typen, sondern als Datentypen der Datenbank gespeichert. Datenbank-Datentypen sind im Data Dictionary (DDIC) definiert.

Das heißt, eine Variable, die aus der Datenbank gefüllt wird, hat sowohl einen DDIC-Typ als auch einen ABAP-Typ. Auf der Daten-

---

1.   ABAP hat also ein Jahr 9999-Problem.
2.   85737 ist zwar eine Zahl, sie besteht aber aus fünf Buchstaben!

bank besitzt sie einen DDIC-Typ und im Computerspeicher einen ABAP-Datentyp.

DDIC-Typ	Bedeutung	Länge	ABAP-Typ
INT4	4-Byte-Integer	10	i
CURR	Währungsfeld	1-17	p((N+1)/2)
CUKY	Währungsschlüssel	5	c(5)
QUAN	Menge	1-17	p((N+1)/2)
UNIT	Einheit	2-3	c(N)
NUMC	Numerischer Text	1-255	n(N)
CHAR	Character	1-255	c(N)
DATS	Datum	8	d
TIMS	Zeit	6	t
STRING	variable Zeichenfolge	1-max	string

Tab. 7–3

Einige korrespondierende ABAP/DDIC-Datentypen

Tabelle 7–3 listet einige korrespondierende Datentypen. Die Tabelle ist aber nicht vollständig. Einige Anmerkungen: So haben die Datentypen n und c in ABAP die maximale Länge 65535, im DIDC haben die entsprechenden Datentypen CHAR und NUMC aber eine Maximallänge von 255!

Das DDIC kennt erheblich mehr Datentypen als ABAP. So wird der Typ QUAN in ABAP als p und der TYP CUKY in ABAP als c(5) abgebildet.

Während der Datentyp string in ABAP wichtig ist, ist er bei der Definition von Datenbanktabellen völlig unüblich.

```
DATA:
    ls_mara        TYPE MARA,
    ls_makt        LIKE MAKT,
    lv_matnr       TYPE MARA-MATNR,
    lv_matnr2      TYPE matnr,
    lv_mtart       LIKE MARA-MTART.
```

Listing 7–5

Strukturen und Datenelemente

In Kapitel 5 sind uns die Strukturen begegnet, die im DDIC definiert sind. In ABAP können Variablen mit DDIC-Strukturen typisiert werden. So hat die Variable ls_mara in Listing 7–5 eine Struktur mit dem gleichen Typ wie ein Datensatz aus der Tabelle MARA.

Eine Typisierung via Tabelle-Feldname gibt einer Variablen den Datentyp des Tabellenfeldes. Die Variable lv_matnr hat die Typisierung des Feldes matnr aus der Tabelle MARA.

Strukturen

Die Felder einer DDIC-Struktur haben DDIC-Datentypen. Damit hat laut Tabelle 7–3 das Feld lv_matnr den DDIC-Typ CHAR(18) und den ABAP-Typ c(18).

Schließlich kann eine Variable auch über ein Datenelement typisiert werden. Somit hat lv_matnr2 die Eigenschaften des Datenelementes MATNR.

In ABAP führen oft verschiedene Wege zum gleichen Ziel. Variable sollten z.B. mit TYPE deklariert werden. Aber gerade in altem Quellcode findet sich oft das Schlüsselwort LIKE, mit dem auch eine Typisierung vorgenommen werden kann.

7.3   Zuweisungen und Berechnungen

7.3.1   Lernziele

In diesem Kapitel wird gezeigt, wie man Variablen Werte zuweist und mit Variablen Berechnungen durchführt. Die ABAP-Befehle MOVE-CORRESPONDING und CLEAR werden vorgestellt.

7.3.2   Lösung

In Listing 7–6 sind einige Zuweisungen zu sehen. Bei der ersten wird der Variablen lv_matnr das Literal '4711' zugewiesen. Zuweisungen erfolgen mit dem Operator »=«. Beim zweiten Beispiel werden drei Variablen addiert und dann der Variablen lv_summe_tage zugewiesen. Beim letzten Beispiel wird die Fläche eines Kreises berechnet, wobei eine Konstante verwendet wird.

Listing 7–6
Zuweisungen und
Berechnungen

```
lv_matnr = '4711'.
lv_summe_tage = lv_tage_jan + lv_tage_feb + lv_tage_mar.
lv_flaeche_kreis = lc_pi * lv_radius * lv_radius.
```

Bei Berechnungen mit numerischen Typen sind die Operatoren »+«, »-«, »*« und »/« erlaubt. Mit Klammern kann man eine bestimmte Reihenfolge bei der Auswertung bestimmen, wobei vor und nach einer Klammer ein Leerzeichen stehen muss.

```
DATA:
  lv_int     TYPE i  VALUE 123,
  lv_zahl    TYPE n LENGTH 3,
  lv_kette   TYPE c LENGTH 3,
  lv_kette2  TYPE c LENGTH 3 VALUE 'ABC',
  lv_kette3  TYPE c LENGTH 3 VALUE 'DEF'.


  lv_zahl    = lv_int.                    " o.k./Cast
  lv_kette   = lv_kette2 + lv_kette3.     " Dump
```

Listing 7–7

Casts und Laufzeitfehler

Manche Operationen sind auf bestimmte Datentypen beschränkt. So
sind Zeichenkettenoperationen nur mit zeichenartigen Datentypen
erlaubt. Wie kann man dann eine Zeichenkettenoperation mit einem
numerischen Typ durchführen? Die erste Zuweisung in Listing 7–7
zeigt die Lösung. Man wandelt eine Integerzahl durch eine Zuweisung
in den Datentyp n um und hat damit eine zeichenartigen Datentyp.
Eine solche Transformation bezeichnet man als Cast.

Der Versuch, in der zweiten Zuweisung in Listing 7–7 zwei Zeichenketten zu addieren, führt zu einem Laufzeitfehler, hier
CONVT_NO_NUMBER.

```
DATA:
  lv_zahl_tage TYPE I VALUE 31,
  lv_zahl_wochen TYPE i,
  lv_matnr TYPE matnr VALUE 'F2013ABCDE',
  lv_jahr TYPE i,
  lv_mat_art TYPE c.


  lv_zahl_wochen = lv_zahl_tage DIV 7     " 4.
  lv_mat_art = lv_matnr(1).               " F
  lv_jahr    = lv_matnr+1(4).             " 2013
```

Listing 7–8

*Integer- und Offset-
Operationen*

Für Integerzahlen gibt es zwei eigene Operatoren: »DIV« und
»MOD«. DIV ergibt bei einer Division den Vorkommateil. Und MOD
den Nachkommateil. lv_zahl_wochen in Listing 7–8 erhält so den Wert 4.

Manche Firmen nutzen »sprechende« Materialnummern. Bei-
spielsweise sollen Materialnummern zehn Stellen haben, wobei der
erste Buchstabe für die Materialart (F = FERT, R = ROH, ..) und die
Buchstaben 2 bis 5 für das Jahr stehen, an dem das Material angelegt
wurde. Die zweite Zuweisung in Listing 7–8 »extrahiert« die Materialart aus der Materialnummer. Der Teilfeldoperator »(1)« kopiert genau
ein Zeichen bei der Zuweisung.

Der Teilfeldoperator kann mit dem Offsetoperator kombiniert
werden. In der dritten Zuweisung werden genau vier Buchstaben von
den Positionen 2 bis 5 kopiert. Der Offsetoperator »+1« bewirkt, dass
die Zuweisung ab der Position 2 beginnt.

Listing 7–9

Datumsberechnungen

```
DATA:
  lv_datum      TYPE d VALUE '20130831',   "JJJJMMDD
  lv_datum2     TYPE d,
  lv_delta      TYPE i.


  lv_datum = sy-datum.
  lv_datum+6(2) = '01'.                    "1. Tag des Monats
  lv_datum2 = lv_datum + 7.
  lv_delta = lv_datum2 – lv_datum.         " Differenz in Tagen
```

Listing 7–9 enthält einige Beispiele zu Datumsberechnungen. Bei der Deklaration von lv_datum ist ein VALUE angegeben. Dieser Wert muss in der internen Darstellung JJJJMMDD vorliegen.

Die Systemvariable sy-datum enthält das Tagesdatum. Bei der ersten Zuweisung in Listing 7–9 wird lv_datum das heutige Datum zugewiesen.

Bei der zweiten Zuweisung werden zwei Buchstaben in den Positionen 7 und 8 überschrieben. Damit werden die Tage im Datum auf '01' gesetzt.

Der Datentyp d ist ein zeichenartiger Typ. Trotzdem erlaubt die ABAP-Laufzeit Zahlen zu addieren bzw. zu subtrahieren. In der dritten Zuweisung erhält lv_datum2 so einen Wert, der sieben Tage in der Zukunft liegt. Wird dabei der Wert für die Tage größer als der Monat des Datums es erlaubt, so addiert die Laufzeit den Übertrag in die folgenden Monate bzw. Jahre.

Zieht man zwei Daten voneinander ab (Zuweisung 4), so ermittelt die ABAP-Laufzeit die Differenz zwischen beiden in Tagen.

Listing 7–10

Zeitberechnungen

```
DATA:
  lv_zeit1      TYPE t VALUE '080000',     "StStMiMiSeSe
  lv_zeit2      TYPE t VALUE '180000',
  lv_stunden    TYPE i,
  lv_delta      TYPE i.


  lv_stunden    = lv_zeit1(2).             " '08'
  lv_delta      = lv_zeit1 – lv_zeit2.     " 10 * 60 * 60
  lv_zeit1      = lv_zeit1 + 60.           " '080100'
```

Zeitberechnungen (Listing 7–10) verhalten sich in vielen Punkten analog zu Datumsberechnungen. Der VALUE-Wert von lv_zeit1 ist in der internen Darstellung angegeben. Die Differenz zwischen zwei Zeiten (zweite Zuweisung in Listing 7–10) ergibt eine Zahl in Sekunden. Die dritte Zuweisung weist lv_zeit1 '080100' zu, da genau wie bei den Datumsberechnungen die Laufzeit Überläufe korrekt auswertet. Die erste Zuweisung zieht die Stunden aus einer Zeitvariablen.

```
DATA:
  ls_mara    TYPE mara,
  ls_mara2   TYPE mara,
  ls_struc   TYPE mara_teilmenge.


  ls_mara           = ls_mara2.
  MOVE-CORRESPONDING ls_struc TO ls_mara2.
  ls_mara-matnr = '4711'.
```

Listing 7–11

Zuweisungen bei

Strukturen

In Listing 7–11 haben ls_mara und ls_mara2 die gleiche Struktur. Daher kann in der ersten Zuweisung ls_mara die Inhalte von ls_mara2 zugewiesen werden.

Die Strukturen ls_mara und ls_struc sind dagegen unterschiedlich. Eine direkte Zuweisung macht hier keinen Sinn. Wenn aber zwei Strukturen einige Felder gemeinsam haben, so bietet sich die MOVE-CORRESPONDING-Anweisung an, bei der Felder mit gleichen Namen (!!) übertragen werden.

In der dritten Zuweisung erhält ls_mara-matnr einen neuen Wert.

7.4   Musteraufgabe 13: ABAP-Coding via Zusätze

Nach zwei Kapiteln Theorie ist es Zeit für die nächste Übung. In der Musteraufgabe 10 haben wir uns mit den Zusätzen beschäftigt. In dieser Übung wird das InfoSet aus der Aufgabe 10 um ABAP-Coding via Zusätze erweitert.

Für Zusatzfelderformeln und ABAP-Coding ist die ABAP-Coding-Berechtigung notwendig!

7.4.1   Aufgabenstellung

▦ Kopieren Sie das InfoSet MARD_JOIN_NM in ein neues InfoSet.
▦ Erstellen Sie für das Feld ›SUMME_BESTAND‹ ein Coding, das für jeden Datensatz die Summe von freiem, Umlagerungs- und Qualitätsprüfbestand berechnet.
▦ Auf der Ausgabeliste der Ausgabeform »ABAP Liste« soll im Kopf der Name des Erstellers und das Datum erscheinen.

7.4.2   Lernziele

▦ ABAP in Zusätzen
▦ Zugriff auf den Listenkopf bei der Ausgabeform »ABAP Liste«

7.4.3   Lösung

Das Coding zu einem Zusatzfeld kann auf zwei verschiedene Arten realisiert werden: entweder über den Button ›Coding zum Zusatz‹ (siehe Abb. 7–1) oder als Zusatzcoding zum Zeitpunkt ›Satzverarbeitung‹[3]. In dieser Aufgabe wird der erste Weg beschritten. In der Musteraufgabe 15 die Alternative.

Abb. 7–1
Zusätze: Initiales InfoSet

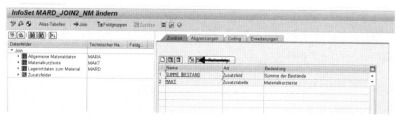

© SAP AG

➜ (Abb. 7–1)

1. Starten Sie die SQ02 und kopieren Sie das InfoSet ›MARD_-JOIN_NM‹.
2. Gehen Sie in die Zusätze, setzen Sie den Cursor in die Zeile mit ›Summe_Bestand‹ und klicken Sie auf ›Coding zum Zusatz‹.

Abb. 7–2
Zusätze: Coding für Zusatzfeld

© SAP AG

➜ (Abb. 7–2) Fügen Sie die Formel aus Listing 7–12 ein, testen Sie das Coding (linker Pfeil) und sichern Sie (rechter Pfeil).

Listing 7–12
Rechenformel Bestand

```
summe_bestand = mard-labst + mard-umlme + mard-insme.
```

In Listing 7–12 und Abbildung 7–2 ist die Rechenvorschrift für das Zusatzfeld ›SUMME_BESTAND‹ abgebildet. Dieses sollte nach Kapitel 7–3 keine Überraschungen enthalten. Nach einer Eingabe/Änderung sollten Sie immer einen Syntaxcheck (linker Pfeil) durchführen. Eventuelle Fehlermeldungen erscheinen im unteren Fenster ›Fehlermeldungen‹ (Bild gegebenenfalls nach unten scrollen!).

---

3.   Wird in Kürze erläutert.

Abbildung 7–2 enthält eine mögliche Fallgrube. Die drei Felder
können immer addiert werden, wenn Sie einen Join über die MARD
erstellt haben. Das heißt, die Syntaxprüfung akzeptiert sie. Aber der
Codegenerator optimiert den Code. Es werden nur die Felder aus der
Datenbank selektiert, die Sie entweder in Feldgruppen aufgenommen
haben oder die im Coding von Zusatzfeldern bzw. im Coding zur Satzverarbeitung auftauchen oder die Sie bei der Definition einer Zusatztabelle angegeben haben. Andersherum: Wird ein Feld nicht aus der
Datenbank gelesen, dann bleibt es während der Query-Ausführung
initial. Wenn Sie die Query aktivieren, erscheint ein Pop-up mit der
Infomeldung »Sind alle benötigten Felder bekannt?[4]«. Diese Infomeldung soll Sie auf diese Fußangel aufmerksam machen.

> Felder, die im Coding referenziert werden, müssen immer auch vor der Akti-
> vierung in eine Feldgruppe aufgenommen werden.

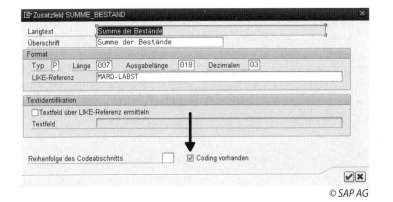

Abb. 7–3
Zusätze: Zusatzfeld mit Coding

© SAP AG

➜ (Abb. 7–3) Führen Sie in Abbildung 7–1 einen Doppelklick auf
   ›Summe_Bestand‹ aus.

Wenn zu einem Zusatzfeld ein Coding vorhanden ist, dann taucht in
der Definition des Zusatzfeldes ein Häckchen auf (siehe Pfeil in Abb.
7–3). Es verschwindet auch die Warnung, die Sie bei der Aktivierung
des InfoSets aus der Musteraufgabe 10 erhalten haben.

---

4.   Der Langtext dieser Meldung erklärt das Problem.

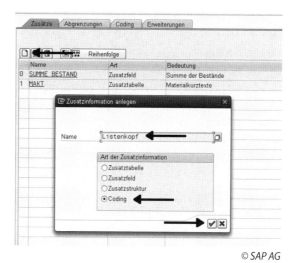

© SAP AG

➜ (Abb. 7–4)
1. Klicken Sie auf den Reiter ›Zusätze‹.
2. Klicken Sie auf das Icon ›Anlegen‹.
3. Legen Sie ein Coding mit dem Namen ›Listenkopf‹ an.

Die mächtigste Form der Zusätze ist der Einbau von ABAP-Coding in ein InfoSet (Abb. 7–5). Im Prinzip ist alles möglich, was auch in einem Report möglich ist. Das heißt aber nicht, dass Sie nun jedes Schlüsselwort in beliebiger Komplexität codieren sollten.

Einfaches, sauber strukturiertes Coding ist gutes Coding!

Die Alternative zum Coding-Einbau via Zusatz ist der Einsatz von Datenversorgungsprogrammen. Ab einer bestimmten Kompexität ist die Verwendung von Datenversorgungsprogrammen die sinnvollere Alternative.

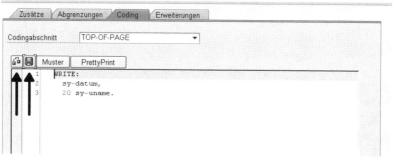

© SAP AG

→ (Abb. 7–5) Geben Sie den Code aus Listing 7–13 ein. Setzen Sie den
Codingabschnitt auf ›TOP-OF-PAGE‹. Führen Sie einen Syntaxcheck (linker Pfeil) durch und sichern Sie.

```
WRITE:
  sy-datum,
  20 sy-uname.
```

Listing 7–13

Coding TOP-OF-PAGE

Abb. 7–6

Zusätze: Fertiges InfoSet

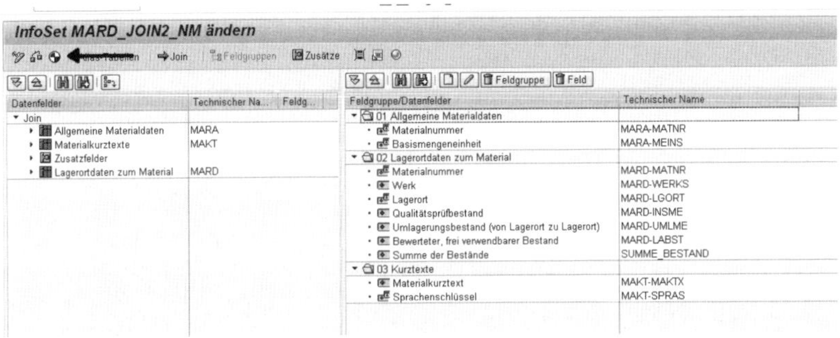

© SAP AG

Der Befehl WRITE in Listing 7–13 führt zur einer Ausgabe auf der
Ausgabeliste für die Ausgabevariante ›ABAP Liste‹. Im Falle eines
ALV-Grids bewirkt dieser Befehl nichts!

Im Listing werden zwei Systemvariablen sy-datum und sy-uname[5]
ausgegeben, wobei sy-uname den Benutzernamen enthält.

Die 20 vor sy-uname bewirkt, dass der Wert an Position 20 ausgegeben wird.

Zeitpunkt	Bedeutung
INITIALISATION	Variablen werden initialisiert
START-OF-SELELECTION	Nach dem Selektionsbildschirm
END-OF-SELECTION	Vor Listenausgabe
TOP-OF-PAGE	Start einer neuen Seite bei ABAP-Liste

Tab. 7–4

Einige Reportzeitpunkte

In Abbildung 7–5 kann ein Coding-Abschnitt eingestellt werden. Diese
Coding-Abschnitte sind Zeitpunkte. Jeder Report, und damit auch
jede SapQuery, da der Codegenerator einen Report erzeugt, durchläuft
diese Zeitpunkte hintereinander. Das Ereignis TOP-OF-PAGE tritt auf,
wenn bei der Ausgabe einer ABAP-Liste eine neue Seite ausgegeben

---

5. An der Notation erkennt man, dass es sich um eine Struktur handelt. Unter diesen
    Namen werden Sie aber in der SE12 nicht fündig. Suchen Sie stattdessen nach der
    Struktur SYST.

wird. Mit diesem Ereignis können im Kopf jeder Seite einer ABAP-Liste Informationen, z.B. der Ersteller und das Datum, ausgegeben werden.

In Abbildung 7–5 unter Codingabschnitte finden Sie mehr Zeitpunkte als in Tabelle 7–4. Einige Codingabschnitte wie ›Satzverarbeitung‹ oder ›Freies Coding‹ sind SapQuery-spezifisch und gelten nicht für einen normalen Report.

Von den Zeitpunkten ist wahrscheinlich die ›Satzverarbeitung‹ der wichtigste, da dieser bei jedem Datensatz, der aus der Datenbank gelesen wird, neu prozessiert wird.

Sie können zwar beliebigen Code einbauen, aber wie bringt man ihn dazu, mit dem Query-Code zu interagieren? Ein Möglichkeit ist, ein Zusatzfeld oder eine Zusatzstruktur zu definieren und im ABAP-Coding das Ergebnis dort abzulegen.

Abb. 7–7
Zusätze: Treffermenge

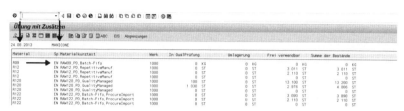

© SAP AG

Abbildung 7–7 zeigt die Treffermenge einer SapQuery, die mit dem InfoSet aus dieser Aufgabe gebaut wurde. Die beiden oberen Pfeile zeigen das Datum und den Ersteller der Liste. Der untere Pfeil zeigt auf die selektierte Sprache. Bei der Auswertung wurden die englischen Materialkurztexte selektiert. Am rechten Rand ist das Feld ›Summe der Bestände‹ zu sehen.

7.5   Die F1-Hilfe

Der ABAP-Editor in Abbildung 7–5 verfügt über eine Onlinehilfe.
Man ruft sie auf, indem man den Cursor in ein Schlüsselwort setzt und
die F1-Taste betätigt.

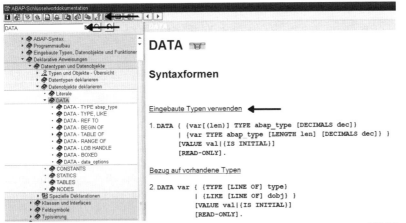

Abb. 7–8

F1-Hilfe

© SAP AG

Abbildung 7–8 zeigt die Onlinehilfe. Der obere Pfeil verweist auf das
ABAP-Schlagwortverzeichnis. Im Eingabefenster (mittlerer Pfeil) kann
man gezielt nach ABAP-Schlüsselwörtern suchen. Die Hilfe enthält
Hyperlinks (rechter Pfeil), die auf andere Hilfeseiten verzweigen. Oft
findet sich am Ende eines Hilfetexts Beispielcoding.

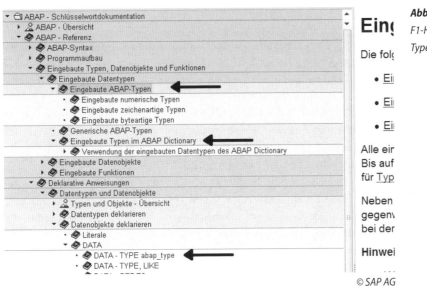

Abb. 7–9

*F1-Hilfe zu Daten und
Typen*

© SAP AG

In Abbildung 7–9 habe ich einige interessante Seiten markiert, die die bisher behandelten ABAP-Themen vertiefen.

Abschließende Anmerkung: Lassen Sie sich von der Onlinehilfe nicht erschrecken. Es ist eine Referenz und keine ABAP-Einführung.

➔ (Abb. 7–5) Schreiben Sie das Schlüsselwort DATA ins Coding, setzen Sie den Cursor in das Schlüsselwort und drücken Sie ›F1‹. Verlassen Sie später das Coding, ohne zu sichern.

7.6   Verwendung des Debuggers

Jedes nicht triviale Programm enthält (am Anfang) Fehler. Wenn Sie Code schreiben, besteht immer auch die Gefahr, dass Sie Fehler einbauen. Endlosschleifen und Laufzeitfehler können auftreten. Jede Entwicklungsumgebung hat daher Werkzeuge, um Fehler zu finden. Eins der wichtigsten ist der Debugger. Mit einem Debugger kann man ein Programm bei seiner Ausführung überwachen und so Fehler finden.

Abb. 7–10
Coding mit BREAK-POINT

© SAP AG

➔ (Abb. 7–10) Fügen Sie in das Coding zur Berechnung von ›Summe_ Bestand‹ eine neue Zeile mit dem Schlüsselwort BREAK-POINT ein. Sichern und aktivieren Sie das InfoSet.

Das Schlüsselwort BREAK-POINT (Abb. 7–10) ruft den Debugger auf. Auf diese Art und Weise landet man genau an der Stelle, wo das Anwender-Coding vom Codegenerator platziert wurde. Wie jedes ABAP-Statement endet es mit einem Punkt.

Solange dieses Schlüsselwort im Coding steht, wird der Debugger bei der Ausführung einer Query, die auf dem InfoSet beruht, aufgerufen. Durch das Löschen des Schlüsselswortes oder Auskommentieren der Anweisung gelangt man wieder zum Ursprungszustand.

Wenn schon eine Query zu dem InfoSet besteht, dann muss die Änderung der Query bekannt gemacht werden. Dies geschieht im

Startbildschirm der SQ01. Markieren Sie die Query und rufen Sie im Menü ›Query/Weitere Funktionen/Programm generieren‹ auf. Manchmal ist es notwendig, die SQ01 zu verlassen, wieder die SQ01 zu starten und ›Programm generieren‹ erneut aufzurufen, damit die Änderung des InfoSets übernommen wird.

Der Breakpoint in Abbildung 7–10 wird für jeden Datensatz aufgerufen. Bei 1000 Datensätzen wird es anstrengend. Es ist daher sinnvoll, bei der Anzahl Datensätze (Abb. 7–11) einen kleinen Wert, z.B. 3, anzugeben. Des Weiteren sollte man sich einen »guten« Datensatz auf dem Selektionsbild aussuchen. Hier auf dem Spielsystem ist das Material R120.

© SAP AG

Abb. 7–11

Begrenzung der Datensätze

→ (Abb. 7–11) Schränken Sie die Anzahl Datensätze auf einen niedrigen Wert ein.

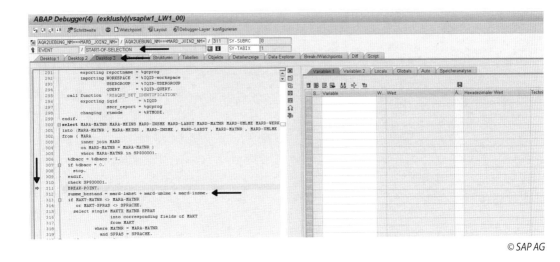

© SAP AG

→ (Abb. 7–12) Wählen Sie den Reiter ›Desktop3‹ falls nötig und drücken Sie einmal ›F6‹.

Abb. 7–12

Debugger: Initial (Zeiger auf Codezeile 311)

Nach dem Selektionsbild erfolgt der Sprung in den Debugger (Abb. 7-12). Der Debugger enthält mehrere Sichten, die über Reiter zugänglich sind. In diesem Abschnitt beschränken wir uns auf die Sicht »Desktop 3« (zweiter Pfeil von oben). In dieser Sicht befindet sich auf der linken Seite ein Ausschnitt des Quellcodes und auf der rechten Seite die Möglichkeit, sich den Inhalt von Variablen anzusehen.

Der obere Pfeil nennt das aktuelle Ereignis (engl. Event) bzw. Unterprogramm. Das Coding befindet sich also gerade im Ereignis START-OF-SELECTION.

Der rechte, untere Pfeil zeigt auf das Anwender-Coding, die Summierung von ›summe_bestand‹.

Der linke, untere Pfeil zeigt auf das Icon, das die aktuelle Position der Programmausführung anzeigt.

Durch Eingabe von ›F6‹ springt der Zeiger einen Schritt im Quellcode weiter und die Zeile wird ausgeführt. Bei jedem Betätigen von ›F6‹ wandert der Zeiger genau einen Schritt im Quellcode voran. Sollte dabei ein Unterprogramm aufgerufen werden, so wird es vollständig ausgeführt.

›F8‹ bewirkt im Debugger das Gegenteil. Statt genau ein Statement zu prozessieren, werden so lange Statements abgearbeitet, bis entweder ein neuer Breakpoint, das Programmende oder die Ausgabeliste erreicht wird.

Damit kann man durch mehrfaches Betätigen von ›F8‹ das Debugging beenden.

© SAP AG

Abb. 7–13

Debugger 1 (Zeiger auf Codezeile 312)

→ (Abb. 7–13) Führen Sie einen Doppelklick auf die Variablen im Coding ›summe_bestand‹, mard-labst‹, ›mard-umlme‹ und ›mard-insme‹ durch und übernehmen Sie so in die Variablenliste. Tragen Sie MARD manuell ein. Betätigen Sie ›F6‹.

In Abbildung 7–13 sehen Sie, dass der Programmzeiger genau ein Statement weiter steht. Er zeigt nun auf die Berechnungsformel, die beim nächsten ›F6‹ ausgeführt wird. Der obere linke Pfeil zeigt auf die Codestelle (das SELECT-Statement), wo die Felder definiert werden, die aus der MARD selektiert werden.

Mit einem Doppelklick im Quellcode wird eine Variable in die Anzeige übernommen (zweiter Pfeil von rechts). Das kann sowohl eine einfache Variable (z.B. MARD-INSME) oder auch eine ganze Struktur sein (MARD). Der Debugger zeigt den aktuellen Inhalt der Variablen an. Der Wert von ›summe_bestand‹ ist leer. Mit dem Bleistift (rechter Pfeil) kann der Inhalt von Variablen geändert werden.

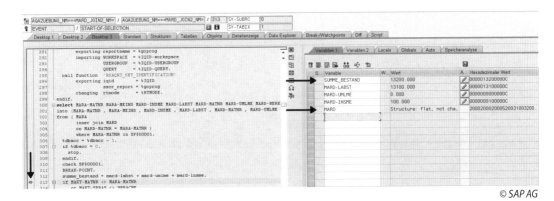

© SAP AG

→ (Abb. 7–14) Führen Sie einen Doppelklick auf MARD (rechter, unterer Pfeil) durch.

Abb. 7–14

Debugger 2 (Zeiger auf Codezeile 313)

In Abbildung 7–14 ist der Programmzeiger wieder ein Statement weiter. Die Berechnungsformel wurde prozessiert und ›summe_bestand‹ enthält nun einen Wert.

Mit einem Doppelklick auf die Struktur MARD in Abbildung 7–14 wechselt man in die Sicht ›Strukturen‹. Sie sehen in Abbildung 7–15 den aktuellen Datensatz, der von der Query aus der Tabelle gezogen wird. Es fällt auf, dass viele Felder initial sind. Mit ›F3‹ gelangt man wieder in die Sicht ›Desktop3‹.

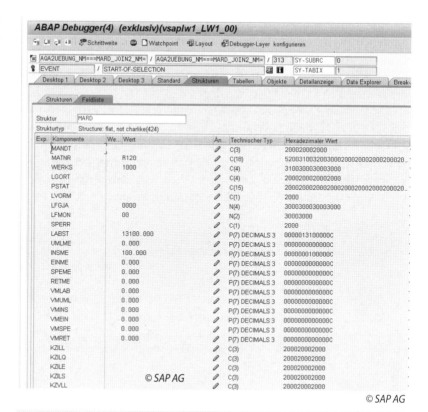

© SAP AG

→ (Abb. 7–15) Drücken Sie entweder ›F3‹, um zu Abbildung 7–14 zurückzukehren, oder springen Sie mit ›F8‹ zum nächsten Breakpoint bzw. zum Programmende.

Bei Anzeige der Query-Treffermenge existiert der Modus mit dem Debugger weiter. Aber der Debugger reagiert nicht mehr auf Benutzereingaben. Verlässt man die Treffermenge, so schließt sich auch automatisch der Debuggermodus.

7.7   Musteraufgabe 14: Zugriff auf EDI-Datensätze

Die Tabelle EDID4 enthält EDI-Datensätze. Die Daten sind in dem LCHR-Feld SDATA gespeichert. Dieses Feld ist sowohl in der Query als auch in der SE16 nicht verwendbar. Diese Musteraufgabe soll zeigen, wie man mit ABAP auf ein LCHR-Feld zugreift und es dann in der Query ausgeben kann.

7.7.1   Aufgabenstellung

Erstellen Sie ein InfoSet, das die folgenden Felder der Tabelle EDID4 enthalten soll:

Felder

- DOCNUM
- COUNTER
- SEGNUM
- SDATA1
- SDATA2
- SDATA3
- SDATA4

Die Felder SDATA1 bis SDATA4 sind Zusatzfelder.

7.7.2   Lernziele

In dieser Aufgabe lernen Sie, wie man Teile eines LCHR-Feldes in einen »normalen« String kopiert.

7.7.3   Lösung

SDATA der EDID4 hat eine Länge von 1000 Zeichen. Daher werden vier Zusatzfelder der Länge 250 mit Typ c angelegt und der jeweilige Teil von SDATA in dieses Zusatzfeld kopiert. Die vier Zusatzfelder kann man dann ohne Probleme in der Query ausgeben.

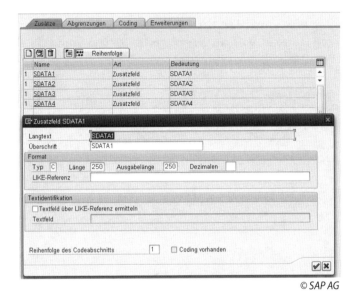

Abb. 7–16

Zusatzfelder

© SAP AG

→ (Abb. 7–16) Starten Sie die SQ02 und legen Sie ein neues InfoSet für die Tabelle EDID4 an. Übernehmen Sie die Schlüsselfelder in die Feldgruppe. Legen Sie die vier Zusatzfelder an.

Abb. 7–17

Befüllen der Zusatzfelder

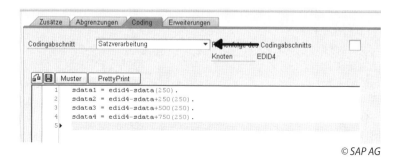

© SAP AG

→ (Abb. 7–17) Klicken Sie auf den Reiter ›Coding‹ und geben Sie das Coding in Listing 7–14 ein und wählen Sie für den Codingabschnitt ›Satzverarbeitung‹.

Listing 7–14

Zuweisungen

```
sdata1 = edid4-sdata(250).
sdata2 = edid4-sdata+250(250).
sdata3 = edid4-sdata+500(250).
sdata4 = edid4-sdata+750(250).
```

Anstatt für jedes Zusatzfeld ein Coding zum Zusatz anzulegen, erfolgen die Zuweisungen zentral in einem Coding zur Satzverarbeitung (Abb. 7–17). Den Preis zahlt man beim Aktivieren, wo dann Warnungen erscheinen, die aber ignoriert werden können.

Der Wert in der Klammer gibt die Zahl der Bytes an, die bei einer Zuweisung bewegt werden, das ›+250‹ ist ein Offset. Die zweite Zeile im Coding lautet in Worten »verschiebe 250 Bytes vom Feld SDATA ab der Position 250 in das Feld SDATA2«.

Abb. 7–18

Fertiges InfoSet

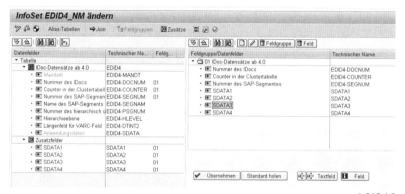

© SAP AG

→ (Abb. 7–18) Sichern und aktivieren Sie das InfoSet. Ignorieren Sie die Warnungen beim Aktivieren.

In Abbildung 7–19 sehen Sie die Treffermenge einer Query zum Info-Set. Beachten Sie, dass hier die Ausgabeform ABAP-Liste sinnvoll ist, da der ALV-Grid maximal Textfelder mit der Länge 128 ausgibt!

Abb. 7–19

Treffermenge

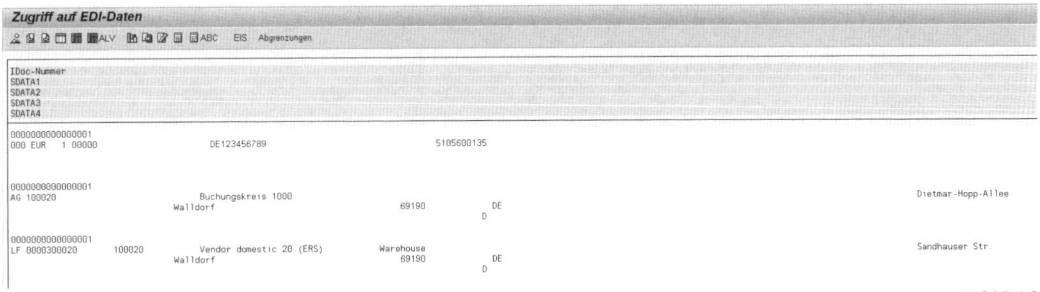

© SAP AG

7.8 Musteraufgabe 15: Die bedingten Anweisungen CHECK, IF und AUTHORITY-CHECK

7.8.1 Aufgabenstellung

Erstellen Sie basierend auf MARAJOIN_NM ein InfoSet, in dem auf Datensatzebene mit einem AUTHORITY-CHECK die Anwenderbe-rechtigung für das Werk verprobt werden soll. Sprich hat der Anwen-der die Berechtigung für das Werk 1000, dann bekommt er nur Daten-sätze für dieses Werk zu sehen. Ein anderer Anwender mit der Berechtigung für das Werk 1100 bekäme mit der gleichen Query nur Datensätze für das Werk 1100 angezeigt.

Später wird in diesem Kapitel eine analoge Aufgabenstellung mit einem Datenversorgungsprogramm gelöst.

In vielen Firmen ist die Verwendung der SapQuery wegen der Sicherheitspro-blematik eingeschränkt. Hier in dieser Aufgabe sehen Sie, wie man mit weni-gen Zeilen ABAP eine Berechtigungsverprobung auf Datensatzebene imple-mentiert!

7.8.2   Lernziele

▦ CHECK-Anweisung
▦ IF Anweisung

  • IF mit BREAK-POINT

▦ Der AUTHORITY-CHECK
▦ Wie findet man SAP-Berechtigungsobjekte?

  • Transaktion SU21

▦ Muster im Editor

7.8.3   Lösung

CHECK-Anweisung   Der Codegenerator der SapQuery erzeugt für die Datenbankzugriffe ›Direktes Lesen der Tabelle‹ (z.B. InfoSet Mara_NM) und ›Tabellen-Join über Tabelle‹ (z.B. InfoSet MaraJoin_NM) eine Schleife. Für jede Zeile der Treffermenge durchläuft die Schleife eine Iteration. Das Ereignis ›Satzverarbeitung‹ liegt innerhalb dieser Schleife. Mit dem ABAP-Befehl CHECK *logischer Ausdruck* kann man den aktuellen Schleifendurchlauf zum Zeitpunkt ›Satzverarbeitung‹ verlassen und in die nächste Schleifeniteration springen. Beispiele für das Ereignis ›Satzverarbeitung‹:

▦ `CHECK marc-werks <> '1000'.` Verzweigt zum nächsten Datensatz, wenn das Werk gleich 1000 ist.
▦ `CHECK sy-subrc = 0.` Springt zur nächsten Schleifeniteration, wenn der sy-subrc ungleich 0 ist. Der sy-subrc (subroutine return code) ist eine Variable, die von vielen ABAP-Befehlen gesetzt wird. Je nach Kontext bedeutet sy-subrc = 0 entweder fehlerfrei oder wahrer Ausdruck, sy-subrc <> 0 ist ein Fehler oder falscher Ausdruck.

Berechtigungsobjekte &   Berechtigungen werden in SAP intern über Berechtigungsobjekte abge-
AUTHORITY-CHECK   bildet. Diese Berechtigungsobjekte kann man mit dem ABAP-Befehl AUTHORITY-CHECK abfragen. Hat ein Anwender die Berechtigung, so ist der sy-subrc nach dem AUTHORITY-CHECK gleich null. Und ungleich null, wenn er die Berechtigung nicht hat.

   Ein Berechtigungsobjekt besteht aus einer oder mehreren Zeilen. So besteht das Berechtigungsobjekt M_MATE_WRK aus den Zeilen ACTVT und WERKS. Die Aktivität ACTVT bestimmt die Art des erlaubten Zugriffs. Üblich ist: ›01‹ für Erstellen, ›02‹ für Ändern, ›03‹ für Anzeigen und ›06‹ für Löschen. Das Feld WERKS enthält die Werke, auf die ein Anwender zugreifen kann.

```
AUTHORITY-CHECK OBJECT 'M_MATE_WRK'
   ID 'ACTVT' FIELD '01'
   ID 'WERKS' FIELD '1500'.
```
Abfrage, ob der Anwender für das Werk ›1500‹ Materialsichten anlegen kann.

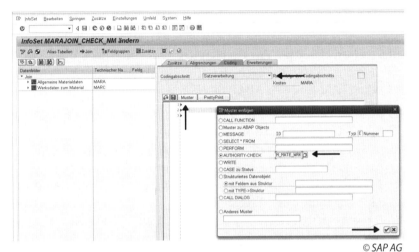

Abb. 7–20

AUTHORITY-CHECK:

Muster

© SAP AG

→ (Abb. 7–20)
1. Kopieren Sie in der SQ02 das InfoSet MARAJOIN_NM.
2. Gehen Sie in die Zusätze und legen Sie ein Coding zum Zeitpunkt ›Satzverarbeitung‹ an.
3. Klicken Sie auf den Button ›Muster‹.
4. Setzen Sie den Radiobutton bei AUTHORITY-CHECK und geben Sie 'M_MATE_WRK' an.

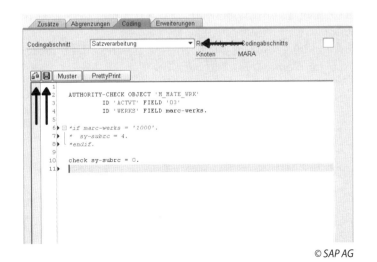

Abb. 7–21

AUTHORITY-CHECK:

Fertiges Coding

© SAP AG

→ (Abb. 7–21) Vervollständigen Sie das Coding laut Abbildung. Sichern und führen Sie einen Syntaxcheck durch und aktivieren Sie dann das InfoSet.

Die IF-Anweisung Bis jetzt wurde implementiertes Coding immer ausgeführt. Doch oft sollen Anweisungen nur in bestimmten Fällen prozessiert werden. Dafür gibt es die Anweisung IF *logischer Ausdruck* ENDIF. IF ENDIF bilden einen Block um das Coding, das dann ausgeführt wird, wenn der logische Ausdruck nach der IF-Anweisung wahr ist. Beispiele (*Coding steht für einen ABAP-Block.):

- IF marc-werks <> '1000'. BREAK-POINT. ENDIF. Springe in den Debugger, wenn das Werk ungleich '1000' ist.
- IF mara-matnr(1) = 'F'. *Coding ENDIF. Wenn der erste Buchstabe der Materialnummer ein ›F‹ ist, dann tue etwas.
- IF sy-subrc <> 0. *Coding ENDIF. Wenn der sy-subrc <> 0 ist, dann behandle dieses Ergebnis.
- IF mara-laeda+6(2) > '15'. *Coding ENDIF. Wenn das Material nach dem 15. geändert wurde, dann tue etwas.

In Abbildung 7–21 sehen Sie das fertige Coding. Der AUTHORITY-CHECK überprüft, ob der Anwender die Berechtigung für die Aktivität Display (03) und das Werk des aktuellen Datensatzes hat. Wenn nein, dann verzweigt der CHECK zur nächsten Schleifeniteration.

Würde ich nun dieses InfoSet ausführen, dann ergebe sich für meinen Benutzer im Vergleich zum InfoSet MARAJOIN_NM kein Unterschied, da mein Benutzer von den Berechtigungen nahezu SAP_ALL hat. Ich kann auf meinem Spielsystem jedes Werk ansehen.

Um nun doch einen Effekt zu demonstrieren, habe ich gemogelt und die Zeilen 6 – 8 dekommentiert. Die IF-Anweisung setzt den sy-subrc für das Werk ›1000‹ auf 4[6].

In Abbildung 7–22 ist die Treffermenge abgebildet, in der kein Datensatz mit Werk ›1000‹ enthalten ist.

---

6. Dies ist schlechter Programmierstil.

Join von MARA und MARC mit Authority-Check

Material	Materialnummer	Werk	MArt	Materialart	Nettogewicht	Eh
FC03 MAT01	Handelsware 1 für Werk 03W1	03W1	HAWA	Handelsware	0	KG
JF03	Wirkstoff	1100	HALB	Halbfabrikat	0,900	G
B1	Nubbel 1 - HW	JHK1	HAWA	Handelsware	10	KG
BA1	Batcherol 1	JHK1	HAWA	Handelsware	10	KG
NU1	Nubbel 1 - HW	JHK1	HAWA	Handelsware	10	KG
104	Transport	MN01	NLAG	Nichtlagermaterial		
OGB001	Weizenbier, dunkel, 0,5 L	OGB1	FERT	Fertigerzeugnis	0,500	KG

© SAP AG

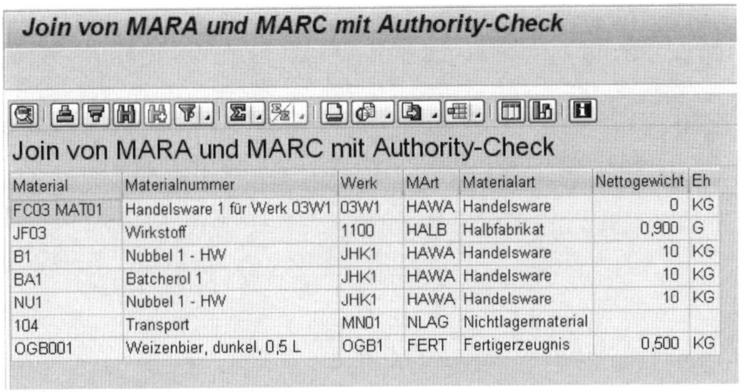

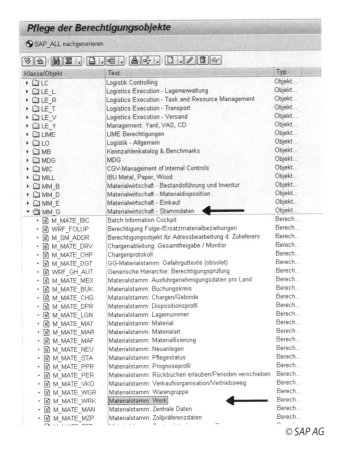

Abb. 7–22
AUTHORITY-CHECK: Treffermenge

Wie findet man nun ein geeignetes Berechtigungsobjekt? Die Transaktion ›SU21 Pflege der Berechtigungsobjekte‹ listet alle Berechtigungsobjekte, die im System vorhanden sind. Mit ›Materialwirtschaft Stammdaten‹ und ›Materialstamm Werk‹ (Abb. 7–23) wird man in der Liste fündig.

Pflege der Berechtigungsobjekte

SAP_ALL nachgenerieren

Klasse/Objekt	Text	Typ
LC	Logistik Controlling	Objekt...
LE_L	Logistics Execution - Lagerverwaltung	Objekt...
LE_R	Logistics Execution - Task and Resource Management	Objekt...
LE_T	Logistics Execution - Transport	Objekt...
LE_V	Logistics Execution - Versand	Objekt...
LE_Y	Management: Yard, VAS, CD	Objekt...
LIME	LIME Berechtigungen	Objekt...
LO	Logistik - Allgemein	Objekt...
MB	Kennzahlenkatalog & Benchmarks	Objekt...
MDG	MDG	Objekt...
MIC	CGV-Management of Internal Controls	Objekt...
MILL	IBU Metal, Paper, Wood	Objekt...
MM_B	Materialwirtschaft - Bestandsführung und Inventur	Objekt...
MM_D	Materialwirtschaft - Materialdisposition	Objekt...
MM_E	Materialwirtschaft - Einkauf	Objekt...
MM_G	Materialwirtschaft - Stammdaten	Objekt...
M_MATE_BIC	Batch Information Cockpit	Berech...
WRF_FOLUP	Berechtigung Folge-/Ersatzmaterialbeziehungen	Berech...
M_SM_ADDR	Berechtigungsobjekt für Adressbearbeitung d. Zulieferers	Berech...
M_MATE_DRV	Chargenableitung: Gesamtfreigabe / Monitor	Berech...
M_MATE_CHP	Chargenprotokoll	Berech...
M_MATE_DGT	GG-Materialstamm: Gefahrguttexte (obsolet)	Berech...
WRF_GH_AUT	Generische Hierarchie: Berechtigungsprüfung	Berech...
M_MATE_MEX	Materialstamm: Ausfuhrgenehmigungsdaten pro Land	Berech...
M_MATE_BUK	Materialstamm: Buchungskreis	Berech...
M_MATE_CHG	Materialstamm: Chargen/Gebinde	Berech...
M_MATE_DPR	Materialstamm: Dispositionsprofil	Berech...
M_MATE_LGN	Materialstamm: Lagernummer	Berech...
M_MATE_MAT	Materialstamm: Material	Berech...
M_MATE_MAR	Materialstamm: Materialart	Berech...
M_MATE_MAF	Materialstamm: Materialfixierung	Berech...
M_MATE_NEU	Materialstamm: Neuanlegen	Berech...
M_MATE_STA	Materialstamm: Pflegestatus	Berech...
M_MATE_PPR	Materialstamm: Prognoseprofil	Berech...
M_MATE_PER	Materialstamm: Rückbuchen erlauben/Perioden verschieben	Berech...
M_MATE_VKO	Materialstamm: Verkaufsorganisation/Vertriebsweg	Berech...
M_MATE_WGR	Materialstamm: Warengruppe	Berech...
M_MATE_WRK	Materialstamm: Werk	Berech...
M_MATE_MAN	Materialstamm: Zentrale Daten	Berech...
M_MATE_MZP	Materialstamm: Zollpräferenzdaten	Berech...

© SAP AG

Abb. 7–23
SU21 Berechtigungsobjekte

Die Detailsicht dieses Berechtigungsobjektes in Abbildung 7–24 zeigt
die interne Struktur. Ein Klick auf ›Zulässige Aktivitäten‹ listet diese
auf.

Abb. 7–24

SU21: Detailsicht

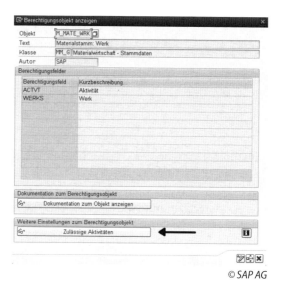

© SAP AG

Berechtigungsobjekte hängen in Rollen. Mit dem Infosystem ›Werk-
zeuge/Administration/Benutzerpflege/Infosystem/Rollen‹ können Sie
bestimmen, in welchen Rollen ein bestimmtes Berechtigungsobjekt
vorhanden ist (Abb. 7–25).

Abb. 7–25

*InfoSystem
Berechtigungsobjekte in
Rollen*

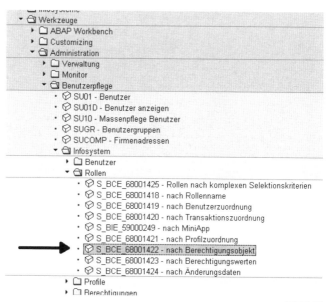

© SAP AG

ABAP verprobt Berechtigungen auf Ebene des Berechtigungsobjektes. Einem Anwender werden aber nicht Berechtigungsobjekte, sondern Rollen zugewiesen. Die Rollen sind Container für Berechtigungsobjekte, denen Werte zugewiesen wurden.

7.9   Musteraufgabe 16: Werktage zwischen Start und Ende eines Fertigungsauftrages

Anstatt das Rad immer wieder neu zu erfinden, ist es viel praktischer, auf bestehende Codings zuzugreifen. Ein SAP-System enthält eine Vielzahl von modularen Unterprogrammen, sogenannte Funktionsbausteine.

Diese Musteraufgabe soll zeigen, wie man durch Aufruf eines Funktionsbausteins Datumsberechnungen im Fabrikkalender durchführen kann.

7.9.1   Aufgabenstellung

Erstellen Sie ein InfoSet, das die folgenden Felder eines Fertigungsauftrages haben soll:

Felder

- Auftragsnummer
- Materialnummer PLNBEZ
- Eckendtermin
- Eckstarttermin
- Anzahl Werktage zwischen Eckstart- und Eckendtermin

Das InfoSet soll die Anzahl der Werktage im Fabrikkalender zwischen Start- und Endtermin berechnen.

7.9.2   Lernziele

In dieser Aufgabe lernen Sie, wie man Funktionsbausteine in der SQ02 aufruft, wie man die Musterfunktion im Editor für Funktionsbausteine verwendet, wie man einen Funktionsbaustein in der SE37 testet, wie man den ABAP-Befehl CALL FUNCTION einsetzt und wie man die Differenz im Datum des Fabrikkalenders berechnet.

7.9.3   Lösung

Funktionsbausteine sind abgeschlossene, modulare Coding-Einheiten ohne Abhängigkeiten. Das heißt, Sie können einen Funktionsbaustein als Blackbox betrachten, in die Sie etwas hineinstecken und die dann ein Ergebnis liefert. Funktionsbausteine haben eine eigene Transaktion, die SE37. Insbesondere hat die SE37 eine Testumgebung. Mit dieser können Sie die Import- und Exporteigenschaften des Bausteins bestimmen.

> Wenn Sie einen Funktionsbaustein in der SQ02 verwenden wollen, dann testen Sie ihn erst in der SE37-Testumgebung. Danach können Sie ihn im SQ02-Coding verwenden.

© SAP AG

→ (Abb. 7–26) Starten Sie die SE37, geben Sie DATE_CONVERT_TO_FACTORYDATE bei Funktionsbaustein an und klicken Sie auf ›Anzeigen‹.

Hier in dieser Musteraufgabe werden wir den Baustein DATE_CONVERT_TO_FACTORYDATE verwenden. Dieser Baustein erhält als Import ein Datum und gibt die Anzahl der Fabrikkalendertage seit Start des Kalenders zurück.

In der Abbildungen 7–27 ist der Baustein dargestellt. Der Button ›Fbausteindokumentation‹ (oberer, rechter Pfeil) verzweigt in die Dokumentation, die aber bei vielen Funktionsbausteinen nicht vorhanden ist. Der obere, linke Pfeil zeigt auf das Testtool. Jeder Funktionsbaustein hat folgende Parameter, die sich in der Oberfläche der SE37 widerspiegeln:

- Der Reiter ›Import‹ listet die Importparameter des Bausteins (Abb. 7–27).
- Der Reiter ›Export‹ enthält die Exportparameter (Abb. 7–28).

- Der Reiter ›Changing‹ beschreibt die Changing-Parameter. Das sind Parameter, die importiert und dann geändert vom Baustein exportiert werden.
- Der Reiter ›Tabellen‹ nennt die Tabellenparameter. Dies sind sogenannte interne Tabellen. Ein solche ist eine Liste von Daten, die alle den gleichen Datentyp haben.
- Der Reiter ›Ausnahmen‹ (Abb. 7–29) listet die Fehlermeldungen, die ein Funktionsbaustein nach außen exportiert. Dies geschieht über den sy-subrc. Wenn dieser null ist, dann wurde der Baustein fehlerfrei prozessiert. Jede Fehlermeldung korrespondiert mit einem sy-subrc-Wert. Sprich, die erste Fehlermeldung hat den sy-subrc 1, die zweite 2, …

Der Baustein hat drei Importparameter: CORRECT_OPTION, DATE und FACTORY_CALENDAR_ID. CORRECT_OPTION kann ›+‹ oder ›-‹ sein. Bei einem ›+‹ wird, wenn DATE kein Arbeitstag ist, der nächste Arbeitstag gesucht, bei einem ›-‹ hingegen der letzte Arbeitstag. In der SE37 (Abb. 7–27) sehen Sie, dass diese Option ein Häkchen bei ›Optional‹ hat. Damit kann dieser Parameter übergeben werden, es ist aber kein Pflichtfeld. Wenn er nicht übergeben wird, dann wird der Vorschlagswert gezogen. Den für ein Werk gültigen Werkskalender finden Sie in der Tabelle T001W.

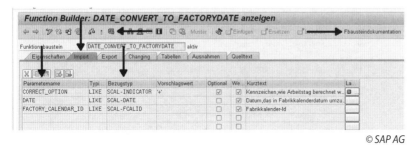

Abb. 7–27

SE37: Importparameter

© SAP AG

Exportparameter eines Funktionsbausteins sind immer optional. Man kann sich also den optimalen Parameter aussuchen. Hier in dieser Aufgabe werden wir nur den Parameter ›FACTORYDATE‹ auswerten.

Abb. 7–28

SE37: Exportparameter

© SAP AG

In Abbildung 7–29 sind die Ausnahmen des Bausteins gelistet. Es ist gute Programmierpraxis, die Ausnahmen zu behandeln. Hier in diesem Beispiel wird im Fehlerfall eine Variable ›Error‹ gesetzt (siehe Listing). Wird ein Funktionsbaustein ohne Ausnahmenbehandlung aufgerufen und tritt dann eine Ausnahme ein, dann findet ein Laufzeitfehler (Programmabbruch) statt.

Abb. 7–29

SE37: Ausnahmen

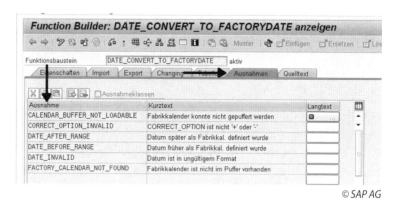

© SAP AG

→ (Abb. 7–27) Klicken Sie auf das Icon für das Testtool (oberer, linker Pfeil).

Abb. 7–30

SE37: Testtool-Eingabe

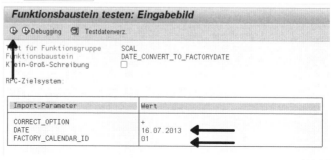

© SAP AG

→ (Abb. 7–30) Geben Sie bei Daten z.B. 16.07.2013 und einen gültigen Fabrikkalender (siehe Tabelle T001W/Feld FABKL) an. Klicken Sie auf Ausführen.

Mit dem Testtool der SE37 kann ein Funktionsbaustein separat und ohne eine Zeile ABAP getestet werden. Abbildung 7–30 zeigt die Eingabemaske und Abbildung 7–31 die Ausgabemaske der Testumgebung.

Der 16.7.2013 ist also der 8371. Arbeitstag. Dieses Testtool ist sehr wichtig, weil Sie so bestimmen können, welche Ein-, Ausgaben und Fehlermeldungen der Baustein hat. Geben Sie zum Beispiel auf der Eingabemaske des Testtools einen ungültigen Fabrikkalender an. Wenn Sie dann auf Ausführen klicken, erhalten Sie die Fehlermeldung FACTORY_CALENDAR_NOT_FOUND und die Ausgabefelder sind leer (Abb. 7–32).

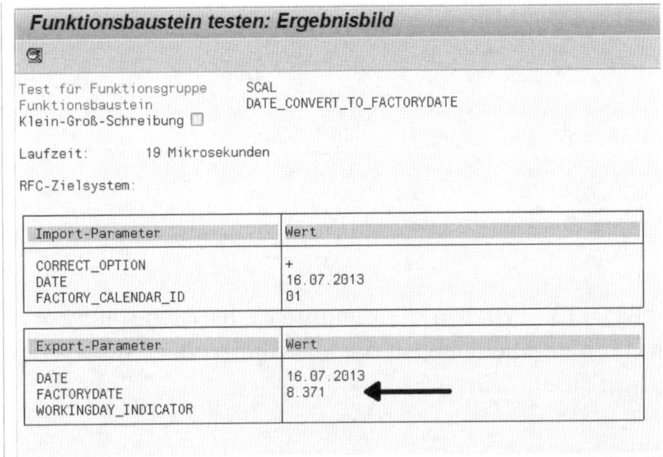

Abb. 7–31

SE37: Testtool-Ausgabe

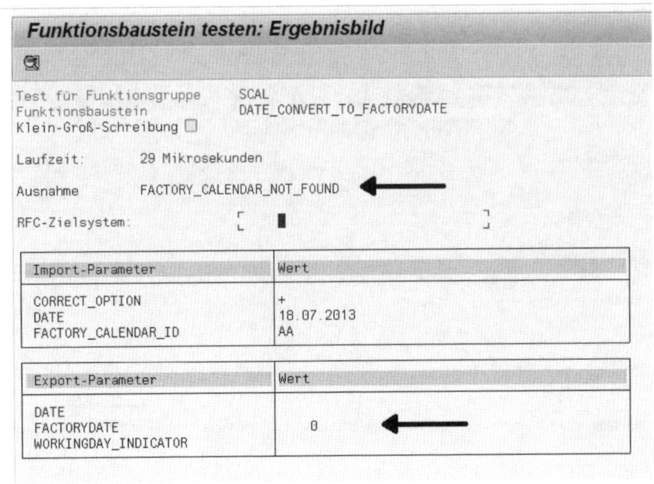

© SAP AG

Abb. 7–32

SE37: Testtool-Ausgabe

im Fehlerfall

© SAP AG

Eine potenzielle Fehlerquelle gibt es zu beachten. Auf der Eingabemaske des Testtools wurde das Datum als ›16.07.2013‹ eingegeben. Der Baustein erwartet aber die Eingabe beim Aufruf via ABAP in dem Form YYYYMMDD. Die SAP-GUI wandelt Ihre Eingabe in das interne Format um. Solche impliziten Umwandlungen sind schwer zu entdeckende Fehler!

Wenn die Berechnung im Testtool funktioniert, kann das InfoSet erstellt werden. Den Auftragskopf eines Fertigungsauftrages finden Sie in der Tabelle AFKO. Fertigungsauftragstart ist das Feld GSTRP und Fertigungsauftragsende das Feld GLTRP.

Abb. 7–33
InfoSet Initial

© SAP AG

→ (Abb. 7–33) Erstellen Sie ein InfoSet basierend auf der Tabelle AFKO und übernehmen Sie die Felder der Aufgabenstellung. Klicken Sie auf ›Zusätze‹.

Abb. 7–34
Definition Zusatzfeld

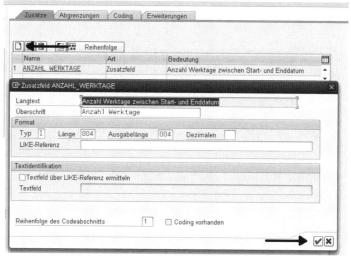

© SAP AG

→ (Abb. 7–34) Legen Sie ein neues Zusatzfeld ›ANZAHL_ WERK-TAGE‹ an. Typ ist ›I‹ und Länge ›4‹. Drücken Sie ›Return‹.

Eine Differenz in Tagen ist eine ganze Zahl. Daher wurde für das Zusatzfeld ANZAHL_WERKTAGE der Datentyp I gewählt.

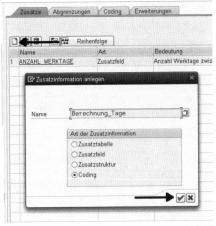

Abb. 7–35

Anlage Coding

© SAP AG

→ (Abb. 7–35) Legen Sie ein neues Coding im Codingabschnitt
›Satzverarbeitung‹ an.

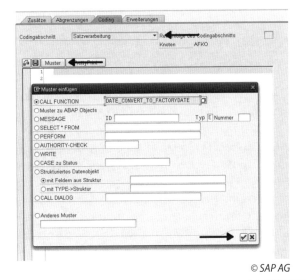

Abb. 7–36

Musterfunktion für
Funktionsbausteine

© SAP AG

→ (Abb. 7–36) Klicken Sie auf den Button ›Muster‹ und geben Sie
›DATE_CONVERT_TO_FACTORYDATE‹ an. Drücken Sie auf
die Returntaste.

Beim Arbeiten mit Funktionsbausteinen ist die Musterfunktion des
Editors sehr praktisch. Sie erstellt einen Aufruf mit allen Parametern,
der oft sehr umfangreich ist. Ein Funktionsbaustein wird mit dem

ABAP-Befehl CALL FUNCTION aufgerufen. Dann folgen alle Parameter und am Ende nach den Exceptions ein Punkt.

Listing 7–15

Eingefügtes Coding der
Musterfunktion

```
CALL FUNCTION 'DATE_CONVERT_TO_FACTORYDATE'
    EXPORTING
*       CORRECT_OPTION                      = '+'
        DATE                                =
        FACTORY_CALENDAR_ID                 =
*   IMPORTING
*       DATE                                =
*       FACTORYDATE                         =
*       WORKINGDAY_INDICATOR                =
*   EXCEPTIONS
*       CALENDAR_BUFFER_NOT_LOADABLE        = 1
*       CORRECT_OPTION_INVALID              = 2
*       DATE_AFTER_RANGE                    = 3
*       DATE_BEFORE_RANGE                   = 4
*       DATE_INVALID                        = 5
*       FACTORY_CALENDAR_NOT_FOUND          = 6
*       OTHERS                              = 7
        .
IF SY-SUBRC <> 0.
* Implement suitable error handling here
ENDIF.
```

In Listing 7–15 ist das Ergebnis der Musterfunktion zu sehen. Alle optionalen Parameter sind auskommentiert. Wenn man also z.B. FACTORYDATE als Importparameter[7] verwenden will, so muss man IMPORTING und FACTORYDATE dekommentieren.

In Listing 7–16 ist das vollständige Coding abgebildet. Funktionsbausteine sind oft »pingelig« bei der Typisierung der Parameter. Die Syntaxprüfung ergibt keinen Fehler, aber zur Laufzeit dumpt das Coding. Eine gute Strategie dagegen besteht darin, die Variablen, die an den Funktionsbaustein übergeben werden, genau so zu typisieren wie die Parameter. Daher haben z.B. ANZAHL_TAGE_START und ANZAHL_TAGE_ENDE den Typ SCAL-FACDATE.

Die beiden Felder ANZAHL_TAGE_START und ANZAHL_TAGE_ENDE sind die Fabrikarbeitstage seit Start des gewählten Kalenders für den Eckstarttermin und den Eckendtermin des Fertigungsauftrages. Die Differenz der beiden Variablen ist die Anzahl Werktage zwischen Eckstart- und Eckendtermin.

---

7. Für den Baustein ist FACTORYDATE ein Exportbaustein. Aus Sicht des Query-Codings ist es ein Importparameter.

Im ABAP-Coding für den Funktionsbaustein steht bei den Parametern links der formale Parametername und rechts neben dem ›=‹ die Variable, die an den Baustein übergeben wird. Zum Beispiel wird das Feld AFKO-GSTRP an den Parameter date übergeben.

Tritt ein Fehler beim Aufruf der Funktionsbausteine auf, so wird das Flag error gleich ›X‹. gesetzt. Alternativ könne man in einem weiteren Zusatzfeld den sy-subrc zurückgeben.

Das Coding in Listing 7–16 wird bei jedem Datensatz neu durchlaufen. Daher werden am Anfang des Codings einige Variablen mit einem CLEAR auf ihren Initialwert gesetzt. Sonst würde z.B. ›error‹, wenn das Flag einmal gesetzt wäre, immer wahr bleiben.

Listing 7–16

Coding zur Bestimmung der Anzahl Tage

```
DATA:
  error TYPE c,
  anzahl_tage_start TYPE SCAL-FACDATE,
  anzahl_tage_ende TYPE SCAL-FACDATE.
CLEAR:
  error,
  anzahl_tage_start,
  anzahl_tage_ende.
CALL FUNCTION 'DATE_CONVERT_TO_FACTORYDATE'
  EXPORTING
    correct_option                    = '+'
    date                              = afko-GSTRP
    factory_calendar_id               = '01'
  IMPORTING
*   DATE                              =
    factorydate                       = anzahl_tage_start
*   WORKINGDAY_INDICATOR              =
  EXCEPTIONS
    calendar_buffer_not_loadable      = 1
    correct_option_invalid            = 2
    date_after_range                  = 3
    date_before_range                 = 4
    date_invalid                      = 5
    factory_calendar_not_found        = 6
    OTHERS                            = 7
          .
IF sy-subrc <> 0.
  error = 'X'.
ENDIF.
IF error IS INITIAL.
  CALL FUNCTION 'DATE_CONVERT_TO_FACTORYDATE'
    EXPORTING
      correct_option                  = '+'
```

```
        date                              = afko-GLTRP
        factory_calendar_id               = '01'
     IMPORTING
   *    DATE                              =
        factorydate                       = anzahl_tage_ende
   *    WORKINGDAY_INDICATOR              =
     EXCEPTIONS
       calendar_buffer_not_loadable      = 1
       correct_option_invalid            = 2
       date_after_range                  = 3
       date_before_range                 = 4
       date_invalid                      = 5
       factory_calendar_not_found        = 6
       OTHERS                            = 7
             .
      IF sy-subrc <> 0.
        error = 'X'.
      ENDIF.
    ENDIF.
    IF error IS INITIAL.
      anzahl_werktage = anzahl_tage_ende - anzahl_tage_start.
    ELSE.
      CLEAR anzahl_werktage.
    ENDIF.
```

In Listing 7–16 ist der Fabrikkalender hart auf ›01‹ codiert. Schöner wäre es, mit einer Zusatztabelle den gültigen Wert aus der Tabelle T001W zu ziehen.

Vergessen Sie nicht das Zusatzfeld in die Feldgruppe zu übernehmen. Bei der Aktivierung erfolgen Warnungen, die aber ignoriert werden können. Abbildung 7–37 zeigt die Treffermenge einer Auswertung.

Abb. 7–37
Treffermenge

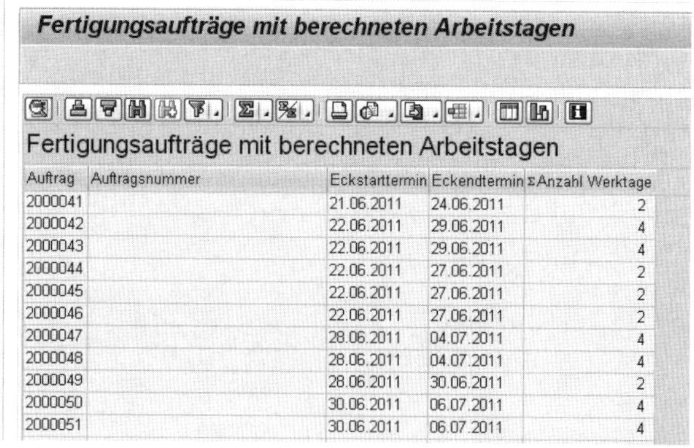

Fertigungsaufträge mit berechneten Arbeitstagen

Auftrag	Auftragsnummer	Eckstarttermin	Eckendtermin	ΣAnzahl Werktage
2000041		21.06.2011	24.06.2011	2
2000042		22.06.2011	29.06.2011	4
2000043		22.06.2011	29.06.2011	4
2000044		22.06.2011	27.06.2011	2
2000045		22.06.2011	27.06.2011	2
2000046		22.06.2011	27.06.2011	2
2000047		28.06.2011	04.07.2011	4
2000048		28.06.2011	04.07.2011	4
2000049		28.06.2011	30.06.2011	2
2000050		30.06.2011	06.07.2011	4
2000051		30.06.2011	06.07.2011	4

© SAP AG

7.10   Funktionsbausteine im Debugger

7.10.1   Lernziele

▓ Funktionsbausteine als »Blackbox« im Debugger untersuchen.

7.10.2   Lösung

In Musteraufgabe 16 haben wir Funktionsbausteine als Blackboxes verwendet. In diesem Kapitel wird der gleiche Ansatz angewendet. Beim Debugging des Funktionsbaustein DATE_CONVERT_TO_-FACTORYDATE werden die Import- und nach dem Aufruf des Bausteins die Exportparameter untersucht. Es wird aber kein Debugging des eigentlichen Bausteins stattfinden.

In Abbildung 7–38 ist im Coding aus der letzten Musteraufgabe ein BREAK-POINT eingefügt worden.

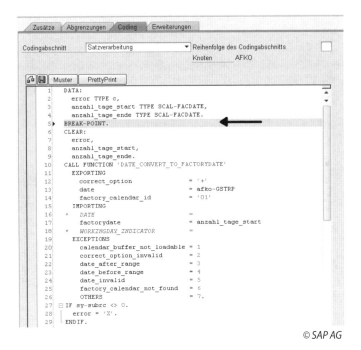

Abb. 7–38

BREAK-POINT einfügen

© SAP AG

▓ Sichern und aktivieren Sie das InfoSet.
▓ Passen Sie die Query in der SQ01 über ›Query/Weitere Funktionen/Programm generieren‹ an.
▓ Wählen Sie eine sinnvolle Datensatzmenge (Abb. 7–39) und geben Sie auf der Selektionsmaske Fertigungsaufträge mit einem Start- und Endedatum an.

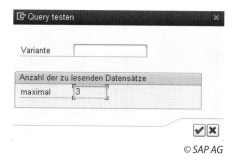

© SAP AG

Abbildung 7–40 zeigt den durch den Breakpoint aufgerufenen Debugger. Da ›anzahl_tage_start‹ und ›anzahl_tage_ende‹ Werte enthalten, ist dies im Minimum der zweite Aufruf des Debuggers.

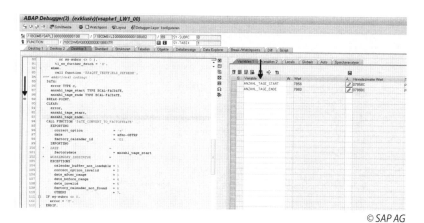

© SAP AG

→ (Abb. 7–40) Betätigen so oft ›F6‹, bis der Programmzeiger den CALL-FUNCTION-Befehl erreicht hat.

In Abbildung 7–41 steht der Programmzeiger (linker Pfeil) beim Befehl CALL FUNCTION. Der Importparameter AFKO-GSTRP enthält einen Wert und der obere Pfeil zeigt auf den sy-subrc. Die Variablen ›anzahl_tage_start‹ und ›anzahl_tage_ende‹ wurden durch den CLEAR-Befehl auf ihren Initialwert gesetzt.

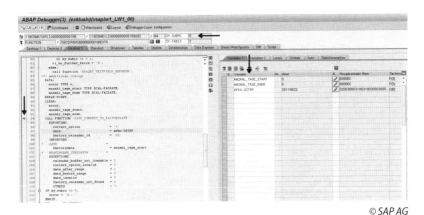

Abb. 7–41

Vor Aufruf des Bausteins

➔ (Abb. 7–41) Drücken Sie einmal ›F6‹.

Zwischen Abbildung 7–41 und 7–42 sind möglicherweise viele Hunderte von ABAP-Statements abgearbeitet worden. ›F6‹ hat die Eigenschaft, den Programmzeiger im Sourcecode um ein Statement vorzurücken, aber nicht in Unterprogramme zu verzweigen. Diese Unterprogramme werden aber abgearbeitet!

Der sy-subrc (oberer Pfeil) in Abbildung 7–42 steht auf null. Der Funktionsbaustein wurde ohne Fehler durchlaufen und ›anzahl_tage_start‹ enthält nun einen Wert.

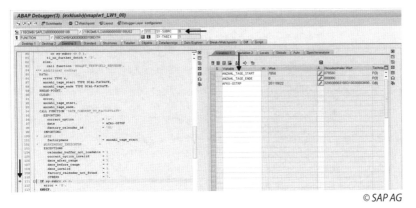

Abb. 7–42

Nach dem Baustein

➔ (Abb. 7–42) Verlassen Sie mit ›F8‹ den Debugger.

7.11   Query via Transaktion starten

In vielen Firmen werden Querys SAP-Transaktionscodes zugeordnet. Anwender erhalten dann die Berechtigung für diese Transaktionen. Über die Transaktionscodes erfolgt die Verwaltung, welcher Anwender welche Query ausführen kann.

In diesem Kapitel werden wir Transaktionen für SapQuerys erstellen. Dafür braucht man zwar kein ABAP, aber die Entwicklertransaktion SE93. Und daher ist dieser Abschnitt im ABAP-Kapitel gelandet.

Abb. 7–43
Transaktionspflege:
Startbild

© SAP AG

→ (Abb. 7–43) Starten Sie die Transaktion SE93, geben Sie einen Transaktionscode, z.B. Z_MARA_NM, an und klicken Sie auf ›Anlegen‹.

Abb. 7–44
Transaktionspflege:
Parametertransaktion

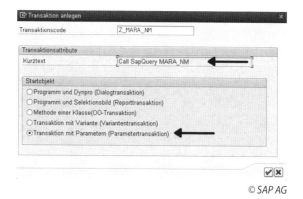

© SAP AG

→ (Abb. 7–44) Setzen Sie den Radiobutton bei ›Transaktion mit Parametern‹ und vergeben Sie einen Kurztext. Drücken Sie auf ›Return‹.

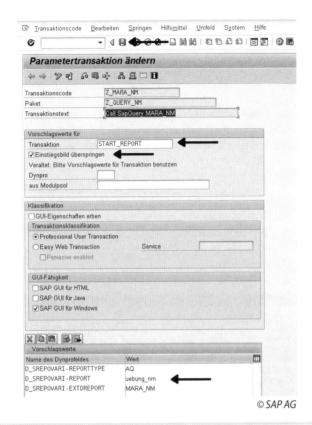

© SAP AG

Abb. 7–45

Transaktionspflege:

Detailsicht

→ (Abb. 7–45) Geben Sie bei Transaktion START_REPORT an und setzen Sie das Häcken bei ›Einstiegsbild überspringen‹. Geben Sie die drei Parameter D_SREPOVARI-REPORTTYPE mit ›AQ‹, D_S-REPOVARI-REPORT mit ›uebung_nm‹ und D_SREPOVARI-EXT DREPORT mit ›MARA_NM‹ an. Sichern Sie.

In Abbildung 7–45 wird die Transaktion START_REPORT verwendet. Wenn man das Startbild dieser Transaktion mit den richtigen Parametern füttert, dann kann man mit ihr eine SapQuery ausführen:

D_SREPOVARI-REPORTTYPE	›AQ‹
D_SREPOVARI-REPORT	Name der Benutzergruppe
D_SREPOVARI-EXTDREPORT	Name der Query

Das Häkchen in ›Einstiegsbild überspringen‹ prozessiert das Einstiegsbild von START_REPORT dunkel.

START_REPORT wird oft zum Starten von SapQuerys verwendet. Der Nachteil dabei ist, dass diese Transaktion nur funktionsfähige Querys ausführen kann. Bei einem Upgrade oder dem Einspielen eines

Service Packs kann ein InfoSet oder ein Include der Query-Laufzeit seinen ausführbaren Code verlieren. Dann führt START_REPORT zu einem Laufzeitfehler. Das InfoSet muss neu aktiviert oder eine Query neu generiert werden (Query/Weitere Funktionen/ Programm generieren).

Eine Alternative ist der Report SAP_QUERY_CALL, der in der Lage ist, diese Fehler zu beheben. Das heißt, er führt die Query aus und wenn das InfoSet der Query inaktiv sein sollte, wird automatisch das InfoSet aktiviert.

Intelligenterweise kann eine Reporttransaktion keine Parameter an den aufgerufenen Report übergeben. Eine Lösung ist ein zweistufiges Verfahren: eine Reporttransaktion mit SAP_QUERY_CALL zu definieren und eine Parametertransaktion, die die Reporttransaktion aufruft. In den folgenden vier Abbildungen wird dieser Ansatz dargestellt.

Abb. 7–46

Anlegen Reporttransaktion

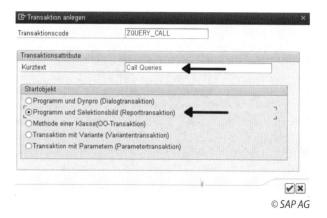

© SAP AG

→ (Abb. 7–46) Setzen Sie den Radiobutton bei Reporttransaktion und vergeben Sie einen Kurztext sowie einen Transaktionscode. Klicken Sie auf › Weiter‹.

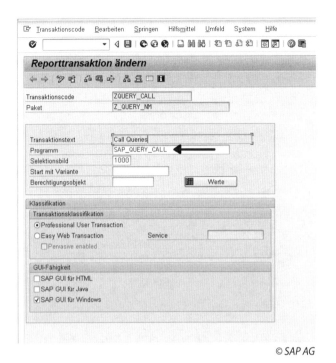

Abb. 7–47
Detailsicht
Reporttransaktion

➜ (Abb. 7–47) Geben Sie bei Programm ›SAP_QUERY_CALL‹ und bei Selektionsbild ›1000‹ an. Sichern Sie.

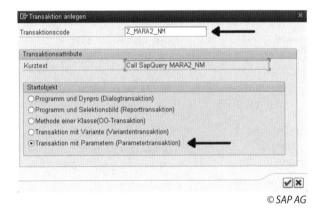

Abb. 7–48
Anlegen
Parametertransaktion

➜ (Abb. 7–48) Definieren Sie die Transaktion als Parametertransaktion, geben Sie einen Kurztext an und klicken Sie auf ›Weiter‹.

Abb. 7–49

Detailsicht

Parametertransaktion

→ (Abb. 7–49) Geben Sie bei Transaktion ›ZQUERY_CALL‹ an und setzen Sie das Häkchen bei ›Einstiegsbild überspringen‹. Setzen Sie die Parameter P_UGROUP mit ›uebung_nm‹ und P_QUERY mit ›MARA_NM‹.

Der Report SAP_QUERY_CALL hat vier Parameter:

P_WSID (optional)	›X‹ oder blank
P_UGROUP	Benutzergruppe
P_QUERY	Query-Name
P_VARI (optional)	Variantenname

7.12   Datenversorgungsprogramme

Grenzen der SQ02   Mit der SQ02 kann man eine Datenquelle definieren. Dies kann ein einfacher Zugriff auf eine Tabelle, ein Join, eine logische Datenbank oder ein sequenzieller Bestand sein. Das war's. Alles, was darüber hinausgeht, ist nicht möglich. Dazu kommt, dass die Ausführungsgeschwindigkeit eines von einem Entwickler geschriebenen Programms unter Umständen viel besser sein kann.

Diese Beschränkungen kann man umgehen, indem man ein Datenversorgungsprogramm implementiert. Dies ist ein Report, der als Datenquelle für eine Query fungiert. Dazu sind zwei Dinge notwendig: Man muss a) eine Struktur im Data Dictionary definieren und b) einen Report schreiben, der bestimmte Konventionen einhält. Im Folgenden wird das Grundmuster eines Datenversorgungsprogramms erläutert, im Weiteren kurz DVP genannt, und an zwei konkreten Beispielen vorgeführt. Im Prinzip hätte ich auch das »Hello World«-Beispiel wählen können, ich habe mich aber für zwei reale und sinnvolle Anwendungen entschieden. Sie können sich auf diese Weise ein Bild machen, wie so etwas dann in der Praxis aussehen könnte.

Auf Daten, die in einer **Clustertabelle** gespeichert sind, lässt sich mit den Mitteln der SapQuery nur mit logischen Datenbanken zugreifen. Eine Alternative bietet das DVP, falls es keine logische Datenbank für die Clustertabelle gibt oder die Performance ein Problem ist. Dies wird im ersten Beispiel vorgeführt, wo auf die Einkaufsbestelltexte im Materialstamm zugegriffen wird.

Warum DVP?

Ein generelles Problem der SapQuery ist, dass in der Query alle Daten, so z.B. alle Werke oder alle Buchungskreise, zugänglich sind. Im Regelfall ist dies nicht gewünscht. Im zweiten Beispiel werden Daten in eine interne Tabelle gelesen und mit einem **AUTHORITY-CHECK** gegen ein Berechtigungsobjekt geprüft. An die Query werden nur die erlaubten Daten übergeben.

In den Beispielen wird jeweils zuerst eine interne Tabelle aufgebaut, die dann Element für Element an die Query übergeben wird. Alternativ könnte man auch eine SELECT-ENDSELECT-Schleife für die Datenübergabe an die Query verwenden. Aber ein Aspekt in diesem Kapitel soll die Performanceoptimierung sein. Aus diesem Grund werde ich auf diese Möglichkeit nicht weiter eingehen.

7.12.1 Grundlagen

In Listing 7–17 sehen Sie das prinzipielle Strickmuster eines DVP. Zuerst wird eine Struktur struc im Data Dictionary definiert. Mithilfe dieser Feldleiste erfolgt später die Übergabe der Daten an die Query. Diese Struktur wird im DVP mit einer TABLES-Anweisung deklariert. Wenn Sie dann in der SQ02 ein InfoSet auf Basis eines DVP anlegen wollen, müssen Sie sowohl den Report als auch die Struktur angeben.

> Sie müssen die Übergabefeldleiste zur Query mit einer TABLES-Anweisung deklarieren!

Listing 7–17
Grundmuster
Datenversorgungs-
programm

```
REPORT z_dvp.
TABLES
      struc.
DATA:
      It TYPE TABLE OF struc.


* Interne Tabelle it füllen


* Übergabe an Query
*<QUERY_HEAD>
LOOP AT it INTO struc.
*<QUERY_BODY>
ENDLOOP.
```

Im Programm wird eine interne Tabelle it deklariert, mit Daten gefüllt und dann via LOOP ENDLOOP in die Feldleiste struc geschoben und an die Query übergeben. Den Anker zur Query setzen Sie mit den zwei Tags: ›*<QUERY_HEAD>‹ und ›*<QUERY_BODY>‹. Die TABLES-Anweisung definiert die Struktur, die an die Query übergeben wird.

7.12.2   Einkaufsbestelltexte/Zugriff auf Clustertabellen

In diesem Abschnitt wird via DVP auf eine Clustertabelle zugegriffen. Langtexte sind im SAP-System in der Clustertabelle STXL abgespeichert. Als ein typischer Vertreter für einen Langtext wurden die Einkaufsbestelltexte aus dem Materialstamm für dieses Beispiel gewählt. Der Zugriff auf die Clustertabelle erfolgt über den Funktionsbaustein READ_TEXT.

In Tabelle 7–5 ist die Struktur zur Übergabe an die Query abgebildet. Diese Struktur muss mit der SE11 im Data Dictionary angelegt werden.

Tab. 7–5
Struktur
ZNM_BESTELLTEXT1

Komponente	Komponententyp	Kurzbeschreibung
MATNR	MATNR	Materialnummer
TDNAME	TDOBNAME	Name
TEXT1	TDLINE	Textzeile
TEXT2	TDLINE	Textzeile
TEXT3	TDLINE	Textzeile
TDSPRAS	SPRAS	Sprachenschlüssel

```
REPORT   znm_gettext.
TABLES znm_bestelltext1.


CONSTANTS:
    lc_language TYPE thead-tdspras VALUE 'E',
    lc_object TYPE thead-tdobject VALUE
        'MATERIAL',
    lc_id TYPE thead-tdid VALUE 'BEST'.
DATA:
    lt_daten_q TYPE TABLE OF znm_bestelltext1,
    ls_daten_q TYPE znm_bestelltext1,
    lt_daten_z TYPE TABLE OF znm_bestelltext1,
    ls_daten_z TYPE znm_bestelltext1,
    lt_text TYPE STANDARD TABLE OF tline,
    lv_name TYPE thead-tdname,
    lv_index TYPE sy-tabix.
* hole alle Materialnummern
SELECT matnr FROM mara INTO CORRESPONDING FIELDS OF
     TABLE lt_daten_q.
LOOP AT lt_daten_q INTO ls_daten_q.
  ls_daten_q-tdname = ls_daten_q-matnr.
  MODIFY lt_daten_q FROM ls_daten_q INDEX sy-tabix.
ENDLOOP.
*für welche Materialnummern existieren Langtexte?
SELECT tdspras tdname FROM stxh INTO CORRESPONDING FIELDS
         OF TABLE lt_daten_z FOR ALL ENTRIES IN lt_daten_q
     WHERE tdname = lt_daten_q-tdname
   AND tdobject = lc_object
     AND tdid = lc_id
     AND tdspras = lc_language.
IF sy-subrc <> 0.
  EXIT.
ENDIF.
* hole Langtexte
LOOP AT lt_daten_z INTO ls_daten_z.
  lv_index = sy-tabix.
  ls_daten_z-matnr = ls_daten_z-tdname.
  CALL FUNCTION 'READ_TEXT'
    EXPORTING
      id       = lc_id
      language = lc_language
      name     = ls_daten_z-tdname
      object   = lc_object
    TABLES
      lines    = lt_text.
```

Listing 7–18
Einkaufsbestelltext/Zugriff
auf Clustertabelle

```
          IF sy-subrc = 0.
            READ TABLE lt_text INDEX 1 INTO
              ls_daten_z-text1.
            READ TABLE lt_text INDEX 2 INTO
              ls_daten_z-text2.
            READ TABLE lt_text INDEX 3 INTO
              ls_daten_z-text3.
            MODIFY lt_daten_z FROM ls_daten_z INDEX
            lv_index.
          ENDIF.
          CLEAR ls_daten_z.
        ENDLOOP.

        * übergebe Daten an Query

        *<QUERY_HEAD>

        LOOP AT lt_daten_z INTO znm_bestelltext1.

        *<QUERY_BODY>
        ENDLOOP.
```

In Listing 7–18 sehen Sie den Sourcecode des DVP. Der Report läuft in drei Schritten ab. Zuerst wird eine interne Tabelle lt_daten_q aufgebaut, in der alle Materialnummern stehen. Im zweiten Schritt wird über die Tabelle STXH eine zweite interne Tabelle lt_daten_z erzeugt, in der nur noch die Materialien mit einem englischen Einkaufsbestelltext gespeichert sind. Im letzten Schritt werden via READ_TEXT in der internen Tabelle lt_text die Langtexte geholt und jeweils die ersten drei Zeilen in die Variablen Text1 bis Text3 der internen Tabelle lt_daten_z kopiert.

Am Anfang des Reports sind einige Konstanten definiert. lc_language bestimmt die Sprache der Langtexte und lc_object und lc_id, dass es sich um Einkaufsbestelltexte handelt.

Falls sehr viele Materialnummern auf Ihrem System existieren, können Sie in die erste SELECT-Anweisung noch einen UP TO ROWS einfügen.

Abb. 7–50

Anlegen eines InfoSets mit Datenversorgungs-programm

→ (Abb. 7–50)
1. Erstellen Sie die Struktur aus Tabelle 7–5 in der SE11.
2. Erstellen Sie einen Report zum Listing 7–18 in der SE38.
3. Starten Sie die SQ02, geben Sie ›Bestelltext_NM‹ als Namen an und klicken Sie auf ›Anlegen‹.
4. Setzen Sie den Radiobutton bei ›Datenbeschaffung durch Programm‹ und geben Sie die Datenstruktur und den externen Report an.

In Abbildung 7–50 wird ein InfoSet basierend auf dem Report ZNM_-GETTEXT angelegt. Sie sehen, dass es für das Datenversorgungsprogramm die zwei Möglichkeiten integriertes und externes Programm gibt. Bei einem integrierten Programm wird der Report im Coding-Fenster der SQ02 definiert. Bei einem externen Programm via SE38 oder SE80. Ich persönlich präferiere die externe Version, da dann Report und Query unabhängig sind. Man kann zuerst den Report erstellen, diesen in der ABAP Workbench von Fehlern befreien und dann das InfoSet bauen.

Abb. 7–51

Fertiges InfoSet

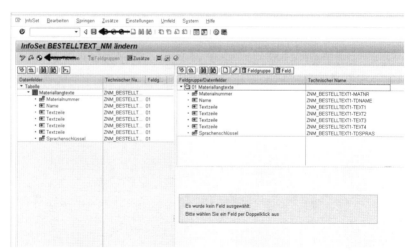

© SAP AG

➜ (Abb. 7–51) Sichern und aktivieren Sie das InfoSet.

Andererseits müssen bei einem externen Programm bei einem Transport beide, Report und InfoSet, transportiert werden.

Abbildung 7–51 zeigt das entsprechende InfoSet. Bei diesem fällt im Vergleich zu den anderen Datenquellen kein Unterschied auf. Dieses InfoSet kann genauso verwendet werden wie die anderen InfoSets aus diesem Buch.

7.12.3　AUTHORITY-CHECK-Einsatz

In Musteraufgabe 15 fand eine Berechtigungsprüfung auf Datensatzebene via Zusatzcoding statt. Hier in diesem Beispiel erfolgt eine Prüfung auf Datensatzebene in einem DVP. Der Anwender muss die Berechtigung für die jeweilige Einkaufsorganisation haben. Im Report werden Daten über Einkaufsinfosätze aus der Tabelle EINE ausgelesen und nur die an die Query übermittelt, für die der Anwender die Berechtigung hat. Dieses DVP ermittelt die Einkaufsinfosatznummer, das entsprechende Werk und den Typ des Einkaufsinfosatzes.

Für dieses Beispiel sind drei weitere Schritte notwendig. Es müssen ein **Berechtigungsobjekt**, eine **Rolle** und eine **Übergabestruktur** angelegt werden.

Das Berechtigungsobjekt ZNM_QUERY wird mit der SE80 angelegt und ist in Tabelle 7–6 abgebildet. Alternativ können Sie z.B. das Standardberechtigungsobjekt M_EINF_EKO verwenden.

Eine Rolle wird mit der PFCG angelegt und verknüpft Benutzer und Berechtigungsobjekt ZNM_QUERY. Die Rolle enthält die Ausprägung für die Einkaufsorganisation, z.B. ›1000‹. Die Übergabestruktur ZNM_EINE in Tabelle 7–7 wird mittels SE11 definiert.

Berechtigungsfelder	Ausprägung
ACTVT	3
EKORG	

Tab. 7–6
Berechtigungsobjekt
ZNM_QUERY

Komponente	Komponententyp	Kurzbeschreibung
INFNR	INFNR	Nummer Einkaufsinfosatz
EKORG	EKORG	Einkaufsorganisation
WERKS	EWERK	Werk
ESOKZ	ESOKZ	Typ Einkaufsinfosatz

Tab. 7–7
Übergabestruktur
ZNM_EINE

Wie man an Listing 7–19 sieht, ist das Programm übersichtlich. Mit der TABLES-Anweisung wird die Übergabestruktur znm_eine deklariert. Zuerst wird die interne Tabelle lt_eine_q mit allen EKORGs gefüllt. Dann werden alle Einträge der internen Tabelle mit AUTHORITY-CHECK überprüft. Die erlaubten werden in die interne Tabelle lt_eine_z übertragen und mit dem finalen LOOP ENDLOOP an die Query übergeben.

Analog zum ersten Report: Falls sehr viele Infosätze auf Ihrem System existieren, können Sie in die SELECT-Anweisung noch einen UP TO ... ROWS einfügen.

```
REPORT                          znm_berechtigung.
TABLES:
    znm_eine.
DATA:
    wa_eine TYPE znm_eine,
    lt_eine_q TYPE TABLE OF znm_eine,
    lt_eine_z TYPE TABLE OF znm_eine.
* hole alle Infosätze
SELECT infnr ekorg werks esokz FROM eine INTO
    CORRESPONDING FIELDS OF TABLE lt_eine_q.
* für welche Infosätze besteht die Berechtigung?
LOOP AT lt_eine_q INTO wa_eine.
    AUTHORITY-CHECK OBJECT 'ZNM_QUERY'
        ID 'ACTVT' FIELD '03'
        ID 'EKORG' FIELD wa_eine-ekorg.
    IF sy-subrc = 0.
      append wa_eine to lt_eine_z.
    ENDIF.
ENDLOOP.
*<QUERY_HEAD>
LOOP at lt_eine_z into znm_eine.
*<QUERY_BODY>
ENDLOOP.
```

Listing 7–19
AUTHORITY-CHECK in
einem Datenversorgungs-
programm

8 Security und Organisation

Die SapQuery ist ein mächtiges Werkzeug, das es Anwendern ermöglicht, *Missbrauch der SapQuery* durch optimale Auswertungen ihre Produktivität zu steigern. Wie bei allen mächtigen Werkzeugen ist aber auch ein Missbrauch möglich. Da bei der SapQuery die Berechtigungsprüfung auf Datensatzebene ausgehebelt wird, ist die SapQuery ein interessantes Ziel für Wirtschaftsspionage.

In diesem Kapitel werden Security und Organisation der SapQuery betrachtet. Auf den ersten Blick sind das zwei unabhängige Themen. Beim zweiten Blick erkennt man aber, dass beide Themen miteinander verzahnt sind. Sie werden deshalb gemeinsam behandelt.

Dieses Kapitel wendet sich an unterschiedliche Leser. Manche *Endanwender* Abschnitte sind für Administratoren der SapQuery gedacht, für die zum Teil selten vergebene Berechtigungen wie die Rollenverwaltung PFCG oder die Berechtigung zum Customizing notwendig sind. Diese Berechtigungen wird ein Endbenutzer nicht erhalten. Falls Sie Endanwender sind, dann sollten Sie die Abschnitte 8.2 zur Sensibilisierung und 8.3 zu Abgrenzungen bearbeiten. Alle anderen sind für Endanwender optional und für spätere Kapitel nicht notwendig.

8.1 Lernziele

- Sensibilisierung für Sicherheitsrisiko SapQuery
  - Anhand von Stücklisten und Einkaufsinfosätzen wird das Umgehen des SAP-Berechtigungskonzeptes mit der SE16 demonstriert.

- Einschränkung des Datenbankzugriffs
  Wie kann man erreichen, dass ein Endanwender nur auf bestimmte Datensätze zugreifen kann?
  - Beschränkungen in der SQ02
  - Alternativen (Joins, AUTHORITY-CHECK)

▨ Protokollierung

  ● Protokollierung des Tabellenzugriffs bei der InfoSet Query

▨ Berechtigungen
Wie sieht das SAP-Berechtigungskonzept für die SapQuery und die
InfoSet Query aus?

  ● Einsatz von Rollen
  ● Berechtigungsgruppen und Benutzergruppen
  ● Berechtigungsobjekte

▨ Organisation
Wie organisiert man den Einsatz der SapQuery?

  ● Ziele des SapQuery-Einsatzes
  ● Systemlandschaft
  ● Organisation
  ● Berechtigungen

8.2   Sensibilisierung für Sicherheitsrisiko SapQuery

Der Einsatz eines ERP-Systems kann die Geschäftsprozesse für ein
Unternehmen optimieren. Und dies gilt für alle Prozesse, so auch den
Prozess **Werkspionage**. Warum mühsam die Mülltonnen der Konkurrenz durchwühlen, wenn man die Daten bequem aus dem ERP-System
des Wettbewerbers ziehen kann?

Die SapQuery und der Data Browser SE16 umgehen das SAP-
Sicherheitskonzept bzw. SE16 und SapQuery haben ein ähnliches Verhalten beim Zugriff auf Datensätze. Wenn ein Benutzer die Berechtigungen für diese Transaktionen auf einem Produktivsystem erhält,
dann kann er (fast) jede Information aus dem System ziehen. Dieser
Abschnitt soll Sie für die Erkenntnis sensibilisieren, dass SE16 und
SapQuery gefährliche Sicherheitslöcher sein können.

8.2.1   Musteraufgabe 17: Zugriff auf Einkaufsinfosatz und Stückliste

Ich habe mir zwei Beispiele ausgesucht, die aus Sicht der Werkssicher-
heit interessant sind. Für eine Firma ist es wahrscheinlich attraktiv zu
wissen, was die Konkurrenz für Rohstoffe im Einkauf bezahlt. **Einkaufsinfosätze** enthalten diese Information in Form des Nettopreises.

Das Gleiche gilt für Stücklisten: Eine **Materialstückliste** bzw.
Rezeptur enthält u.a. die Information, aus welchen Materialien sich
ein Produkt zusammensetzt.

Beide Beispiele werden anhand der SE16 vorgeführt. Das erste Beispiel lässt sich relativ einfach auf die SapQuery übertragen. Beim zweiten wäre der Einsatz eines Datenversorgungsprogramms bzw. der logischen Datenbank CMC nötig.

Aufgabenstellung:

a) Bestimmen Sie mit der SE16 aus einem Einkaufsinfosatz den
Nettopreis für ein Material. Vergleichen Sie Ihr Ergebnis mit
der Anzeige der Transaktion ›Infosatz anzeigen ME13‹.

b) Bestimmen Sie mit der SE16 über die Stückliste für ein Material, aus welchen Materialien es gefertigt wird. Vergleichen Sie
auch hier Ihr Ergebnis mit der ›CS13 Materialstückliste anzeigen‹.

Lösung a: Einkaufsinfosätze

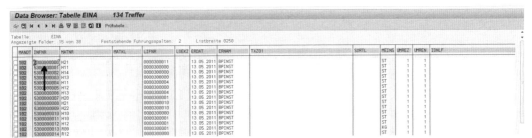

© SAP AG

→ (Abb. 8–1) Starten Sie die SE16, geben Sie ›EINA‹ bei Tabelle an
und drücken Sie ›Return‹.
IDES: Tragen Sie bei MATNR ›H21‹ ein und betätigen Sie ›F8‹.
Andere Systeme: Suchen Sie sich einen beliebigen Datensatz aus der
EINA, da jeder Eintrag in der EINA auch Einträge in der EINE hat.

Abb. 8–1
Tabelle EINA in der SE16:
Verknüpfung von
Materialnummer und
Infosatznummer

© SAP AG

→ (Abb. 8–2) Starten Sie in einem neuen Modus die SE16, geben Sie
›EINE‹ bei Tabelle an und drücken Sie ›Return‹. Entnehmen Sie aus
Abbildung 8–1 eine Infosatznummer, tragen Sie sie ein (IDES
5300000000) und betätigen Sie ›F8‹.

Abb. 8–2
Tabelle EINE in der SE16:
Übersicht

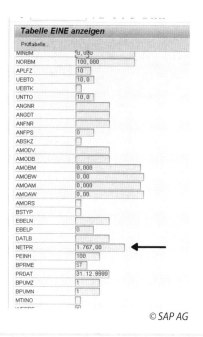

Abb. 8–3

Tabelle EINE in der SE16:

Nettopreis in der

Detailsicht

© SAP AG

➜   (Abb. 8–3) Klicken Sie auf eine Zeile in Abb. 8–2.

Die Lösung läuft in zwei Schritten ab. Zuerst muss man herausbekommen, welche Einkaufsinfosätze zu einem Material vorhanden sind. Die Tabelle EINA ordnet einem Material mit der Materialnummer MATNR Einkaufsinfosätze mit einer Infosatznummer INFNR zu. Im nächsten Schritt bestimmt man die Daten zum Infosatz. Diese stehen in der Tabelle EINE. Der Nettopreis findet sich im Feld NETPR (Abb. 8–3). Die Konditionen für den Einkaufspreis sind über weitere Tabellen verteilt.

Lösung b: Materialstückliste

Data Browser: Tabelle MAST   1 Treffer

Tabelle: MAST
Angezeigte Felder: 13 von 13   Feststehende Führungsspalten: [6]   Listbreite 0250

MANDT	MATNR	WERKS	STLAN	STLNR	STLAL	LOSVN	LOSBS	ANDAT	ANNAM	AEDAT	AENAM	CSLTY
102	S22	1000	1	00000001	01	0,000	0,000	13.05.2011	BPINST	00.00.0000		

© SAP AG

➜ (Abb. 8–4) Starten Sie die SE16, geben Sie ›MAST‹ bei Tabelle an und drücken Sie ›Return‹.
IDES: Tragen Sie bei MATNR ›S22‹ ein und betätigen Sie ›F8‹.
Andere Systeme: Suchen Sie sich ein Material mit Stückliste und gehen Sie analog vor.

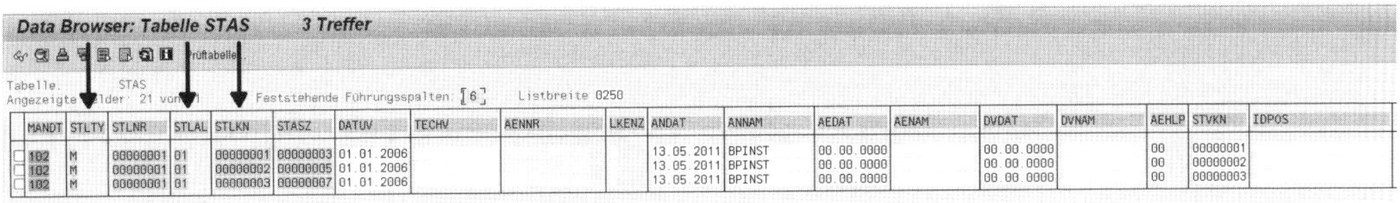

© SAP AG

→ (Abb. 8–5) Starten Sie in einem neuen Modus die SE16, geben Sie ›STAS‹ bei Tabelle an und drücken Sie ›Return‹. Entnehmen Sie aus Abb. 8–4 eine Stücklistennummer (IDES ›00000001‹), tragen Sie bei STLTY ›M‹ ein und betätigen Sie ›F8‹.

Abb. 8–5
Tabelle STAS in der SE16: Stücklistenalternativen

Auch hier ist der erste Schritt die Verknüpfung von Material und Stückliste. Diese Verknüpfung findet in der Tabelle MAST statt (Abb. 8–4). Die Tabelle enthält das Feld STLNR, die Stücklistennummer.

Danach wird überprüft, ob alle Knoten der Materialstückliste (STLTY gleich ›M‹) zur gleichen Stücklistenalternative (Feld STLAL) gehören. Diese Information findet sich in der Tabelle STAS. In Abbildung 8–5 sehen Sie, dass alle Knoten der Stückliste ›00000001‹ zur gleichen Stücklistenalternative gehören.

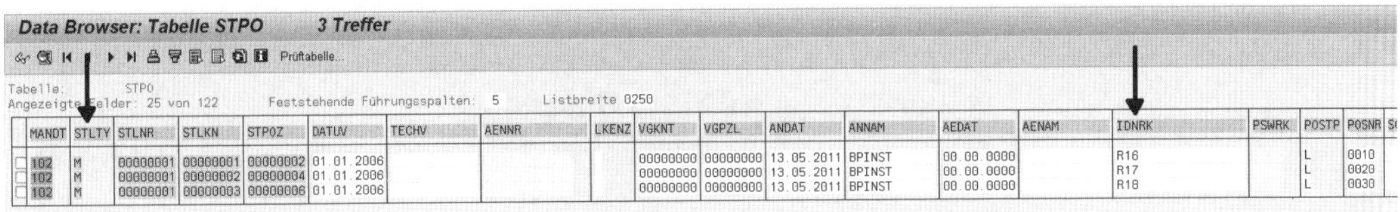

© SAP AG

→ (Abb. 8–6) Geben Sie im Startbildschirm der SE16 den Tabellennamen ›STPO‹ an und drücken Sie ›Return‹.
IDES: Tragen Sie bei STLNR ›00000001‹, bei STLTY ›M‹ ein und betätigen Sie ›F8‹.
Andere Systeme: Gehen Sie analog vor.

Abb. 8–6
Tabelle STPO in der SE16: Knoten einer Stückliste

Die Tabelle STPO (Abb. 8–6) enthält die einzelnen Positionen einer Stückliste. Das Feld IDNRK enthält die Materialnummer.

Anmerkung: Diese Stücklistenauflösung ist nur der rote Faden. Es sind weitere Überprüfungen notwendig. So muss z.B. die Gültigkeit einzelner Knoten überprüft werden. Bei Interesse sollten Sie sich die logische Datenbank CMC ansehen.

8.3   Abgrenzungen in InfoSets

8.3.1   Musteraufgabe 18: Einschränkung des Zugriffs auf die Tabelle MARC

Wenn der letzte Abschnitt erfolgreich war, sollte Ihnen jetzt die Gefahr der Industriespionage beim Einsatz der SapQuery bewusst sein. Die Frage ist: Was kann man dagegen tun? In diesem Abschnitt wird gezeigt, wie man beim Erstellen eines InfoSets den Tabellenzugriff auf bestimmte Fälle durch Einsatz von **Abgrenzungen** beschränken kann.

Aufgabenstellung

Erstellen Sie ein InfoSet, das aus der Tabelle MARC die Felder ›Materialnummer‹, ›Einkäufergruppe‹ und ›Disponent‹ extrahiert. Dabei soll der Zugriff nur für das Werk 1000 möglich sein.

Optional: Falls Sie die ABAP-Coding-Berechtigung haben: Erweitern Sie die Abgrenzung durch ABAP so, dass ein Zugriff nur auf die Werke 1000, 1100 und 1200-1350 möglich ist.

Lernziele

▨ Einsatz von Beschränkungen in Infosets

  ◦ Optionen, speziell für Zugriffsbeschränkungen
  ◦ Einsatz von ABAP-Coding

Lösung

Abb. 8–7

SQ02: Neue Abgrenzung

anlegen

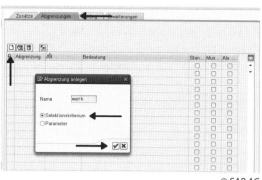

© SAP AG

→ (Abb. 8–7) Betätigen Sie den Button ›Anlegen‹ (siehe Pfeil). Setzen Sie den Radiobutton bei ›Selektionskriterium‹ und geben Sie einen Namen, z.B. ›Werk‹, an. Betätigen Sie ›Return‹.

→ Erstellen Sie eine Kopie vom InfoSet ›MARAJOIN_NM‹ (Vorschlag: ›MARAJOIN_PARA_NM‹). Transportieren Sie die Felder ›Materialnummer‹, ›Werk‹, ›Einkäufergruppe‹ und ›Disponent‹ in die Feldgruppe (siehe, falls notwendig, Abb. 8– 9 für das fertige InfoSet). Klicken Sie auf den Button ›Zusätze‹.

In Abbildung 8–7 sehen Sie die beiden Möglichkeiten für eine Abgrenzung: **Selektionskriterium** und **Parameter**. Beide sind Ihnen von der Report-Selektionsmaske bekannt. Der Fall Parameter wurde schon kurz im Kapitel 6 behandelt. Ein Selektionskriterium kann mehr als ein Eingabefeld haben, also z.B. unteres und oberes Limit, ein Parameter hat immer nur ein Eingabefeld. Hinter diesen beiden Begriffen verstecken sich zwei ABAP-Schlüsselwörter: PARAMETER und SELECT-OPTIONS. Der Befehl SELECT-OPTIONS hat nichts mit der SELECT-Anweisung zu tun, auch wenn er ähnlich benannt ist.

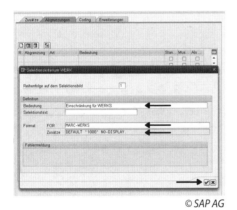

© SAP AG

Abb. 8–8
SQ02: Abgrenzung
Detailsicht

→ (Abb. 8–8) Geben Sie eine Bedeutung, z.B. ›Einschränkung für WERKS‹, bei FOR ›MARC-WERKS‹ und bei Zusätze ›DEFAULT '1000' NO-DISPLAY.‹ an. Drücken Sie ›Return‹.

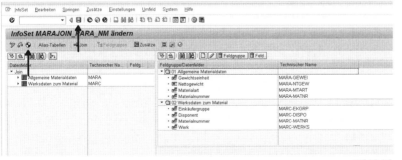

© SAP AG

Abb. 8–9
SQ02: Fertiges InfoSet

➜ (Abb. 8–9) Sichern und aktivieren Sie das InfoSet.

In Abbildung 8–8 wird ein Trick angewandt. Das Eingabefeld für das Werk wird mit einem Wert vorbelegt, hier Werk 1000, und gleichzeitig als NO-DISPLAY gekennzeichnet. Deshalb wird es in der Selektionsmaske nicht angezeigt, obwohl es vorhanden ist. Eine Query, die auf diesem InfoSet beruht, greift also immer nur auf das Werk 1000 zu. Dieser Wert ist für den Anwender der Query nicht sichtbar und damit nicht änderbar. Er ist auch nicht in der Variantendefinition änderbar.

In Abbildung 8–10 ist die Grundliste einer Query zu diesem Info-Set zu sehen. Das Häkchen für das WERKS-Selektionsfeld (siehe Pfeil) ist ausgegraut und damit in der Query nicht änderbar! In einer Übungsaufgabe am Ende des Kapitels ist zu diesem InfoSet eine Query anzulegen.

Auch wenn es vielleicht nicht so aussieht, aber in Abbildung 8–8 ist ABAP dargestellt. Deshalb müssen die Eingaben syntaktisch korrekt sein. Im Folgenden möchte ich auf die einzelnen Zeilen von Abbildung 8–8 eingehen.

Abb. 8–10

SQ01: Abgrenzung in den Selektionsfeldern

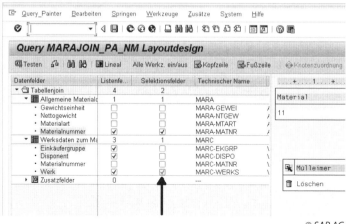

© SAP AG

Wenn Sie bei ›Selektionstext‹ einen Text angeben, so erscheint er auf der Selektionsmaske. Wenn das Eingabefeld leer bleibt, so erscheint der Name des Selektionskriteriums. Wenn das NO-DISPLAY nicht wäre, dann würde ›Werk‹ erscheinen.

Das MARC-WERKS typisiert das Selektionskriterium ›werk‹. Das bedeutet, dass ›werk‹ die gleichen Eigenschaften wie das Feld WERKS in der Tabelle MARC hat. Wenn Sie z.B. ein Selektionskriterium für eine Materialnummer anlegen wollen, dann müssen Sie wissen, welche Tabelle die Materialnummer definiert und wie der technische Name dieses Feldes ist. Für eine Materialnummer wäre die Typisierung also MARA-MATNR.

Der Text bei Zusätze wird mit einem Punkt abgeschlossen. Dieser Punkt ist wichtig, denn er beendet einen ABAP-Ausdruck.

Die Hochkommata am Anfang und Ende von '1000' definieren, dass diese Zahl eine Konstante ist. Setzen Sie diese Hochkommata! Wie wäre der Vorgabewert für das Werk 50? Sie müssen die Länge der Definition in der Tabelle MARC für das Feld WERKS verwenden. Wenn Sie sich dieses Feld in der SE12 ansehen, dann werden Sie feststellen, dass WERKS die Länge vier und den Datentyp CHAR hat. Da aber 50 keine vier Stellen hat, müssen die fehlenden Stellen aufgefüllt werden. Weil der Datentyp CHAR ist, wird mit Leerzeichen aufgefüllt. Daher ist der Vorgabewert ' 50'. Wäre der Datentyp NUMC, würde mit Nullen aufgefüllt.

Die Eingabe bei Zusätze kann variiert werden. Ich möchte Ihnen zwei Varianten nennen:

```
DEFAULT wert OPTION p SIGN s
DEFAULT wert1 TO wert2 OPTION p SIGN s
```

Die zweite Fassung gibt einen Bereich an. Bei beiden Varianten kann ein NO-DISPLAY angehängt werden. In Tabelle 8–1 sehen Sie einige der möglichen Werte für OPTION. SIGN kann die Ausprägungen I und E haben. I steht für Include und E für Exclude. Wird SIGN nicht angegeben, so wird ein Include angenommen.

Wert	Bedeutung
NE	<>
GT	>
EQ	=
LT	<

Tab. 8–1

Einige mögliche Werte für

die OPTION p

Zum Abschluss noch zwei Beispiele: Bei

DEFAULT ' 50' OPTION GT SIGN I NO-DISPLAY.

werden alle Werke, deren Nummer größer ist als 50, berücksichtigt. Bei

DEFAULT '1000' TO '1050' OPTION EQ SIGN E NO-DIS-PLAY.

werden alle Werke berücksichtigt, die nicht im Bereich von 1000 bis 1050 liegen.

Abb. 8–11

SQ02: Erweiterung der

SELECT-OPTIONS via

ABAP (optional)

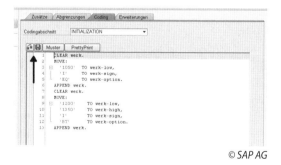

© SAP AG

➜ (Abb. 8–11) Optional, falls Sie die ABAP-Coding-Berechtigung haben:
1. Klicken Sie auf den Reiter ›Coding‹.
2. Wählen Sie den Coding-Abschnitt ›INITIALIZATION‹.
3. Geben Sie den Code aus Listing 8–1 ein.
4. Sichern Sie und generieren Sie das InfoSet.

Listing 8–1

Erweiterung SELECT-

OPTIONS

```
CLEAR werk.
MOVE:
    '1050'    TO werk-LOW,
    'I'       TO werk-SIGN,
    'EQ'      TO werk-OPTION.
APPEND werk.
CLEAR werk.
MOVE:
    '1200'    TO werk-LOW,
    '1350'    TO werk-HIGH,
    'I'       TO werk-SIGN,
    'BT'      TO werk-OPTION.
APPEND werk.
```

(Optional, wenn ABAP-Coding-Berechtigung vorhanden ist.) Mit der SQ02 kann man in einer Abgrenzung einen Wert oder einen Wertebereich angeben. Mit ABAP lässt sich diese Einschränkung umgehen. In Listing 8–1 und Abbildung 8–11 wird der Befehl SELECT-OPTIONS erweitert. Der Code weitet die Abgrenzung auf die Werke 1000, 1050 und 1200-1350 aus. Zu einem SELECT-OPTIONS-Befehl gehört immer auch eine Variable. Wenn ein SELECT-OPTIONS Namenswerk definiert wird, dann wird gleichzeitig auch eine Variable werk erzeugt. Die Erweiterung erfolgt jeweils in drei Schritten. Das CLEAR initialisiert die Variable werk. Der MOVE-Befehl füllt werk mit Daten und das APPEND erweitert den SELECT-OPTIONS. Dabei kann man für SIGN und OPTION die oben erwähnten Angaben machen.

Der sinnvolle ABAP-Zeitpunkt, um ein SELECT-OPTIONS zu erweitern, ist INITIALIZATION.

8.4 Alternative Zugriffsbeschränkungen

Neben der Abgrenzung gibt es drei weitere Möglichkeiten, um den Zugriff bei der SapQuery auf Datensatzebene einzuschränken: die Verwendung von **logischen Datenbanken,** die Definition einer Kundentabelle und der Einsatz eines Joins sowie den Befehl **AUTHORITY-CHECK** beim Zugriff auf Datensätze in InfoSet-Zusätzen oder Datenversorgungsprogrammen.

Jeder SAP-Benutzer hat in seinem Benutzerstamm Berechtigungsobjekte. Bei logischen Datenbanken kann eine Überprüfung von Berechtigungsobjekten stattfinden. Dies ist entweder in der Beschreibung der logischen Datenbank dokumentiert oder kann mit einem Berechtigungtrace ermittelt werden. So überprüft z.B. die logische Datenbank BRF aus Musteraufgabe 8 die Kontoartenberechtigung (F_BKPF_KOA), die Buchungskreisberechtigung (F_BKPF_BUK) sowie die Kontenberechtigungen (F_KNA1_BED, F_LFA1_BEK, F_SKA1_BES).

In der letzten Musteraufgabe war der Zugriff auf die Tabelle MARC nur für ein bestimmtes Werk erlaubt. Dies kann auch mit einem Tabellen-Join realisiert werden. So sollen z.B. beim Lesen von der MARC nur Daten der Werke 100, 200 und 1000 geladen werden. Dazu wird mit der SE11 eine Kundentabelle im Kundennamensraum mit der Zeile WERKS definiert und die drei Werke in der Tabelle gespeichert. Ein Entwickler braucht für diese Definition 15 Minuten. Beim Zugriff auf die MARC wird dann ein Join mit dieser Kundentabelle durchgeführt. Diese selbst definierte Tabelle kann natürlich auch komplexere Muster enthalten und wirkt wie ein Selektionsfilter beim Zugriff.

Wenn ein Benutzer in einer Transaktion eine Aktion durchführt, dann wird von der Transaktion immer auch geprüft, ob der Benutzer dazu auch die entsprechende Berechtigung hat. Diese Berechtigungsprüfung erfolgt mit dem ABAP-Befehl **AUTHORITY-CHECK.** Nun könnte man annehmen, dass genau wie bei der Transaktion auch die SapQuery die gleichen Prüfungen, insbesondere auf die gleichen Berechtigungsobjekte, durchführen kann. Wenn dies gehen würde, dann würde eine solche SapQuery das gleiche Verhalten wie die entsprechende Transaktion zeigen. Das Problem ist, dass die Berechtigungsprüfung für jede Transaktion hart codiert ist. Um also herauszubekommen, wie die Berechtigungsprüfung einer Transaktion abläuft, muss man im Debugger der ABAP Workbench den Ablauf der Transaktion verfolgen bzw. in der Transaktion ST01 einen Berechtigungstrace durchführen. Dies ist zeitaufwendig. Trotzdem kann man den

Befehl AUTHORITY-CHECK zur Einschränkung des Tabellenzugriffs einsetzen. Dazu ist in Kapitel 7 ein Beispiel für den Zugriff auf Einkaufsinfosätze mit AUTHORITY-CHECK vorhanden und ein weiteres für den Zugriff auf Werksdaten mit AUTHORITY-CHECK in den ABAP-Zusätzen.

8.5   Tabellenprotokollierung

Seit Release 4.6C kann bei einem InfoSet die **Protokollierung** aktiviert werden. Dabei werden bei jedem Zugriff auf das InfoSet verschiedene Daten gespeichert, so z.B. Benutzername, Datum und Selektionsfelder. Die Protokollierung wird in der InfoSet Query verwendet, die im nächsten Kapitel behandelt wird. Es erfolgt aber keine Protokollierung bei Verwendung eines InfoSets in der SQ01.

> Die Tabellenprotokollierung eines InfoSets wird nur von der InfoSet Query verwendet.

Neben dem Sicherheitsaspekt kann die Tabellenprotokollierung auch im Sinne einer **Qualitätssicherung** der Query-Benutzung verwendet werden. So kann z.B. festgestellt werden, welcher Mitarbeiter intensiv die InfoSet Query verwendet, welche InfoSets oft eingesetzt werden und wann der Einsatz erfolgt.

8.5.1   Musteraufgabe 19: Aktivieren Sie die Tabellenprotokollierung für ein InfoSet

Um diese Aufgabe bearbeiten zu können, brauchen Sie die Berechtigung zum Customizing sowie einen Customizing-Auftrag!

Aufgabenstellung

Aktivieren Sie für ein InfoSet die Protokollierung.

Lösung

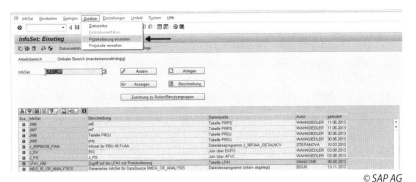

Abb. 8–12

SQ02: Protokollierung

aktivieren

© SAP AG

→ (Abb. 8–12)

1. Markieren Sie im Startbildschirm der SQ02 ein InfoSet mit einem Mausklick.
2. Springen Sie über ›Zusätze/Protokollierung einstellen‹ in die Tabellenprotokollierung.

Die Protokollierung wird im Startbildschirm der SQ02 unter ›Zusätze/ Protokollierung einstellen‹ **aktiviert** (Abb. 8–12). Eine Zeile tiefer ist der Eintrag ›Protokolle verwalten‹, mit dem man Teile der Log-Dateien löschen kann.

In den Screenshots dieser Musteraufgabe wird das InfoSet ›LFA1_ NM‹ im globalen Bereich verwendet. Sie können aber jedes beliebige InfoSet verwenden. Der globale Bereich wurde für diese Musterauf-gabe gewählt, da SAP für diesen Bereich fertige Berichte zum Auswer-ten mitliefert. Die Tabellenprotokollierung funktioniert auch im man-dantenabhängigen Bereich. Nur müssen Sie dann die SE16 zum Auswerten nehmen oder Ihre eigenen Querys für die Auswertung schreiben.

Wenn Sie die Protokollierung verwenden, dann müssen Sie regelmäßig selbst Ihre Protokolle löschen. Dies erfolgt im Startbildschirm der SQ02 unter ›Zusätze/Protokolle verwalten‹.

Abb. 8–13

*SQO2: Steuerung der
Query-Prtokollierung*

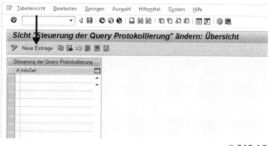

© SAP AG

➜ (Abb. 8–13) Klicken Sie auf den Button ›Neue Einträge‹.

Abb. 8–14

*SQ02: Neuer Eintrag für
die Protokollierung*

© SAP AG

➜ (Abb. 8–14) Geben Sie bei Arbeitsbereich ›G‹ und bei ›InfoSet‹ Ihr
InfoSet an. Sichern Sie!

In Abbildung 8–13 sehen Sie die InfoSets, für die schon eine Protokollierung aktiviert wurde. Jede Zeile besteht aus zwei Einträgen, dem
Arbeitsbereich und dem InfoSet-Namen. Beim Arbeitsbereich sind
zwei Einträge möglich: › ‹ und ›G‹. Das Leerzeichen steht für den man-
dantenabhängigen Bereich und das G für den globalen Bereich. Im
InfoSet-Namen ist als Wildcard ›*‹ möglich. So würde z.B. der Eintrag
›M*‹ für alle InfoSets gelten, die mit einem ›M‹ beginnen. Wildcards
können nicht im Arbeitsbereich verwendet werden.

Abb. 8–15

*SQ02: Abfrage des
Customizing-Auftrages*

© SAP AG

➜ (Abb. 8–15) Geben Sie einen Customizing-Auftrag an und betätigen Sie ›Return‹.

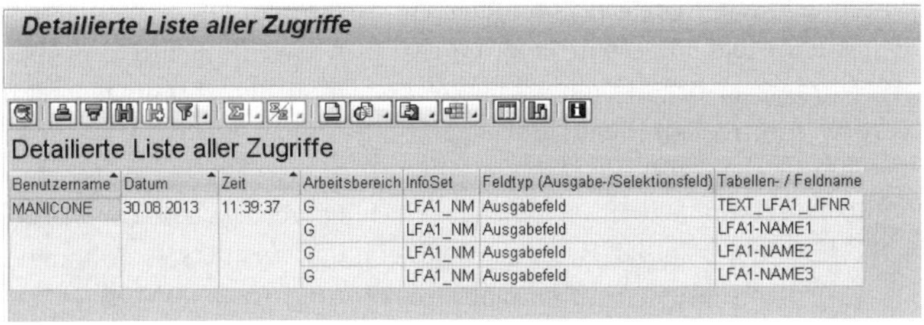

| Detaillierte Liste aller Zugriffe | | | | | | |

Detaillierte Liste aller Zugriffe

Benutzername	Datum	Zeit	Arbeitsbereich	InfoSet	Feldtyp (Ausgabe-/Selektionsfeld)	Tabellen- / Feldname
MANICONE	30.08.2013	11:39:37	G	LFA1_NM	Ausgabefeld	TEXT_LFA1_LIFNR
			G	LFA1_NM	Ausgabefeld	LFA1-NAME1
			G	LFA1_NM	Ausgabefeld	LFA1-NAME2
			G	LFA1_NM	Ausgabefeld	LFA1-NAME3

© SAP AG

Abb. 8–16

Auswertung des InfoSets-Zugriffs mit der Query List_01

→ (Abb. 8–16) Gehen Sie in der SQ01 in den globalen Bereich, wechseln Sie in die Benutzergruppe ›SAPQUERY/SQ‹ und starten Sie die Query ›LIST_01‹.

Im globalen Bereich sind einige fertige Auswertungen für die Protokollierung vorhanden. Sie finden sie unter der Benutzergruppe ›SAPQUERY/SQ‹. In Abbildung 8–16 sehen Sie die Ausgabe der Query LIST_01, nachdem einige Zugriffe mit einer InfoSet Query auf das InfoSet erfolgt sind. Alternativ können Sie sich mit der SE16 die Tabelle AQPROT ansehen. In dieser Tabelle erfolgt das Logging der InfoSet-Zugriffe.

Eine abschließende Bemerkung, falls Sie die Protokollierung einsetzen wollen. Mit der Protokollierung können Sie umfangreiche Logfiles erzeugen. Fragen Sie sich aber auch, ob Sie ein Mehr an Sicherheit damit erlangen. Der Einsatz sollte mehr sein als eine reine Alibi-Anwendung. Nichts ist schwieriger zu finden als eine Nadel in einem Nadelhaufen. Gegebenenfalls sollten Sie die Protokollierung für einige wenige InfoSets aktivieren und nach einiger Zeit das erzielte Ergebnis reflektieren.

Warum Protokollieren?

8.6   Rollen, Berechtigungen und Benutzergruppen

Im vorletzten Abschnitt wurde gezeigt, wie man bei Verwendung der SapQuery den Zugriff auf die Datenbank einschränken kann. Analog kann man fragen, wie man den Zugriff von Anwendern auf die Sap-Query reguliert. Dies erfolgt mit Rollen, Benutzergruppen, Berechtigungsgruppen und Berechtigungsobjekten.

8.6.1   Rollen

Ein zentrales Element der Benutzerverwaltung sind die Rollen. Diese gibt es in zwei Typen: einfache Rollen und Sammelrollen. Mehrere

Rollen werden über eine Sammelrolle angesprochen. Rollen haben mehrere Aufgaben. Wenn eine Transaktion eine Berechtigung überprüft, fragt sie Berechtigungsobjekte ab. Diese Berechtigungsobjekte werden mit Rollen Benutzern zugeordnet. Dies wird im nächsten Abschnitt behandelt.

Rollen können aber auch dazu verwendet werden, um Transaktionen oder Querys in das **Benutzermenü** eines Anwenders einzuhängen. Dies wird in diesem Abschnitt besprochen und ist eine Möglichkeit, um Querys zu starten.

Rollen haben aber noch eine weitere Bedeutung. Im nächsten Kapitel wird die InfoSet Query SQ10 vorgestellt. Eine Rolle verknüpft in der InfoSet Query ein InfoSet mit Anwendern.

> Rollen haben in der SapQuery drei Aufgaben: 1. Mit einer Rolle kann man eine Query in das Menü eines Endbenutzers einhängen. 2. Mit einer Rolle werden einem Benutzer Berechtigungsobjekte, so z.B. Berechtigungsgruppen, zugeordnet. 3. Mit einer Rolle wird in der InfoSet Query einem Benutzer mit der SQ10 ein InfoSet zugeordnet.

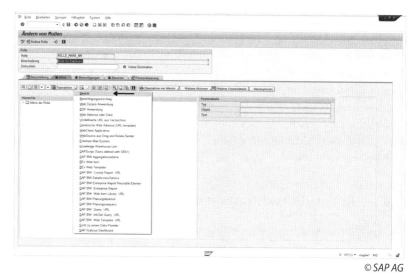

Abb. 8–17
Einhängen eines Berichtes
in ein Benutzermenü mit
der PFCG

© SAP AG

➡ (Abb. 8–17)
1. Starten Sie die Transaktion PFCG.
2. Klicken Sie auf ›Einzelrolle anlegen‹.
3. Geben Sie eine Beschreibung an und sichern Sie.
4. Klicken Sie auf den Reiter ›Menü‹ und wählen Sie dort ›Bericht‹ (Pfeil).

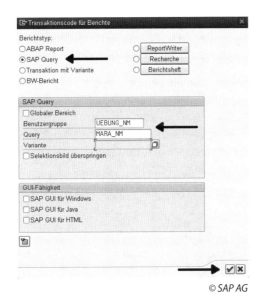

Abb. 8–18

Einhängen eines Berichtes in ein Benutzermenü/ Wahl der Query

➜ (Abb. 8–18)

1. Setzen Sie den Radiobutton bei ›SAP Query‹ (oberer Pfeil), geben Sie eine Benutzergruppe und eine Query an.
2. Drücken Sie ›Return‹ und sichern Sie.

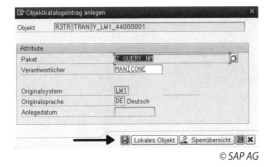

Abb. 8–19

PFCG: Objektkatalog

➜ (Abb. 8–19)

1. Wählen Sie ›Sichern‹ oder ›Lokales Objekt‹. Falls ›Sichern‹: Geben Sie ein Paket und einen Transportauftrag im folgenden Pop-up an.

Rollen werden mit der Transaktion PFCG (Abb. 8–17) bearbeitet. Sie ist eine der zentralen Transaktionen im SAP-Berechtigungssystem. Daher wird im Regelfall ein Endanwender nicht die Berechtigung für die PFCG bekommen.

Wenn Sie einem Endbenutzer per Rolle eine Query in sein Benutzermenü hängen wollen, dann läuft dies in fünf Schritten ab, die über die Reiter der Transaktion behandelt werden:

a) Beschreibung: Beschreibung vergeben
b) Menü: Query definieren (Abb. 8–17 und Abb. 8–18)
c) Rolle sichern (Abb. 8–19)
d) Berechtigung: Berechtigungsdaten pflegen (Abb. 8–20, 8–21)
e) Benutzer: Anwender bestimmen (Abb. 8–22)

Nach Definition der Query in Abbildung 8–17 können Sie mit ›Knotentext ändern‹ den Text ändern, der im Benutzermenü angezeigt wird.

Abb. 8–20

Einhängen eines Berichtes in ein Benutzermenü mit der PFCG: Berechtigungen 1

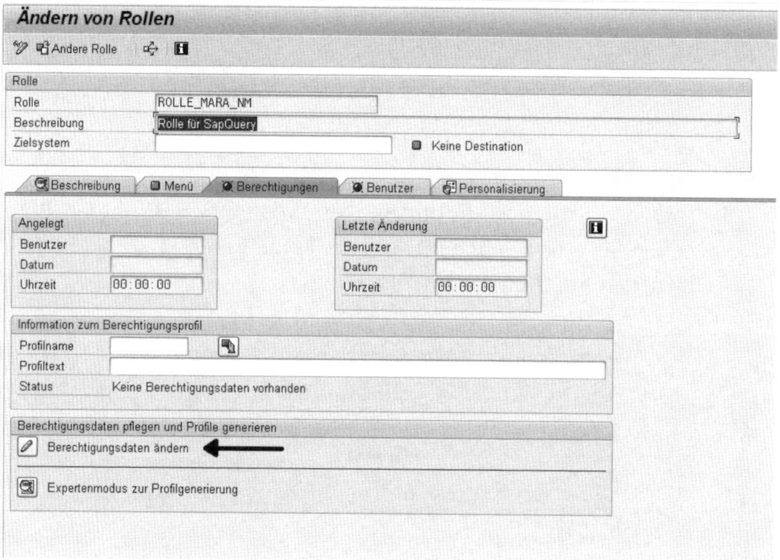

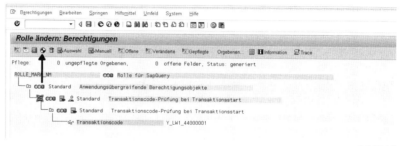

© SAP AG

➜ (Abb. 8–20) Klicken Sie auf den Reiter ›Berechtigungen‹ und dort auf ›Berechtigungsdaten ändern‹.

Abb. 8–21

Einhängen eines Berichtes in ein Benutzermenü mit der PFCG: Berechtigungen 2

© SAP AG

→ (Abb. 8–21) Betätigen Sie ›Generieren‹ und danach ›F3‹.

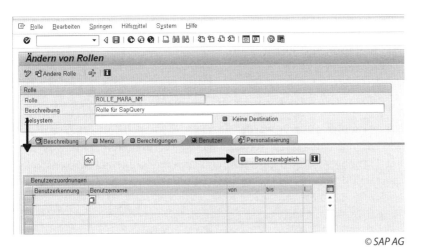

Abb. 8–22

Einhängen eines Berichtes
in ein Benützermenü mit
der PFCG: Benutzer

© SAP AG

→ (Abb. 8–22) Ordnen Sie der Rolle einen Benutzer zu, klicken Sie auf ›Benutzerabgleich‹ und danach auf ›Vollständiger Abgleich‹.

Wie man in Abbildung 8–21 und 8–22 sieht, fehlen meinem Benutzer leider einige Berechtigungen. In Abbildung 8–21 müsste am Ende des Baums bei Transaktionscode ein zusätzlicher Bleistift vorhanden sein.

In Abbildung 8–22 zeigt der linke Pfeil an eine leere Stelle, wo das Icon zum Hinzufügen eines Benutzers wäre.

Für einen Endbenutzer reicht es nicht, nur die Query in sein Benutzermenü zu hängen, sondern Sie müssen dem Anwender auch die Rechte geben, die Query auf diese Weise zu starten. Dies erfolgt in den Abbildungen 8–20, 8–21 und 8–22. Es wird ein Berechtigungsprofil für die Rolle definiert und den Anwendern durch den vollständigen Abgleich das Profil zugeordnet.

Hier in diesem Beispiel wurden aus Gründen der Didaktik alle Schritte mit einer Rolle durchgeführt. In der Praxis wird für jede Query jeweils eine Rolle erzeugt. Diese Rollen werden dann über Sammelrollen angesprochen. Die Benutzerverwaltung (Abb. 8–22) erfolgt dann über die Sammelrollen.

8.6.2 Berechtigungsgruppen und Benutzergruppen

Im Umfeld der SapQuery trifft man auf zwei Begriffe: Berechtigungsgruppen und Benutzergruppen. Beide regulieren den Zugriff auf ein InfoSet.

Berechtigungsgruppe   Die Berechtigungsgruppe kann beim Anlegen eines InfoSets auf dem ersten Bild angegeben werden. Die Berechtigungsgruppe ist ein Feld des Berechtigungsobjektes S_PROGRAMM und S_DEVELOP. Es kann die folgenden Ausprägungen[1] haben:

- Programm ausführen
- Programm ändern
- Varianten pflegen
- Programm als Backgroundjob einplanen

Berechtigungsgruppen werden in vielen Modulen für die Zugriffsbeschränkung eingesetzt. Trotz des weitverbreiteten Einsatzes von Berechtigungsgruppen gibt es interessanterweise meines Wissens keine zentrale Pflegetransaktion für Berechtigungsgruppen.

Abb. 8–23

PFCG: In einer Rolle eine Berechtigungsgruppe anlegen 1

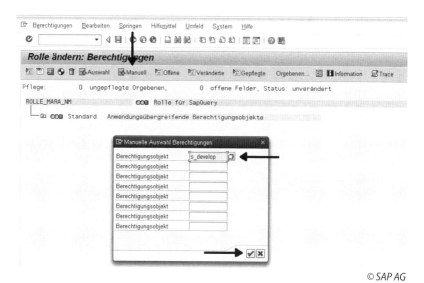

© SAP AG

→ (Abb. 8–23)
1. Starten Sie die Transaktion PFCG.
2. Legen Sie eine einfache Rolle an.
3. Geben Sie eine Beschreibung an und sichern Sie.
4. Klicken Sie auf den Reiter ›Berechtigungen‹ und in dieser Sicht auf ›Berechtigungsdaten ändern‹.
5. Klicken Sie auf den Button ›Manuelle Eingabe Berechtigungsobjekte‹ (siehe oberer Pfeil).
7. Tragen Sie das Berechtigungsobjekt ›S_DEVELOP‹ ein und betätigen Sie ›Return‹.

---

1.   Diese Möglichkeiten werden aber in der SapQuery nur teilweise genutzt.

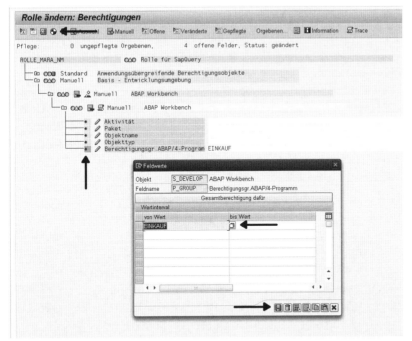

Abb. 8-24

PFCG: In einer Rolle eine

Berechtigungsgruppe

anlegen 2

© SAP AG

→ (Abb. 8-24)

1. Reißen Sie den Menübaum auf.
2. Klicken Sie auf den Bleistift (linker Pfeil) in der Zeile ›Berechtigungsgr. ABAP/4 Program‹ (mittlerer Pfeil).
3. Tragen Sie im Pop-up einen Wert, z.B. hier ›Einkauf‹ ein und sichern Sie.
4. Aktivieren Sie die Rolle.

Nun können Sie beim Erstellen eines InfoSets eine Berechtigungsgruppe angeben. Wenn nun ein Anwender eine Query basierend auf dieser Datenquelle anwenden möchte, dann braucht er diese Berechtigungsgruppe in seinem **Benutzerstamm**. In Abbildung 8–23 und 8–24 ist dargestellt, wie man in einer Rolle eine Berechtigungsgruppe aufnimmt. Mit einer solchen Rolle kann man dann einem Endanwender die gewünschten Berechtigungsgruppen zuordnen.

Benutzergruppen verknüpfen InfoSets mit Benutzern. Die Pflege von Benutzergruppen erfolgt mit der SQ03, die in Kapitel 6 vorgestellt wurde.

Benutzergruppen

Auch in der SU01 kann man Benutzergruppen anlegen. Diese haben aber außer dem Namen nichts mit den Benutzergruppen der SapQuery gemeinsam.

8.6.3   Berechtigungsobjekte

Eine Standardfrage jeder Schulung ist die Frage nach den Berechtigungen[2] für die SapQuery. Welche Berechtigungsobjekte gibt es und welche Ausprägungen haben sie?

Die Berechtigung für die SapQuery wird über zwei Mittel gesteuert: die Benutzergruppen und die Berechtigungsobjekte S_QUERY, S_DEVELOP und S_TABU_DIS. So kann es vorkommen, dass jemand eine Query ausführen kann, obwohl er nicht in der Benutzergruppe aufgeführt ist, da er die notwendigen Berechtigungsobjekte hat. Insgesamt sind für S_QUERY folgende Konstellationen möglich:

- Keine Berechtigungen, keine Benutzergruppe: Dieser Benutzer kann nicht mit der SapQuery arbeiten.
- Keine Berechtigungen, Benutzergruppe: Dieser Benutzer kann die SapQuerys ausführen, die in seiner Benutzergruppe stehen.
- S_QUERY ›Ändern‹, Benutzergruppe: Der Benutzer kann die Querys in der Benutzergruppe ändern und ausführen.
- S_QUERY ›Umfeld pflegen‹: Der Benutzer kann die Transaktionen SQ02 und SQ03 sowie Transporte ausführen.
- S_QUERY ›Ändern und Umfeld pflegen‹: Der Benutzer wird als ›Super-User‹ behandelt. Er kann alle Query-Objekte pflegen, sich selbst in alle Benutzergruppen eintragen und jede Query ausführen, auch wenn er nicht explizit in der Benutzergruppe aufgeführt ist.
- S_QUERY ›Übersetzen‹: Dieser Benutzer kann für alle Query-Objekte einen Sprachabgleich vornehmen.

Wenn ein Benutzer in der SQ02 ABAP-Coding einbauen soll, dann benötigt er die entsprechenden ›S_DEVELOP‹-Berechtigungen. Seit Release 4.5A wird beim Ausführen einer Query überprüft, ob ein Benutzer die Berechtigung hat, auf die Tabellen zuzugreifen, aus denen die Query Daten zieht. Dies erfolgt durch Überprüfung des Objektes S_TABU_DIS.

Ich habe Berechtigungstraces auf 4.6B und 4.7 durchgeführt. Laut Trace wird S_QUERY beim Start einer SQXX-Transaktion ausgewertet. Wird hingegen eine Query über eine Rolle gestartet, so wird S_QUERY nicht abgefragt. S_TABU_DIS wird sowohl beim Ausführen einer Query aus der SQ01 als auch beim Start durch eine Rolle getestet.

Berechtigungsobjekte in der InfoSet Query

Seit Release 4.6C gibt es ein neues Verwaltungstool, die InfoSet Query (SQ10). Diese wird über Rollen administriert. In der ursprünglichen Implementierung[3] wird S_QUERY nicht ausgewertet. Daher

---

2.   OSS-Hinweis 24578.
3.   OSS-Hinweise 423367 und 558125.

kann ein Benutzer Querys ändern, obwohl er wegen seiner S_QUERY-Einstellungen es eigentlich nicht dürfte. Seit SAP-Kernel 6.3 ist dies geändert und S_QUERY wird ausgewertet.

8.7 Organisation der SapQuery

Bis jetzt habe ich nur die technischen Aspekte der SapQuery betrachtet. Aber natürlich beschränkt sich der Einsatz der SapQuery nicht nur darauf. Man muss sich natürlich auch fragen:

- Wie organisiere ich die SapQuery?
- Welche Berechtigungen sollen vergeben werden?
- Was möchte man durch Einsatz der SapQuery erreichen?

Dieser Abschnitt soll bei der Beantwortung dieser Fragen helfen.

8.7.1 Ziele des SapQuery-Einsatzes

Der Einsatz der SapQuery soll die folgenden Ziele maximieren:

1. Produktivität

   a) Benutzer der SapQuery sollen mit optimalen Auswertungen die Produktivität steigern.

   b) Anwender sollen möglichst schnell eine SapQuery erstellen können.

2. Systembelastung

Effizient geschriebene SapQuerys sollen das produktive SAP-System möglichst wenig belasten.

3. Sicherheitsrisiko

Ein Missbrauch der SapQuerys soll minimiert werden. Mitarbeiter sollen nur die Daten sehen, die für ihre tägliche Arbeit notwendig sind.

4. Einarbeitung

Mitarbeiter sollen die Möglichkeit haben, sich schnell und umfassend in die SapQuery einzuarbeiten.

> Diese Ziele werden durch Vergabe von Berechtigungen, durch die Systemlandschaft und durch die Wahl der Organisation bestimmt.

Schon auf den ersten Blick erkennt man, dass sich manche dieser Ziele, insbesondere Ziel 1 Produktivität und Ziel 3 Sicherheitsrisiko, gegenseitig ausschließen. Es ist daher notwendig, unter Abwägung der einzelnen Ziele einen Kompromiss zu finden. Die folgenden drei Unterabschnitte sollen dabei helfen.

8.7.2   Einfluss der Systemlandschaft

Analog zur Erstellung von ABAP-Programmen kann auch das Erstellen von SapQuerys organisiert werden. Die SapQuerys werden also auf einer Entwicklungsmaschine implementiert und dann auf das Produktivsystem transportiert.

Was erreicht man damit? Viele der im Buch vorgestellten Transaktionen stellen ein Sicherheitsrisiko dar. Speziell mit dem Data Browser SE16 oder dem QuickViewer kann man sich den Inhalt von Tabellen ansehen und das SAP-Sicherheitskonzept umgehen. Auf einer Entwicklungsmaschine existiert nur ein begrenzter Datenbestand. Sind diese Berechtigungen nun nur für das Entwicklungssystem vergeben und werden diese Transaktionen auf dem System mit böswilliger Intention eingesetzt, so kann trotzdem kein Schaden angerichtet werden.

8.7.3   Einfluss der Organisation

Nun ist die SapQuery kein Ding an sich, sondern wird von Menschen angewendet. Wenn Menschen in einem Unternehmen arbeiten, so existiert eine Struktur der Arbeitsteilung, die z.B. in einem Organigramm dargestellt werden kann. Wie kann nun das Erstellen von Querys auf eine Unternehmensstruktur abgebildet werden? Im Prinzip gibt es zwei gegensätzliche reine Lösungen: die amorphe und die Sequenz-Organisation. Diese können natürlich auch gemischt werden. Die Vorteile und Nachteile werden im Folgenden diskutiert.

Amorphe Organisation   Amorphe Organisation: Alle Query-Benutzer erhalten alle[a] Berechtigungen.

Vorteile

* Geringer organisatorischer Aufwand
* Schnelle Reaktionszeiten
* Motivierte Mitarbeiter

Nachteil

* Hohes Sicherheitsrisiko

---

a.   Damit ist natürlich nicht SAP_ALL gemeint, sondern die in diesem Buch vorgestellten Transaktionen.

Sequenz-Organisation: Eine Query hat einen Lebenszyklus von vier Schritten *Sequenz-Organisation*
(Definition Datenquelle, Benutzerverwaltung, Query-Erstellung, Anwendung).
Je nach Position im Lebenszyklus werden die Berechtigungen vergeben.

Vorteile

- Niedriges Sicherheitsrisiko
- Mitarbeiterspezialisierung für das Finden der richtigen Tabellen
  und ABAP-Einsatz in der SQ02

Nachteile

- Bürokratischer Aufwand
- Längere Reaktionszeiten
- Demotivierte Mitarbeiter

In der Sequenz-Organisation werden die vier Schritte im Leben einer
SapQuery auf vier verschiedene Personengruppen verteilt. Welche Vorteile bringt dieser Ansatz? Die meisten Rechte (und damit die meisten
Sicherheitsprobleme) sind für das Definieren der Datenquelle notwendig. Wenn nun diese Tätigkeit auf einige wenige Personen beschränkt
wird, so folgt daraus eine Verminderung des Sicherheitsrisikos. Des
Weiteren werden so zwei weitere Schwierigkeiten gelöst. Das Finden
der richtigen Tabellen ist für die Endanwender der Flaschenhals der
SapQuery-Benutzung. Dies ist für einen Mitarbeiter, der sich auf die
Datenquellen spezialisiert hat, einfacher als für jemanden, der dies nur
ab und zu macht. Zusätzlich können die Datenquellenersteller Knowhow in ABAP aufbauen. Dies ist zum Beispiel für Abgrenzungen und
Datenbeschaffungsprogramme sinnvoll.

Auch wenn dieser Ansatz sehr verlockend aussieht, sollte man
nicht die Nachteile übersehen. Im Vergleich zur amorphen Organisation ist der Prozess der Query-Erstellung viel bürokratischer. Ist das,
was am Ende beim Endbenutzer ankommt, eigentlich das, was dieser
will?

Insbesondere sollte man sich über die Konsequenzen einer restriktiven Rechtevergabe im Klaren sein. In meiner Tätigkeit als SAP-Berater war ich in mittleren und großen Unternehmen tätig. Dabei ist mir
des Öfteren aufgefallen, um es ruhig einmal drastisch zu formulieren,
dass in den großen Unternehmen zum Teil Mitarbeiter die Faust in der
Tasche geballt haben. Man sollte sich daher fragen, ob der Gewinn an
Sicherheit durch eine restriktive Rechtevergabe nicht durch die resultierende Demotivation der Mitarbeiter aufgewogen wird.

Im Folgenden ein Vorschlag für die Vergabe von Berechtigungen in
der Sequenz-Organisation:

Definition Datenquelle

  * SQ02, SQVI, SE12, SE16, SD11
  * Zusätzlich bei Bedarf: SE11, ABAP-Coding für SQ02, SE30, Anlegen von Kundentabellen mit der SE11 zur Einschränkung beim Join

Benutzerverwaltung

  * SQ03, PFCG, SE09, SQ10

Erstellen Query

  * SQ01, SQ07

Query-Anwender

  * SQ03 (ausführen)

8.7.4   Einfluss der Berechtigungen

Welche Auswirkungen hat es nun, wenn ich einem Endanwender die Berechtigungen für eine bestimmte Transaktion gebe? Dieses Unterkapitel geht auf diese Frage ein. In Abschnitt 8.7.1 wurden vier Teilziele vorgestellt, die beim Einsatz der SapQuery maximiert werden sollen. In diesem Buch wurden eine ganze Anzahl von Transaktionen genannt, die für den sinnvollen Einsatz der SapQuery nötig sind. Wie korrespondieren nun die vorgestellten Transaktionen mit diesen Zielen? Der folgende Passus soll bei der Entscheidung helfen und Stärken und Schwächen der einzelnen Transaktionen ausleuchten.

Ich werde im Folgenden eine Beurteilung der vorgestellten Transaktionen in Bezug auf diese vier Teilziele vornehmen. Zu jeder Transaktion habe ich eine kleine Tabelle erstellt, die eine Bewertung zu den vier Punkten enthält. Zu manchen Teilzielen habe ich auch neben der tabellarischen Bewertung einen **Kommentar** hinzugefügt. Manche Tabellen enthalten weniger als vier Einträge, da ich mich bei den Zielen auf die wichtigsten Aussagen konzentriert habe.

Tab. 8–2
SQVI QuickViewer

QuickViewer SQVI	
Ziel 2 Systembelastung	schlecht bis normal
Ziel 3 Sicherheitsrisiko	schlecht, da keine Granularität
Ziel 4 Einarbeitung	gut

Der QuickViewer ist der schnellste und einfachste Weg, um selber Auswertungen zu erstellen. Er bietet sich für Einsteiger und Personen an, die nur selten mit der SapQuery arbeiten wollen.

Zu Ziel 3:   Beim QuickViewer lässt sich der Tabellenzugriff nicht einschränken.

Zu Ziel 4:   Der QuckViewer ist der einfachste Weg zur eigenen Auswertung.

InfoSet pflegen SQ02	
Ziel 3 Sicherheitsrisiko	normal bis gut
Ziel 4 Einarbeitung	schlecht, da komplex

Tab. 8–3
SQ02 InfoSets pflegen

Mit der SQ02 werden Datenquellen, die InfoSets, implementiert. Mit diesen kann man in der SQ01, SQVI bzw. SQ10 Berichte definieren.

Zu Ziel 3:   Durch Einsatz von Abgrenzungen, Joins und dem ABAP-Befehl AUTHORITY CHECK kann das Missbrauchsrisiko für die SQ01 minimiert werden.

Benutzergruppen pflegen SQ03	
Ziel 3 Sicherheitsrisiko	gut
Ziel 4 Einarbeitung	einfach

Tab. 8–4
SQ03 Benutzergruppen pflegen

Mit der SQ03 werden Benutzergruppen erstellt. Diese dienen der Benutzerverwaltung und werden sowohl in der SQ01 als auch in der SQ10 eingesetzt.

Zu Ziel 3:   Man kann steuern, wer basierend auf einem InfoSet eine Query erstellen oder ausführen kann.

Querys und InfoSet Querys pflegen SQ01/ SQ10	
Ziel 1 Produktivität	normal bis gut
Ziel 2 Systembelastung	normal bis gut
Ziel 3 Sicherheitsrisiko	normal bis gut
Ziel 4 Einarbeitung	schlecht, da komplex

Tab. 8–5
SQ01 SapQuery, SQ10 InfoSet Query pflegen

Querys werden mit der SQ01 bzw. SQ10 definiert.

Zu Ziel 1:   Im Vergleich zum SQVI ist die SQ01 mächtiger. Die SQ10 liegt dazwischen.

Zu Zielen 2 und 3: Dies hängt davon ab, wie gut die Arbeit in der SQ02 gemacht wurde.

SapQuery-Übersetzung SQ07	
Ziel 1 Produktivität	gut
Ziel 4 Einarbeitung	einfach

Die SQ07 dient der Übersetzung.

Zu Ziel 1:   Endanwender können Querys in ihrer Anmeldesprache durchführen.

Data Dictionary lesen SE12	
Ziel 1 Produktivität	gut
Ziel 2 Systembelastung	gut
Ziel 3 Sicherheitsrisiko	gut, da nur lesender Zugriff
Ziel 4 Einarbeitung	schlecht, da komplex

Mit der SE12 erfolgt ein lesender Zugriff auf das Data Dictionary.

Zu Ziel 1:   Die SE12 ist für den sinnvollen Einsatz von SQVI und SQ02 notwendig.

Zu Ziel 2:   Durch Verwendung von Primärschlüsseln und Indizes kann die Systembelastung minimiert werden.

Zu Ziel 3:   Durch Einsatz von Abgrenzungen und Joins mit Kundentabellen kann der Zugriff in der SQ02 eingeschränkt werden. Dafür ist die SE12 bzw. für das Erstellen von Kundentabellen die SE11 nötig.

Data Browser SE16	
Ziel 1 Produktivität	gut
Ziel 3 Sicherheitsrisiko	schlecht

Mit dem Data Browser kann man sich den Inhalt von Tabellen ansehen.

Zu Ziel 1:   Ist für das Finden von Tabellen notwendig. Ohne die SE16 kann nicht sinnvoll mit der SQVI oder SQ02 gearbeitet werden.

Zu Ziel 3:   Mit dem Data Browser kann jede Tabelle ausgelesen werden. Da aber auch mit der SQVI und den SapQuery-Transaktionen beliebige Tabellen ausgelesen werden können, kann man Personen, die die Rechte dafür haben, auch die Berechtigung für die SE16 geben.

Data Modeler SD11	
Ziel 1 Produktivität	gut

Tab. 8–9

SD11 Data Modeler

Mit dem Data Modeler kann man Tabellen finden. Der Einsatz des Data Modelers ist sinnvoll für Anwender der SQVI und SQ02.

Rollen pflegen PFCG	
Ziel 3 Sicherheitsrisiko	sehr hoch

Tab. 8–10

PFCG Rollen pflegen

Mit der PFCG erfolgt die Einbindung von SQ01 Querys und InfoSet Querys in das Benutzermenü. Da die PFCG eine zentrale Rolle in der Benutzerverwaltung spielt, besteht ein hohes Sicherheitsrisiko.

ABAP-Coding	
Ziel 2 Systembelastung	gut
Ziel 3 Sicherheitsrisiko	ambivalent
Ziel 4 Einarbeitung	schlecht, da komplex

Tab. 8–11

ABAP-Coding-

Berechtigung

Bei vorhandener ABAP-Coding-Berechtigung kann ABAP in der SQ02 eingebaut werden. Dies ist in der Regel für Endbenutzer irrelevant, da diese kein ABAP-Know-how haben. Für das Schreiben von Datenversorgungsprogrammen sind die Berechtigungen der ABAP Workbench notwendig.

Zu Ziel 2: Die Codequalität der SapQuery ist im Release 4.6B eher mäßig. Unter Release 4.7 ist die Performance besser. Wird von einem Entwickler ein Datenversorgungsprogramm geschrieben, so kann die Systembelastung (viel) niedriger sein.

Zu Ziel 3: Das Sicherheitsrisiko der Coding-Berechtigung hat zwei Aspekte. Zum einen kann die Security durch die Erweiterung von Abgrenzungen und die Verwendung von Joins und dem AUTHORITY-CHECK stark verbessert werden. Zum anderen kann die Coding-Berechtigung ein riesiges Sicherheitsloch darstellen. So können z.B. mandantenübergreifend Daten gelesen werden oder es kann auch schreibend auf die Datenbank zugegriffen werden.

8.8   Aufgaben

1. In Musteraufgabe 17 haben Sie mit der SE16 Daten für Einkaufsinfosätze extrahiert. Schreiben Sie eine entsprechende Query.
2. In Musteraufgabe 18 wurde ein InfoSet angelegt. Schreiben Sie
   nun eine Query dazu und überprüfen Sie, ob wirklich nur Daten
   des Werkes 1000 gezogen werden.

9   InfoSet Query

Mehrere SAP-Module haben eigene Reporting-Tools. Im Modul FI gibt es den Report Writer und im Modul HR gab es die Ad-hoc-Query. Seit Release 4.6C wurde die Ad-hoc-Query zur InfoSet Query erweitert und ist nun in allen SAP-Modulen anwendbar. Sie hat aber HR-Besonderheiten behalten, die in Kapitel 11 besprochen werden.

Die InfoSet Query wird in diesem Kapitel vorgestellt und mit der klassischen SapQuery verglichen.

Ein Aspekt der InfoSet Query ist die Tabellenprotokollierung. Diese kann zwar generell für ein InfoSet aktiviert werden, sie wird aber nur bei der InfoSet Query verwendet. Die Tabellenprotokollierung wurde in Musteraufgabe 19 in Kapitel 8 besprochen.

Kapitel 11 enthält eine weitere Musteraufgabe zur InfoSet Query im Modul HR (siehe Abschnitt 11.3).

9.1   Lernziele

▨ InfoSet Query
  • Ablauf der InfoSet Query
  • Ad-hoc- und Entwicklungs-Querys
  • Vergleich InfoSet Query/SapQuery

9.2   Für Quereinsteiger

Gesetzt den Fall, Sie interessieren sich nur für die InfoSet Query und würden gern das Buch mit diesem Kapitel starten. Nun hat es aber einen Grund, warum die InfoSet Query gerade hier und praktisch am Ende des Buches erscheint.

Ziel dieses Buches ist der Aufbau und Transfer von SapQuery-Wissen. Dabei bauen spätere auf den frühen Kapiteln auf. Folgende Lerneinheiten werden behandelt: Die Kapitel 3 und 4 legen die Grundlagen. Es wird der prinzipielle Ablauf der SapQuery und das theoretische Know-how vermittelt. Kapitel 5 geht auf das Finden der richtigen Tabellen ein. InfoSets werden in Kapitel 6 und Security in Kapitel 8 behandelt.

Dieses Wissen ist für den Einsatz der InfoSet Query notwendig. Falls Sie also sinnvoll mit der InfoSet Query arbeiten wollen, dann sollten Sie mit Kapitel 2 oder 3 starten.

Das einzige Kapitel, das Sie überspringen können, ist das Kapitel 7 über ABAP.

9.3   Grundlagen

Abb. 9–1

Phasen einer InfoSet Query

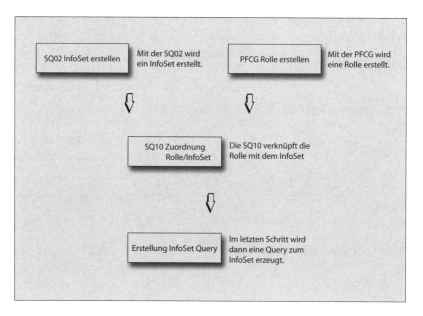

Wie immer führen verschiedene Wege nach Rom. Ich möchte diese in zwei Kategorien teilen:

- Einfacher Ansatz: Es besteht ein InfoSet oder eine Query. Dann kann man im Startbildschirm der SQ01 in die InfoSet Query verzweigen. Mit der Transaktion S_PH0_48000510 kann man für jedes InfoSet in die InfoSet Query springen.
- Rollenbasierter Ansatz: InfoSets werden einer Rolle und die Rolle Benutzern zugeordnet.

Eine InfoSet Query wird im rollenbasierten Ansatz in vier Schritten erstellt (Abb. 9–1). Im ersten Schritt wird mit der SQ02 ein InfoSet als Datenquelle erzeugt. Dieses InfoSet kann sowohl mit der SapQuery als auch mit der InfoSet Query verwendet werden.

Mit der PFCG wird im zweiten Schritt eine Rolle definiert und einem Anwender zugewiesen.

Im dritten Schritt wird mit der Rollenadministration der InfoSet Query SQ10 der Rolle eine Benutzergruppe und InfoSets zugeordnet.

Im vierten und letzten Schritt erfolgt die Erstellung der InfoSet Query. Durch Aufruf des Eintrages im Benutzermenü gelangt man in die InfoSet Query.

9.4 Musteraufgabe 20: FI-Belege via Transaktion S_PH0_48000510

9.4.1 Aufgabenstellung

Erstellen Sie auf direktem Wege eine InfoSet Query zum InfoSet FI_BELEGE_NM aus der Musteraufgabe 8.

9.4.2 Lösung

Abb. 9–2
Ad-hoc-Query im
Menübaum

© SAP AG

➡ (Abb. 9-2) Starten Sie die Transaktion S_PH0_48000510.

Mit der Transaktion ›S_PH0_48000510 AD-hoc-Query‹ (Abb. 9-2) kann zu jedem InfoSet eine InfoSet Query erstellt werden. Sie finden die Transaktion im Menü unter ‹Personal/Personalmanagement/Administration/Infosystem›.

InfoSet Query via
»einfachen Ansatz«

In Abbildung 9-3 sieht man den Startbildschirm der Ad-hoc-Query. Im unteren Bereich kann der Arbeitsbereich und die Benutzergruppe ausgewählt werden. Im oberen werden dann die korrespondierenden InfoSets angezeigt.

Abb. 9–3
Ad-hoc-Query: Wahl des
InfoSets

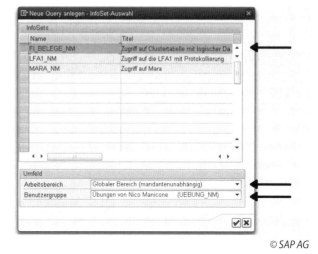

© SAP AG

➜ (Abb. 9-3) Wählen Sie InfoSet, Arbeitsbereich und Benutzergruppe
aus.

Abb. 9–4
Ad-hoc-Query: Initiale
Query

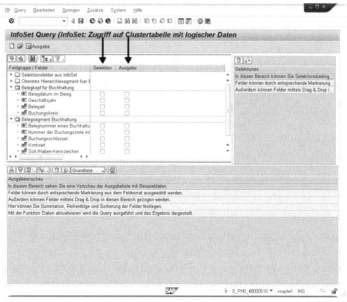

© SAP AG

➜ (Abb. 9-4) Wählen Sie eine »sinnvolle« Menge an Selektions- und
Listfeldern aus. Zum Beispiel als Selektionsfeld ›Geschäftsjahr‹,
›Belegart‹ und ›Belegnummer‹. Und als Ausgabefelder die Felder
der Selektion plus ›Buchungskreis‹, ›Kontoart‹, ›Soll-/Haben-
Kennzeichen‹ sowie ›Betrag in Hauswährung‹.

In Abbildung 9-6 ist die fertige InfoSet Query zu sehen. Man erkennt, dass das Bild aus drei Teilen besteht: Links oben werden Ein- und Ausgabefelder definiert. Rechts oben ist das Selektionsbild und unten sieht man eine »simulierte« Ausgabeliste.

Im Selektionsbild erscheinen wegen der zugrunde liegenden logischen Datenbank einige Felder automatisch. Konkret sind das die Felder ›Ledger‹ und ›Umrechnungsdatum‹.

In der Ausgabeliste kann mit dem Kontextmenü (Abb. 9-5) eingestellt werden, ob ein Feld als Schlüssel (›Nur Wert‹), als Beschreibung des Schlüssels (›Nur Text‹) oder als beides (›Wert und Text‹) ausgegeben werden soll.

Mit dem Button ›Ausgabe starten‹ (Abb. 9-6, linker Pfeil) wird die Treffermenge selektiert und angezeigt.

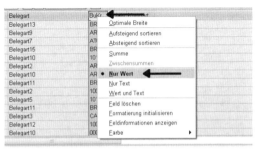

© SAP AG

Abb. 9–5

Ad-hoc-Query:

Ausgabeart eines Feldes

→ (Abb. 9-5) Setzen Sie die Ausgabefelder ›Buchungskreis‹, , ›Belegart‹ und ›Soll-/Haben-Kennzeichen‹ mit einem Rechtsklick in die Felder der Ausgabeliste auf die Ausgabeart ›Nur Wert‹.

© SAP AG

Abb. 9–6

Ad-hoc-Query: Fertige

InfoSet Query

→ (Abb. 9-6) Geben Sie auf dem Selektionsbild im Feld ›Geschäftsjahr‹ (rechter Pfeil) einen Wert an und klicken Sie auf ›Ausgabe
starten‹ (linker Pfeil).

Abb. 9–7

Ad-hoc-Query:

Treffermenge

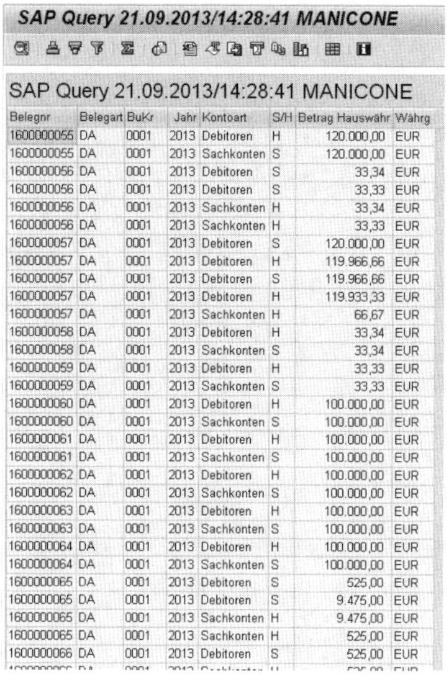

© SAP AG

9.5   Musteraufgabe 21: Auswertung des Materialstamms via InfoSet Query

1. InfoSet erstellen   In Kapitel 6 haben Sie in der Musteraufgabe 7 das InfoSet
MARA_NM erstellt. In dieser Musteraufgabe werden Sie darauf basierend eine InfoSet Query erstellen.

Falls Sie diese Musteraufgabe vollständig bearbeiten wollen, brauchen Sie die Berechtigungen für die PFCG und die SQ10. Falls Sie nicht
die Berechtigung für die PFCG haben, dann bitten Sie Ihre Basis, eine
Rolle für Sie zu erstellen und Sie dieser Rolle als Benutzer zuzuordnen.

Sie können dann ab Abbildung 9–11 mit der Musteraufgabe wei-
termachen.

9.5.1   Aufgabenstellung

Erstellen Sie eine InfoSet Query zu dem InfoSet MARA_NM. Dafür
müssen Sie eine Rolle erzeugen, dieser einen Benutzer und das InfoSet

mit der SQ10 zuordnen und abschließend die eigentliche InfoSet Query erstellen.

9.5.2   Lösung

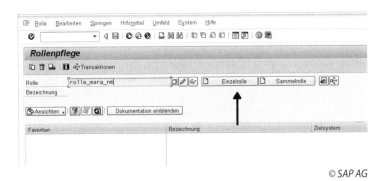

Abb. 9–8

Rolle anlegen mit der PFCG: Startbildschirm

© SAP AG

→ (Abb. 9-8)
   1. Starten Sie die Transaktion PFCG.
   2. Geben Sie bei Rolle einen Namen an und klicken Sie auf den Button ›Einzelrolle‹.

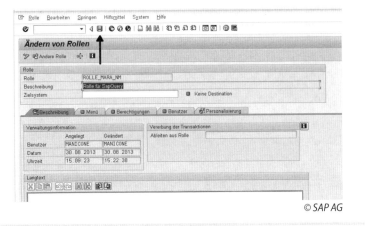

Abb. 9–9

Rolle anlegen mit der PFCG: Beschreibung

© SAP AG

→ (Abb. 9-9) Geben Sie eine Beschreibung an und sichern Sie.

Abb. 9–10

Rolle anlegen mit der
PFCG: Benutzer zuordnen

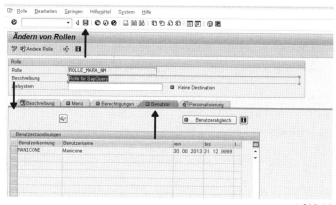

© SAP AG

→ (Abb. 9-10) Führen Sie einen Mausklick auf den Reiter ›Benutzer‹ durch. Tragen Sie einen Benutzer ein und betätigen Sie die Return-taste.

2. Rolle anlegen

In Abbildung 9–10 sehen Sie den Startbildschirm[1] der Rollenpflege. Die PFCG ist uns mehrfach in Kapitel 8 begegnet. Mit ihr werden u.a. Querys in das Benutzermenü eines Anwenders eingebunden. Bei der SapQuery ist dies optional, da man dort Querys auch in der SQ01 starten kann. Hingegen werden bei der InfoSet Query im Regelfall Berichte via Rolle gestartet.

Mit einer Rolle werden in der InfoSet Query Benutzern InfoSets zugeordnet. Die Zuordnung erfolgt mit der Rollenadministration der InfoSet Query SQ10.

3. Zuordnung
Benutzer/InfoSet via Rolle

Bei den Anwendern, die Sie in die Rolle unter ›Benutzer‹ eingetragen haben, wird später im Benutzermenü die InfoSet Query auftauchen.

Abb. 9–11

SQ10: Benutzergruppe
zuordnen

© SAP AG

---

1.   Der linke Pfeil verweist auf nichts, da meinem Benutzer die Berechtigung fehlt, Benutzer einer Rolle zuzuordnen.

➜ (Abb. 9-11)

1. Starten Sie die Transaktion SQ10.

2. Falls Sie im mandantenunabhängigen Bereich sind, dann klicken Sie auf den Button ›Arbeitsbereich wechseln‹ (linker Pfeil).

3. Suchen Sie die Zeile Ihrer Rolle und klicken Sie den Button ›Benutzergruppe zuordnen‹.

In Abbildung 9–11 ist der Startbildschim der Rollenadministration für die InfoSet Query abgebildet. Diese können Sie entweder über den Transaktionscode SQ10 oder aus der SQ02 via ›Umfeld/Rollenadministration‹ starten.

In der Rollenadministration kann mit dem Button in der linken, oberen Ecke zwischen den beiden Bereichen Standardbereich (mandantenabhängig) und globaler Bereich (mandantenunabhängig) gewechselt werden. Der Unterschied ist der gleiche wie in der Sap-Query. Der globale Bereich ist an das Transportsystem angeschlossen. Diese Musteraufgabe wird im Standardbereich bearbeitet.

> In der SQ10 werden einer Rolle eine Benutzergruppe und ein oder mehrere InfoSets zugeordnet.

Abb. 9–12
SQ10: Benutzergruppe festlegen

© SAP AG

➜ (Abb. 9-12) Setzen Sie den Radiobutton bei ›Neue Benutzergruppe anlegen‹, geben Sie eine Benutzergruppe an und betätigen Sie Return.

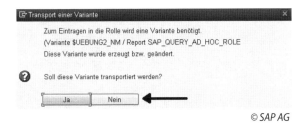

Abb. 9–13
SQ10: Variantentransport

© SAP AG

➜ (Abb. 9–13) Klicken Sie auf den Button ›Nein‹.

In Abbildung 9–12 sehen Sie, dass es in der InfoSet Query die zwei Reportingarten ›Entwicklung‹ und ›Ad Hoc‹ gibt. Querys vom Typ Entwicklung gibt es nur im globalen Arbeitsbereich. Da diese Musteraufgabe im Standardbereich stattfindet, ist die Reportingart fest auf ›Ad Hoc‹ eingestellt.

Bei einer Ad-hoc-Query (wie diese Musteraufgabe) wird einem Benutzer ein InfoSet zugeordnet. Der Anwender kann dann je nach Bedarf ad hoc eine Query auf Basis des InfoSets erstellen. In Denglisch könnte man auch von einer Instant Query sprechen.

Hingegen soll eine Entwicklungs-Query langfristig genutzt werden. Diese können nach Erstellung und Sichern wie normale Querys einer Rolle zugeordnet werden.

In Abbildung 9-12 wurde eine neue Benutzergruppe angelegt. Denken Sie daran, dass eine Benutzergruppe eine Klammer für eine Gruppe von Querys ist!

Da diese Musteraufgabe im Standardbereich bearbeitet wird, kann die Frage in Abbildung 9–13 verneint werden. Im globalen Bereich ist die InfoSet Query hingegen an das Transportsystem angeschlossen. Dort sollte man dann mit Ja antworten.

Abb. 9–14

SQ10: InfoSet zuordnen 1

© SAP AG

➜ (Abb. 9–14) Klicken Sie auf den Button ›InfoSet zuordnen‹ (siehe Pfeil) Ihrer Rolle.

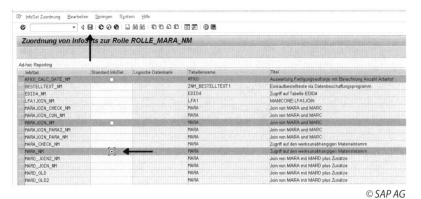

Abb. 9–15

SQ10: InfoSet zuordnen 2

© SAP AG

→ (Abb. 9-15)
1. Markieren Sie ein oder mehrere InfoSets und sichern Sie.
2. Setzen Sie den Radiobutton ›Standard InfoSet‹ beim InfoSet ›MARA_NM‹ und sichern Sie erneut.

Sie können einer Rolle mehrere InfoSets zuweisen (Abb. 9–15). Später in der InfoSet Query kann man dann zwischen diesen InfoSets wechseln. Wird ein InfoSet als Standard-InfoSet definiert, wird dieses automatisch beim Aufruf geladen.

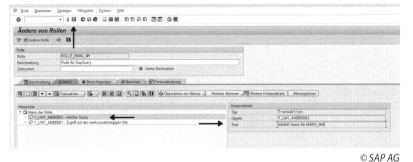

Abb. 9–16

Rolle anlegen mit der

PFCG: Text ändern

© SAP AG

→ (Abb. 9-16)
1. Starten Sie die Transaktion PFCG, geben Sie Ihre Rolle an und klicken Sie auf ›Ändern‹.
2. Klicken Sie auf den Reiter ›Menü‹ und markieren Sie dort den Eintrag für die InfoSet Query (linker Pfeil).
3. Geben Sie einen neuen Namen an, z.B. ›InfoSet Query für MARA_NM‹, betätigen Sie ›Return‹ und sichern Sie.

Die Rolle einer InfoSet Query hat als Standardmenünamen ›InfoSet Query‹ (Abb. 9–16). Dies stellt ein Problem dar, falls Sie einem Benutzer mehrere solcher Rollen zuweisen wollen. Es ist daher sinnvoll, einen sprechenden Namen für den Eintrag im Benutzermenü zu wählen.

In dem Moment, wo Sie mit der SQ10 einer Rolle ein InfoSet zuordnen, werden in die Rolle auch Berechtigungsobjekte aufgenommen. Wie Sie in Abbildung 9–16 sehen, ist das Symbol beim Reiter ›Berechtigungen‹ rot. Je nachdem, welche Berechtigungen ein Anwender der Rolle hat, kann dies ein Problem sein. Falls Sie in Abbildung 9-17 nicht in die InfoSet Query verzweigen können, dann ist es ein Problem.

Wenden Sie sich dann an Ihre Basis, um für die Rolle ein Profil erzeugen und einen Benutzerabgleich durchführen zu lassen. Oder werfen Sie einen Blick in das Kapitel 8. Sehen Sie sich dort in Abschnitt 8.6.1 die Abbildungen 8-20 bis 8-22 sowie den dazugehörigen Text an.

In Abbildung 9-17 sehen Sie den Menüeintrag der neu angelegten Rolle. Ein Doppelklick auf den Menüeintrag verzweigt in die InfoSet Query.

Abb. 9–17

InfoSet Query im
Benutzermenü

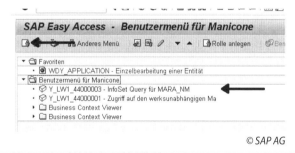

© SAP AG

4. InfoSet Query erstellen   → (Abb. 9–17) Gehen Sie in das Benutzermenü und führen Sie einen Mausklick auf den Eintrag ›InfoSet Query für MARA_NM‹ durch.

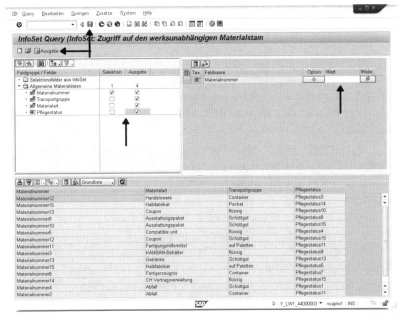

Abb. 9–18

InfoSet Query:
Hauptbildschirm

→ (Abb. 9–18)

1. Markieren Sie das Selektionsfeld ›Materialnummer‹ und die Ausgabefelder ›Materialnummer‹, ›Materialart‹, ›Transportgruppe‹ und ›Pflegestatus‹. Sichern Sie (oberer, rechter Pfeil).

2. Setzen Sie über das Kontextmenü (rechter Mausklick) in der unteren Liste die Materialnummer auf die Ausgabeform ›Wert und Text‹, die Materialart auf ›Nur Wert‹ und die Transportgruppe auf ›Wert und Text‹.

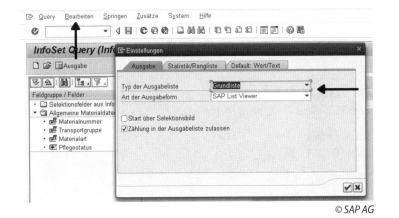

Abb. 9–19

InfoSet Query:
Ausgabemöglichkeiten

Der Hauptbildschirm der InfoSet Query in Abbildung 9–18 besteht aus den drei Segmenten Links, Rechts und Unten.

Im Segment Links befinden sich die Feldgruppen des InfoSets und die darin enthaltenen Elemente. Durch Setzen von Häkchen werden Selektions- und Ausgabefelder aktiviert. Alternativ können Sie durch Drag & Drop von Feldern in das Segment Unten die Liste aufbauen.

Diese Musteraufgabe ist eine Ad-hoc-Query. Bei jedem Aufruf dieser InfoSet Query ist daher das InfoSet initial. Man muss also jedes Mal Selektions- und Ausgabefelder neu wählen. Es besteht aber die Möglichkeit, eine fertige Query zu speichern und zu laden.

Im Segment Rechts befindet sich die Selektionsmaske der Query, falls Selektionsfelder markiert worden sind.

Im Segment Unten sind einige Beispieldatensätze dargestellt. Diese zeigen, wie die Treffermenge einer Query aussieht.

Mit einem Rechtsklick in ein Datenfeld im Segment Unten wird ein Kontextmenü angezeigt. So kann man z.B. die Farbe eines Feldes einstellen. Bei geeigneten Feldern, also numerischen Feldern, kann eine Aggregation (Summe, Mittelwert, Minimum, Maximum) vorgenommen bzw. es können Zwischensummen gebildet werden. Markieren Sie dazu eine Spalte und klicken Sie auf den entsprechenden Button.

Die drei Buttons links oben (linker, oberer Pfeil) in Abbildung 9–18 sind die zentralen Steuerungshebel der InfoSet Query. Mit dem ersten Button ›Neue Query anlegen‹ kann ein anderes InfoSet geöffnet werden, falls der Rolle mehrere InfoSets zugeordnet wurden.

Der zweite Button ›Query öffnen‹ lädt eine gesicherte Query. Das Sichern-Icon (rechter, oberer Pfeil) sichert eine erstellte Query.

Der dritte Button ›Ausgabe starten‹ startet die Query und führt eine Datenbankabfrage durch.

Unter ›Bearbeiten/Einstellungen‹ im Menü findet sich der Eintrag ›Einstellungen‹ (Abb. 9–19). Unter Ausgabe sind die verschiedenen Ausgabeformen der InfoSet Query aufgeführt. Diese verschiedenen Möglichkeiten wurden schon beim QuickViewer diskutiert. Hier noch mal in Kurzform:

- SAP ListViewer
  Ein ALV-Grid (Standardeinstellung)

- Standardliste
  Die ABAP-Liste

- Table Control
  Ähnlich einem ALV-Grid

Textverarbeitung
Zum Beispiel Word

Tabellenkalkulation
Zum Beispiel Excel

Private Ablage
In der privaten Ablage wird die Treffermenge der Query an einen
Funktionsbaustein übergeben. Dies ist eine Schnittstelle zu kun-
denspezifischen Erweiterungen.

Abb. 9–20

InfoSet Query: Sichern

© SAP AG

→ (Abb. 9-20) Klicken Sie in Abbildung 9–18 auf ›Sichern‹ (oberer
Pfeil). Geben Sie einen Namen für die Query an und drücken Sie die
›Returntaste‹.

Wie schon erwähnt, lässt sich eine Query auch sichern (Abb. 9–20).
Über den Menüeintrag ›Query/Sichern als‹ kann man dieses Fenster
wieder aufrufen. Diese gesicherten Querys erscheinen in der SQ01 in
der Benutzergruppe, die Sie in der SQ10 angegeben haben.

Mit ›Springen/Vorlage in Rolle eintragen‹ aus dem Menü kann
eine erstellte Query in das Benutzermenü eingetragen werden.

Abbildung 9–22 zeigt die Treffermenge.

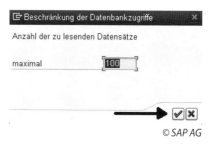

© SAP AG

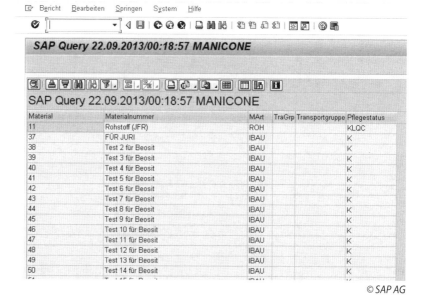

© SAP AG

→ (Abb. 9-22) Klicken Sie in Abb. 9–18 auf das Icon ›Ausgabe starten‹.

9.6   Gegenüberstellung SapQuery/InfoSet Query

Der zentrale Unterschied zwischen InfoSet Query und SapQuery ist die Behandlung des Endanwenders. Bei der Ad-hoc-InfoSet-Query wird einem Anwender ein InfoSet zugeordnet. Dieser kann dann die InfoSet Query aus seinem Benutzermenü starten und sich Querys so bauen, wie es ihm gefällt. Bei der SapQuery kann ein Endanwender nur fertige Querys aus seinem Benutzermenü starten.

Über Rollen wird die InfoSet Query aus dem Benutzermenü gestartet. Bei der SapQuery ist das optional.

Vom Leistungsumfang her ist die InfoSet Query zwischen Quick-Viewer und SapQuery angesiedelt. So gibt es z.B. für Elemente wie lokale Felder oder den Report Painter der SapQuery in der InfoSet Query kein Gegenstück.

Nur die InfoSet Query bietet die Option der Tabellenprotokollierung.

Schließlich wirkt die InfoSet Query auf mich persönlich aufgeräumter als die Query-Pflegetransaktion SQ01. Aber dies ist Geschmacksache.

9.7   Aufgaben

In Kapitel 6 haben Sie neben MARA_NM noch andere InfoSets angelegt. Erstellen Sie analog zu Musteraufgabe 20 und 21 eigene InfoSet Querys zu diesen InfoSets!

10   InfoSet Querys im BCV

Der Business Context Viewer (BCV) ist ein Framework, mit dem eine Hauptapplikation mit Auswertelogik, also z.B. einer InfoSet Query, zusammenarbeiten kann. Abschnitt 10.2 erklärt anhand eines Beispiels mit einigen Screenshots, welchen Nutzen BCV in der Praxis bringt.

Viele neue SAP WebDynpros unterstützen BCV. So exportiert z.B. die MDG-M Einzelbearbeitung ab EHP6 die Materialnummer.

Damit ein WebDynpro mit BCV zusammenarbeiten kann, muss die Applikation einige Voraussetzungen erfüllen. Abschnitt 10.4 beschreibt die Einzelheiten, um in ein einfaches WebDynpro BCV integrieren zu können.

Leider gibt es unter EHP5 keine BCV-fähige Demoapplikation. Wenn Sie dieses Kapitel an Ihrem System nacharbeiten wollen, so müssen Sie ein Mini-WebDynpro erstellen. Abschnitt 10.4 erklärt die Grundlagen. Alternativ können Sie von der Buchwebsite eine Anleitung als PDF für die Erstellung des WebDynpros herunterladen.

Im Buchforum www.query-ohne-namen.de/forum wird es zwei Unterforen zum Thema BCV geben.

10.1   Lernziele

▨ Grundvoraussetzungen

- BCV Business Functions
- Rollen
- NWBC

▨ BCV Customizing
▨ Kontextschlüssel und Semantik
▨ Wie wird ein einfaches WebDynpro BCV-fähig?

⬚ BCV-Konfiguration

- InfoSet in einer Suchanbindung
- Abfragen
- Auswertungen
- Übersichten
- Layouts

10.2   Demo-Sidepanel

In Abbildung 10–1 ist ein einfaches WebDynpro abgebildet. Es hat ein Eingabefeld für eine Materialnummer und sonst keine weitere Funktionalität.

Mit einem Klick auf den Link ›Side Panel‹ wird das Sidepanel »ausgeklappt« (Abb. 10–2). Das Icon ›Side Panel schließen‹ (rechter, oberer Pfeil) hält, was der Name verspricht. Das Sidepanel hat fünf aufklappbare Ordner: ›Übersicht‹, ›Auswertungen‹, ›Dashboards‹, ›Favoriten‹ und ›Launchpads‹. Beim Öffnen des Sidepanels ist der Ordner ›Übersicht‹ geöffnet. Dort werden alle Auswertungen in einem Übersichtsmodus angezeigt, die den gleichen **Kontextschlüssel** haben wie das WebDynpro.

Der Kontextschlüssel »gruppiert« einen Satz von Auswertungen. Konkret wird vom Demo-WebDynpro der Schlüssel ›/PLMU/MATE-RIAL‹ exportiert. Jedes andere WebDynpro, das den gleichen Kontextschlüssel exportieren würde, hätte die gleichen Auswertungen.

Abb. 10–1
Initiales WebDynpro

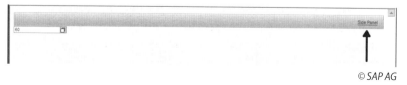

© SAP AG

→ (Abb. 10–1) Klicken Sie auf den Link ›Side Panel‹.

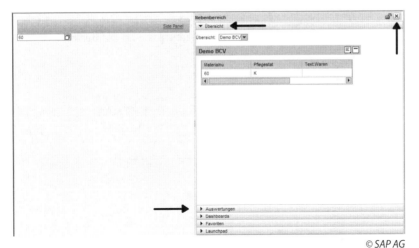

Abb. 10–2

WebDynpro mit

»ausgeklapptem«

Sidepanel

© SAP AG

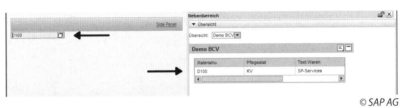

Abb. 10–3

Datentransfer ins

Sidepanel

© SAP AG

→ (Abb. 10–3) Geben Sie im WebDynpro eine neue Materialnummer an und drücken Sie ›Return‹.

Hier in diesem Beispiel ist eine Auswertung definiert, die auf dem Info-Set ›MARA_NM‹ basiert. Man kann aber auch mehrere Auswertungen einem Kontextschlüssel zuordnen. Analog: Das WebDynpro hat ein einziges Eingabefeld. Bei einem ALV-Grid im WebDynpro wären auch die Auswertungen mehrzeilig.

Was passiert in Abbildung 10–2? Links ist ein WebDynpro und rechts ist eine InfoSet Query. Beide sind völlig unabhängig voneinander. Das BCV-Framework bringt beide Teile zusammen:

▒ Es zeigt nur die relevanten Auswertungen mit dem gleichen Kontextschlüssel an.

▒ Es transportiert automatisch die Materialnummer aus dem Web-Dynpro, führt eine InfoSet Query für die Materialnummer aus und zeigt in der ›Übersicht‹ eine Teilmenge der Trefferliste an. Bei einer Änderung der Materialnummer mit anschließendem ›Return‹ (Abb. 10–3) wird automatisch die InfoSet Query neu ausgeführt.

Das Sidepanel kombiniert eine Haupttransaktion mit einem Satz von Auswertungen und optimiert so die Nutzung der Transaktion für das Business.

Abb. 10–4

Auswertungen im Sidepanel

© SAP AG

Jede Auswertung im Ordner ›Übersicht‹ hat ein Gegenstück in ›Auswertungen‹. In der ›Übersicht‹ wird eine Teilmenge der Trefferliste, in den ›Auswertungen‹ alle Felder einer Auswertung angezeigt. Mit einem Klick auf den Namen (Abb. 10–4, Pfeil) startet die Auswertung in einem neuen Browserfenster.

Abb. 10–5

Auswertung, die aus dem Sidepanel aufgerufen wurde.

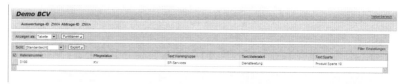

© SAP AG

10.3   Business Functions, Rollen, GUI und Customizing

Um den BCV einsetzen zu können, müssen folgende Abhängigkeiten vom SAP-System mindestens erfüllt sein:

- SAP NetWeaver Stack 7.02
- SAP Business Foundation Layer 7.02

Diese Bedingungen werden ab ECC 6.0 EHP5 erfüllt. Um dann den Business Context Viewer real verwenden zu können, sind folgende Punkte notwendig:

- Aktivierung der BCV Business Functions
- Zuweisung der BCV-Rollen
- Installation des NWBC[1], der extensiv vom BCV verwendet wird

---

1.   NetWeaver Business Client – anschaulich: eine Art Portal lokal im Browser.

Der erste Schritt zur Verwendung von BCV besteht in der Aktivierung der notwendigen Business Functions in der Transaktion SFW5 (Abb. 10–6). Auf einem EHP5-System ist dies /BCV/MAIN.

Durch die Aktivierung der Business Functions wird das BCV-Coding »scharfgeschaltet« und Rollen importiert. /BCV/MAIN enthält zwei Rollen: SAP_BCV_ADMIN und SAP_BCV_USER. Diese Rollen enthalten die Berechtigungen und die Menüs für den NWBC. Die Admin-Rolle wird benötigt, um BCV-Objekte zu erzeugen, also z.B. ein InfoSet in ein Sidepanel einzubinden. Weisen Sie beide Rollen Ihrem Benutzer zu.

Abb. 10–6

Business Functions in der Transaktion SFW5

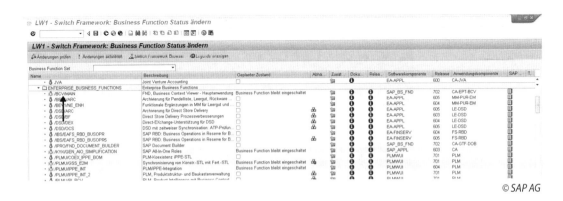

© SAP AG

Abb. 10–7

Startbildschirm des NWBC

© SAP AG

Es gibt zwei Versionen des NWBC, den »NWBC for Desktop«, der Bestandteil der SAP-GUI 7.3 ist, sowie den »NWBC for HTML«, der Teil des ABAP-Stacks ist. Beide Varianten können für dieses Kapitel verwendet werden.

In Abbildung 10–7 ist der Startbildschirm des NWBC zu sehen, der mit dem Transaktionscode NWBC[2] gestartet werden kann. Der initiale Bildschirm listet jede NWBC-Rolle. Mit einem Doppelklick auf

---

2.   Überraschung ;-)

die Administratorrolle (siehe Pfeil) springt man in das BCV-Konfigurations-Center (Abb. 10–8).

Abb. 10–8

BCV-Konfigurations-Center

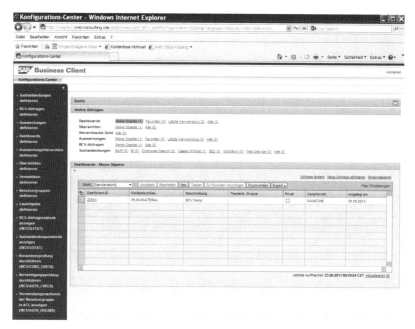

Abb. 10–9

NWBC mit Navigation

Je nach Konfiguration/Version des NWBC wird das initiale Bild mit der Rollenübersicht übersprungen und man landet sofort in Abbildung 10–8, die aber zusätzlich im oberen Bereich noch eine Navigation hat (Abb. 10–9). Klicken Sie dann auf das Icon für den Business Content Viewer (Pfeil) und danach, falls mehrere Einträge vorhanden sind, auf den Text ›Konfigurations-Center‹.

BCV-Customizing   Neben dem Konfigurations-Center werden zentrale BCV-Parameter im Customizing definiert. Sie finden das BCV-Customizing unter EHP5 unter ›Anwendungsübergreifende Komponenten/Prozesse und Werkzeuge für Geschäftsanwendungen/Business Context Viewer‹

im SPRO (Abb. 10–10). Im Ordner Grundfunktionen werden sowohl Kontextschlüssel (engl. context key) als auch Semantik (engl. meaning) bestimmt.

© SAP AG

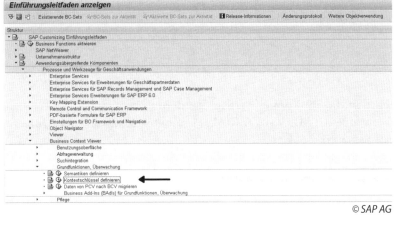

Abb. 10–10
BCV-Customizing im SPRO

Kontextschlüssel	Anwendung	Objekttyp	Namensraum	Kontextschlüsselname
/PLMU/DOCUMENT	PLM	DOC	/PLMU/	PLM-Web-UI: Dokument
/PLMU/ECN	PLM	ECN	/PLMU/	PLM-Web-UI: Änderungsnummer
/PLMU/EDESK	PLM	EDESK	/PLMU/	PLM-Web-UI: Engineering Desktop
/PLMU/FORMULA	PLM	FORMULA	/PLMU/	PLM-Web-UI: Rezeptentwicklung - Formel
/PLMU/MATBOM	PLM	BOM	/PLMU/	PLM-Web-UI: Stückliste
/PLMU/MATERIAL	PLM	MAT	/PLMU/	PLM-Web-UI: Material
/PLMU/PSM	PLM	PSM	/PLMU/	PLM-Web-UI: Produktstrukturverwaltung
/PLMU/RECIPE	PLM	RECIPE	/PLMU/	PLM-Web-UI: Rezeptentwicklung - Rezept
/PLMU/RECORD	PLM	ECR	/PLMU/	Änderungsmappe PLM-Web-UI

© SAP AG

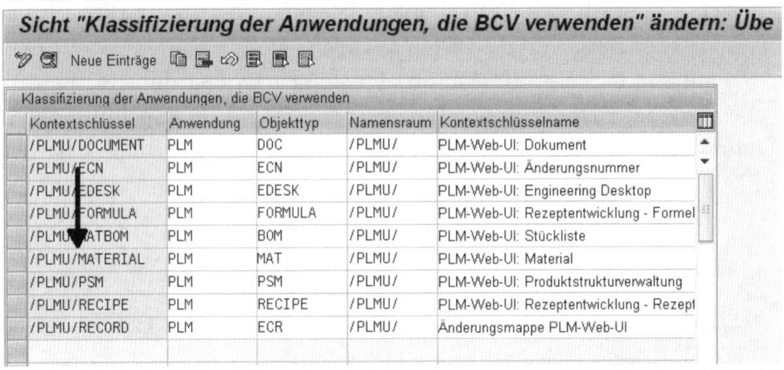

Abb. 10–11
Definition Kontextschlüssel

Der Kontextschlüssel legt fest, welche BCV-Abfragen im Sidepanel sichtbar sind.

Die Semantik ordnet einem technischen Feld eine Bedeutung zu.

Abb. 10–12

Definition Semantik

Hier in diesem Kapitel werden Standardwerte aus dem Customizing verwendet: /PMLU/MATERIAL als Kontextschlüssel und 1Material als Semantik.

10.4   WebDynpro & BCV

In diesem Abschnitt wird kurz beschrieben, wie man am Beispiel des Demo-WebDynpros ein WebDynpro Sidepanel-fähig macht.

Wem dieses Kapitel »zu schnell« ist, möge die ausführliche Anleitung von der Buchwebsite herunterladen.

Falls Sie tiefer in die Materie einsteigen wollen, gibt es im Zwischennetz das PDF »How to Integrate the BCV Side Panel into a Web Dynpro Application« von Jan Poeschel, das z.B. auch auf Fälle wie FPM & Sidepanel eingeht. Das Demo-WebDynpro wurde anhand dieser Anleitung entwickelt.

Abb. 10–13

WebDynpro: Context

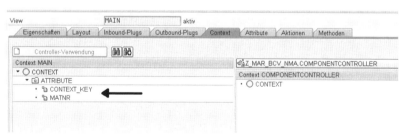

Das Demo-WebDynpro hat ein Window und einen View. Abbildung 10–13 zeigt den View-Context der Demo-Applikation. Er enthält die zwei Variablen CONTEXT_KEY und MATNR. Das Attribut MATNR ist an das Eingabefeld gebunden und CONTEXT_KEY enthält statisch den Wert /PMLU/MATERIAL.

Wichtig: CONTEXT_KEY muss den Wert /PMLU/MATERIAL enthalten, weil sonst das BCV-Framework keine Auswertungen findet.

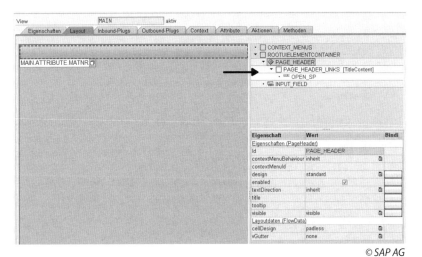

© SAP AG

Abb. 10–14

WebDynpro: Layout

Das Layout der Demo-Applikation zeigt Abbildung 10–14, das aus zwei Teilen besteht:

- Dem UI-Anteil des Layouts: Das WebDynpro hat ein Input Field, das statisch an das Kontextattribut MATNR gebunden ist.
- Dem BCV-Anteil des Layouts: BCV erwartet eine bestimmte Struktur im Layout: Es muss einen Page Header mit der ID PAGE_HEADER geben. Dieser enthält einen transparenten Container mit der ID PAGE_HEADER_LINKS, der wiederum einen Link to Action mit der ID OPEN_SP beinhaltet.

Im Reiter ›Attribute‹ muss MO_BCV_API definiert werden:

```
MO_BCV_API    type ref to IF_WD_SIDE_PANEL_API
```

Die Demo enthält zwei Aktionen: OPEN_SP und ON_ENTER. Die erste wird vom Link to Action OPEN_SP getriggert. Die zweite ist an das Input Field gebunden, sodass bei Return ein Event gefeuert wird und damit der Datentransfer vom Framework initiiert wird.

Die Behandlermethode für ON_ENTER enthält kein Coding. Listing 10–1 enthält das Coding für die Aktion OPEN_SP.

Abb. 10–15
WebDynpro: Aktionen

Listing 10–1
OPEN_SP Eventbehandler

```abap
method ONACTIONOPEN_SP .
  wd_this->mo_bcv_api->open( ).
endmethod.
```

Listing 10–2
Methode WDDOINIT

```abap
METHOD wddoinit.

CONSTANTS:
* Kontextschlüssel
  lc_context_key TYPE /bcv/fnd_context_key VALUE '/PLMU/MATERIAL'.
DATA:
  lv_authorized TYPE boole_d,
  lo_view TYPE REF TO if_wd_view.
* Ist die BCV Business Function aktiviert?
IF /bcv/cl_fnd_bcv_switch_check=>bcv_img_01( ) = abap_true.

* Überprüfe Berechtigung
  lv_authorized = /bcv/cl_uif_ext_assist=>check_execute_sidepanel(
    iv_context_key = lc_context_key
    iv_uname = sy-uname ).
  IF lv_authorized = abap_true.
****************************************************************
    lo_view ?= wd_this->wd_get_api( ).
* Hole Side Panel API
    wd_this->mo_bcv_api = cl_wd_side_panel_api=>get_api( ).
* Initialisiere Sidepanel
    wd_this->mo_bcv_api->init(
      EXPORTING
        side_panel_config_id = '/BCV/SIDEPANEL'
        is_open = abap_false
        allow_side_panel_config = abap_false
        view_controller = lo_view
        open_action_name = 'OPEN_SP'
        auto_refresh = abap_true
        link_text = 'Side Panel'
        link_text_config_mode = 'Side Panel Config Mode' ).
****************************************************************
```

```
        DATA:
          lo_tagging_service TYPE REF TO if_wd_tagging_service.
      * Erzeuge tagging service Instanz
          lo_tagging_service =
      cl_wd_tagging_manager=>get_service_by_component(
          component = wd_comp_controller->wd_get_api( ) ).
      * Mappe Kontextschlüssel auf Kontextattribute
      * Tag-Name für Kontextschlüssel ist immer /BCV/:CONTEXT_KEY.
          lo_tagging_service->set_tag_by_path_context(
            EXPORTING
            context_path = 'ATTRIBUTE.CONTEXT_KEY'
            wd_context = wd_context
            tag = '/BCV/:CONTEXT_KEY'
            scope = 00 ).
      * Mappe Semantik auf Kontextattribute
          lo_tagging_service->set_tag_by_path_context(
            EXPORTING
            context_path = 'ATTRIBUTE.MATNR'
            wd_context = wd_context
            tag = '/BCV/:1MATERIAL'
            scope = 00 ).
        ENDIF.
      ENDIF.
      ENDMETHOD.
```

Listing 10–2 zeigt den Inhalt der WDDOINIT-Methode. Im Folgenden einige Anmerkungen zum Coding:

▓ `/bcv/cl_fnd_bcv_switch_check=>bcv_img_01( )` überprüft, ob die BCV Business Function aktiviert wurde.

▓ `/bcv/cl_uif_ext_assist=>check_execute_sidepanel( )` überprüft, ob Benutzer die Berechtigung für das Sidepanel hat.

▓ `wd_this->mo_bcv_api->init` Im Listing wird der Parameter is_open auf abap_false gesetzt und die Aktion OPEN_SP definiert. Die Aktion OPEN_SP wird vom Link »Öffne Side Panel« in Abbildung 10–1 gefeuert und öffnet das Sidepanel.

Im BCV-Denglish wird der Datentransfer vom Web Dynpro zum Sidepanel als »Tagging« bezeichnet. Das Sidepanel muss »wissen«, welche Variable des Web Dynpros der Kontextschlüssel ist und welche Semantiken vorhanden sind. Dazu werden Tags auf den jeweiligen Pfad im Kontext »gemappt«.

Der Kontextschlüssel hat immer das Tag '/BCV/:CONTEXT_KEY'. Der Aufruf `lo_tagging_service->set_tag_by_path_con-`

text mappt z.B. das Tag für den Kontextschlüssel auf entsprechenden
Pfad im Kontext (siehe Abb. 10–13).

10.5   InfoSet Query im Sidepanel

In diesem Kapitel werden die notwendigen Schritte im BCV-Konfigurations-Center (Abb. 10–8) erfolgen, um eine InfoSet Query im Sidepanel der Demo-Applikation einzubinden. Konkret sind folgende
Punkte notwendig, die anhand einiger Screenshots erläutert werden:

Suchanbindung

1. Suchanbindung mit InfoSet Query
2. BCV-Abfrage
3. Auswertung
4. Übersicht
5. Layout

Abb. 10–16

Initiale Suchanbindung

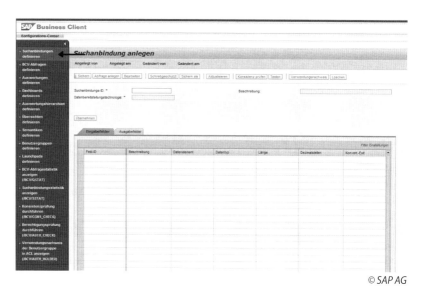

© SAP AG

→ (Abb. 10–16)

1. Starten Sie die Transaktion NWBC und verzweigen Sie in das
   BCV-Konfigurations-Center.
2. Klicken Sie auf ›Suchanbindung anlegen‹.

→ (Abb. 10–17)

1. Vergeben Sie eine Suchanbindungs-ID, z.B. ›ZNMA‹, und betätigen Sie ›Return‹.
2. Wählen Sie bei Datenbereitstellungstechnologie ›Classic Info-Set‹ und geben Sie bei Arbeitsbereich, Benutzergruppe und Info-Set Query gültige Werte (F4-Hilfe) an.
3. Klicken Sie auf die Buttons ›Konsistenzprüfung‹ und ›Übernehmen‹.

Abb. 10–17

Suchanbindung:
Classic InfoSet

Als Erstes wird in den Abbildungen 10–16 bis 10–19 eine Suchanbindung (engl. Search Connector) erstellt. In diesem Beispiel wird das InfoSet MARA_NM genutzt. Beachten Sie, dass im Drop-down in Abbildung 10–17 zwar »Classic InfoSet« steht, aber damit eine InfoSet Query gemeint ist! Schnellster Weg zur einer InfoSet Query: In der SQ01 eine »normale« Query zum InfoSet erstellen, dann im Startbild der SQ01 via Button ›InfoSet Query‹ in diese springen, die InfoSet Query definieren und sichern!

›G‹ im Arbeitsbereich steht für ›globaler Arbeitsbereich‹ und ein Leerzeichen für den Standardarbeitsbereich. Benutzen Sie die F4-Hilfe, um valide Einträge für Arbeitsbereich, Benutzergruppe und InfoSet Query zu finden.

In den Abbildungen 10–18 und 10–19 ist im Prinzip nichts zu machen, außer die Liste der Eingabe- und Ausgabefelder zu kontrollieren (und zu sichern).

Abb. 10–18

Suchanbindung:

Eingabefelder

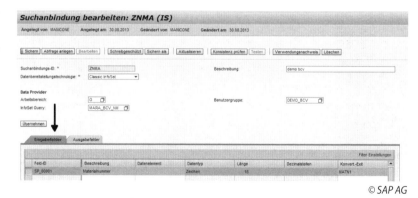

© SAP AG

➜ (Abb. 10–18) Klicken Sie auf den Reiter ›Eingabefelder‹.

Abb. 10–19

Suchanbindung:

Ausgabefelder

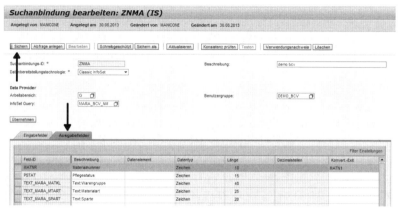

© SAP AG

➜ (Abb. 10–19) Klicken Sie auf den Reiter ›Ausgabefelder‹ und dann auf ›Sichern‹.

Abb. 10–20

BCV-Abfrage:

Konfigurations-Center

© SAP AG

BCV-Abfrage   ➜ (Abb. 10–20) Klicken Sie auf ›BCV-Abfragen definieren‹.

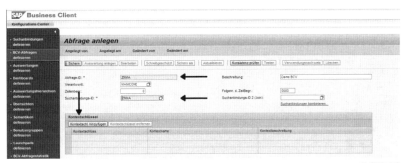

Abb. 10–21
BCV-Abfrage:
Kontextschlüssel

→ (Abb. 10–21)

1. Vergeben Sie eine Abfrage-ID, z.B. ›ZNMA‹, sowie eine Beschreibung und betätigen Sie ›Return‹.
2. Geben Sie die Suchanbindungs-ID aus dem letzten Schritt an.
3. Klicken Sie auf den Button ›Kontextschlüssel hinzufügen‹.

Abb. 10–22
BCV-Abfrage: Auswahl
Kontextschlüssel

→ (Abb. 10–22) Wählen Sie den Kontextschlüssel ›/PLMU/MATE-RIAL‹ aus.

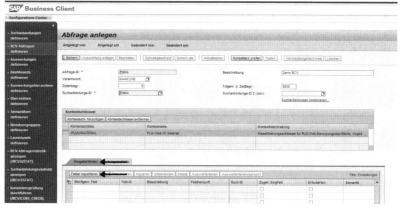

© SAP AG

➜ (Abb. 10–23) Wählen Sie den Reiter ›Eingabefelder‹ aus und betätigen Sie den Button ›Felder importieren‹.

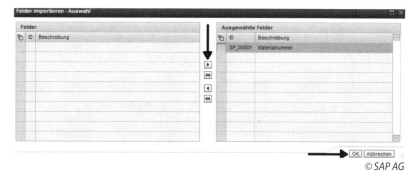

© SAP AG

➜ (Abb. 10–24) Importieren Sie das Feld ›Materialnummer‹.

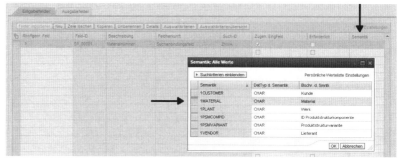

© SAP AG

➜ (Abb. 10–25) Wählen Sie die Semantik ›Material‹ für das Eingabefeld aus.

In den Abbildungen 10–20 bis 10–27 wird eine BCV-Abfrage (engl. BCV Query) erstellt, die die Suchanbindung verschalt. Im Konfigurations-Center (Abb. 10–20) wird die erstellte Suchanbindung angezeigt. Gegebenenfalls müssen Sie noch auf ›Aktualisieren‹ (rechts unten) klicken bzw. auf ›Konfigurations-Center‹ (oberer Pfeil).

Um im Konfigurations-Center ein Objekt anzulegen, wählen Sie links den passenden Menüeintrag. Um ein Objekt zu bearbeiten, selektieren Sie den Objekttyp in der Übersicht, z.B. die Suchanbindung (rechter Pfeil), und markieren dann in der unteren Liste das Objekt und klicken anschließend auf ›Bearbeiten‹.

In Abbildung 10–21 wird der Kontextschlüssel vergeben.

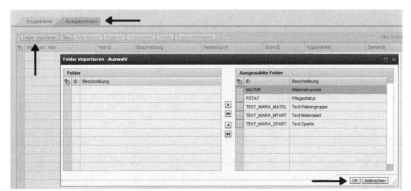

© SAP AG

Abb. 10–26

BCV-Abfrage:
Auswahl Ausgabefelder

→ (Abb. 10–26) Importieren Sie alle Felder der InfoSet Query in die Liste der Ausgabefelder.

© SAP AG

➜ (Abb. 10–27) Prüfen Sie die Konsistenz und sichern Sie.

© SAP AG

➜ (Abb. 10–28) Klicken Sie auf ›Auswertung definieren‹.

© SAP AG

➜ (Abb. 10–29)

1. Vergeben Sie eine Auswertungs-ID und betätigen Sie ›Return‹.
2. Geben Sie eine Beschreibung an und betätigen Sie den Button ›Abfrage hinzufügen‹.

Im nächsten Schritt (Abb. 10–28 bis 10–32) wird die eben erstellte BCV-Abfrage in eine Auswertung (engl. Query View) eingebunden.

Achten Sie in Abbildung 10–31 darauf, das Häkchen bei ›Privat‹ zu entfernen, da sonst nur Sie mit der Auswertung arbeiten können.

Abb. 10–30

Auswertung anlegen:
Ein- und Ausgabefelder

© SAP AG

➜ (Abb. 10–30) Importieren Sie die Ein- und Ausgabefelder.

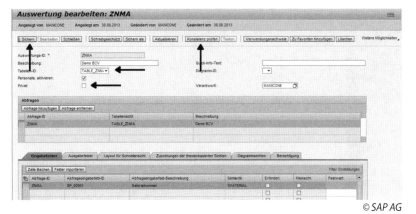

Abb. 10–31

Fertige Auswertung

© SAP AG

→ (Abb. 10–31)

1. Wählen Sie eine Tabellen-ID im Drop-down aus.
2. Entfernen Sie das Häkchen bei ›Privat‹.
3. Prüfen Sie die Konsistenz und sichern Sie.

Abb. 10–32
Übersicht anlegen 1

© SAP AG

→ (Abb. 10–32) Klicken Sie auf ›Übersicht definieren‹

Übersicht   Nun wird eine Übersicht (engl. Overview) erstellt, die eine oder mehrere Auswertungen für einen Kontextschlüssel enthalten kann. Die Übersicht ist der erste Ordner, der im Sidepanel (Abb. 10–32) angezeigt wird.

Auch hier: Achten Sie auf das Häkchen bei Privat (Abb. 10–33).

Abb. 10–33
Übersicht anlegen 2

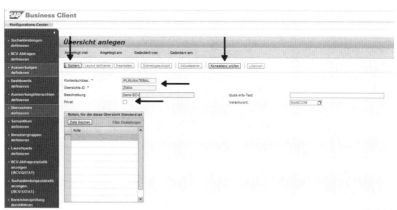

© SAP AG

→ (Abb. 10–33)

1. Entfernen Sie das Häkchen bei Privat.
2. Wählen Sie den Kontextschlüssel und die Übersichts-ID aus.
3. Betätigen Sie ›Konsistenz prüfen‹ und ›Sichern‹.

Abb. 10–34
Übersicht anlegen:
Layout

→ (Abb. 10–34) Betätigen Sie den Button ›Layout definieren‹.   Layout

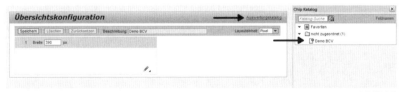

Abb. 10–35
Layout definieren: Start

→ (Abb. 10–35)

1. Klicken Sie auf den Link ›Auswertungskatalog‹.
2. Ziehen Sie per Drag & Drop aus dem Chip-Katalog den Eintrag
   ›Demo BCV‹ in die Übersichtskonfiguration.

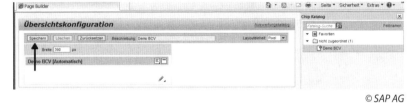

Abb. 10–36
Layout definieren: Ende

→ (Abb. 10–36) Sichern Sie.

Abschließend definieren Sie das Layout (Abb. 10–35 und 10–36). Im Layout werden die Auswertungen aus dem Auswertungskatalog (Abb. 10–35) ausgewählt, die final im Sidepanel angezeigt werden.

Damit ist die InfoSet Query nun vollständig eingebunden und kann im Sidepanel in ›Übersicht‹ und ›Auswertungen‹ eingesetzt werden.

11 SapQuery im HR

Das Modul HR unterscheidet sich in manchen Punkten aus Sicht der SapQuery von anderen SAP-Modulen. Darum hat es ein eigenes Kapitel bekommen. Insbesondere betrifft dies folgende Punkte:

▓ Der Datenbankzugriff erfolgt in HR (fast) ausschließlich über logische Datenbanken. Join und direktes Tabellenlesen spielen keine Rolle.

▓ Das Tabellenfinden ist trivial (siehe später).

▓ Die InfoSet Query hat eine Erweiterung: die Mengenoperation.

11.1 Lernziele

▓ Zeitbindung
▓ Infotypen
▓ Logische Datenbanken im HR

- PNP/PNPCE Personaladministration
- PAP Personalbeschaffung
- PCH Personaladministration & Organisationsmanagement

▓ Auswertungswege in der PCH
▓ Besonderheiten der InfoSet Query

- Mengenoperationen

11.2 Grundlagen

Daten, die zusammengehören, werden im HR in Infotypen zusammen-   *Infotypen*
gefasst. So sind die Daten der Bankverbindung im Infotyp 0009 oder die Anschrift im Infotyp 0006 abgelegt.

Manche Datenarten können mehrere Ausprägungen besitzen. Neben einem Hauptwohnsitz kann ein Mitarbeiter z.B. einen Zweit-

wohnsitz haben. Die korrespondierenden Infotypen haben dann sogenannte Subtypen. Der Infotyp 0006 enthält deshalb Subtypen für den
ständigen Wohnsitz und einen Zweitwohnsitz.

Für die elementaren Infotypen gibt es im HR die Anzeigetransak-
tion PA20 (Abb. 11–1), um sich den Infotyp für eine Person anzeigen
zu lassen. Der rechte Pfeil selektiert einen Infotyp und der obere Pfeil
springt in die Detailsicht.

In der Detailsicht (Abb. 11–2) wird die Infotypnummer (oberer
Pfeil) angezeigt. Der rechte Pfeil zeigt auf ein Pop-up, mit dem die verschiedenen Subtypen des Infotyps ausgewählt werden können.

Abb. 11–1

PA20: Startbildschirm

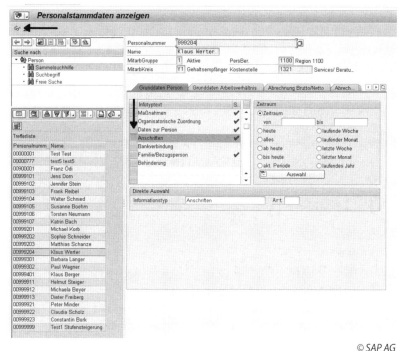

© SAP AG

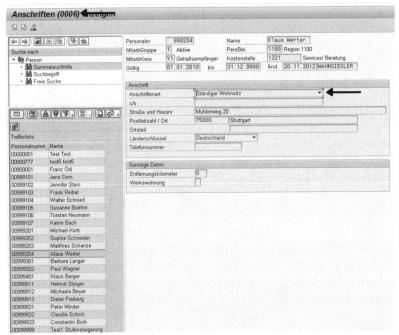

Abb. 11–2

PA20: Detailsicht

Alles auf dieser Welt ist im kontinuierlichen Wandel. Das gilt auch für Stammdaten. Daten haben einen Gültigkeitszeitraum und im SAP HR wird dies durch die Zeitbindung charakterisiert. Tabelle 11–1 listet die möglichen Zeitbindungen auf und beschreibt sie anhand der Wohnung als Beispiel.

Die Zeitbindung von Daten wird automatisch von den logischen HR-Datenbanken ausgewertet!

Zeitbindung	Bedeutung
0	Über den gesamten Gültigkeitszeitraum existiert immer der gleiche Datensatz. Beispiel Wohnung: Man lebt von Geburt bis zum Tod in der gleichen Wohnung.
1	Es gibt immer einen gültigen Datensatz ohne Überschneidungen. Beispiel: Man wohnt immer in einer Wohnung, wobei sich diese aber ändern kann.
2	Es gibt maximal einen Datensatz für einen Zeitpunkt. Lücken sind möglich und Überschneidungen verboten. Beispiel: Man wohnt in einer Wohnung oder ist obdachlos.
3	Es kann mehrere Datensätze für einen Zeitpunkt geben. Intervalle sind möglich. Beispiel: Man kann obdachlos bzw. eine oder mehrere Wohnungen haben.

Tab. 11–1

Zeitbindungen

Logische Datenbanken   Es gibt im HR drei wichtige logische Datenbanken:

- Die PCH für Organisationsmanagement und Personalentwicklung
- Die PNPCE bzw. PNP für Personaladministration und Personalzeitwirtschaft
- Die PAP für Personalbeschaffung

Die Organisationsstruktur eines Unternehmens kann im HR mithilfe des Organisationsmanagements abgebildet werden. Wenn Daten gepflegt sind, so kann man dann mit der logischen Datenbank PCH spezielle Auswertungen im Organigramm ausführen. Mehr dazu erfahren Sie in Musteraufgabe 23.

Im SAP HR Customizing kann die sogenannte Mehrfachbeschäftigung aktiviert werden. Wenn diese aktiv ist, dann kann eine Person gleichzeitig mehrere Beschäftigungsverträge mit jeweils eigener Personalnummer haben, die über eine zentrale Person angesprochen werden. Die PNPCE kann im Gegensatz zur PNP mit der Mehrfachbeschäftigung umgehen. In Musteraufgabe 22 wird die PNPCE besprochen.

11.3   Musteraufgabe 22: Arbeitszeit einer Person

11.3.1   Aufgabenstellung

Erstellen Sie eine Auswertung, mit der folgende Sollarbeitsfelder ausgewertet werden können:

- Arbeitszeitplanregel
- Mitarbeiterstatus für Personalzeitwirtschaft
- Arbeitszeitanteil
- Monatsstunden
- Wochenstunden

sowie

- Nachname
- Vorname
- Geschlechtsschlüssel
- Geburtsdatum
- Geburtsland

Führen Sie Mengenoperationen mit der Auswertung durch.

11.3.2 Lösung

Dies sind alles Felder der Personaladministration. Auswertungen über das Organigramm sind nicht gewünscht. Damit ist die logische Datenbank die PNPCE.

Der erste Block der Felder entstammt Infotyp 0007, der zweite Infotyp 0002.

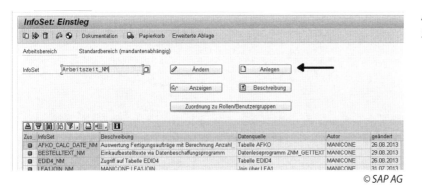

Abb. 11–3
SQ02 Einstieg

© SAP AG

➜ (Abb. 11–3) Starten Sie die SQ02, vergeben Sie einen Namen für das InfoSet und klicken Sie auf ›Anlegen‹.

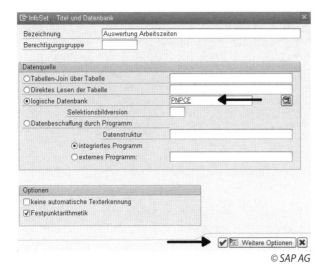

Abb. 11–4
SQ02 Auswahl der logischen Datenbank

© SAP AG

➜ (Abb. 11–4) Setzen Sie den Radiobutton bei ›logische Datenbank‹, geben Sie ›PNPCE‹ an, vergeben Sie eine Bezeichnung und klicken Sie auf ›Weiter‹.

Abb. 11–5

SQ02 Auswahl Infotypen

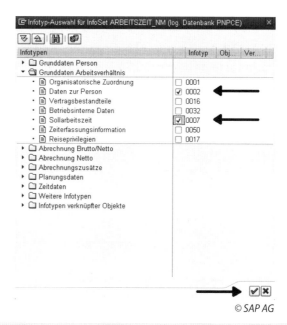

© SAP AG

→ (Abb. 11–5) Wählen Sie die Infotypen 0002 und 0007 aus.

Abb. 11–6

SQ02 Fertiges InfoSet

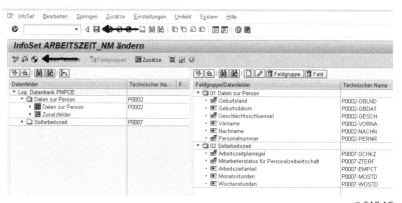

© SAP AG

→ (Abb. 11–6) Übernehmen Sie die Felder der Aufgabenstellung in die entsprechenden Feldgruppen. Sichern und aktivieren Sie.

Damit ist ein Infoset angelegt! (Abb. 11–6). Nehmen Sie dieses InfoSet nun mit der SQ03 in eine Benutzergruppe auf und springen Sie mit der S_PH0_48000513 in die InfoSet Query.

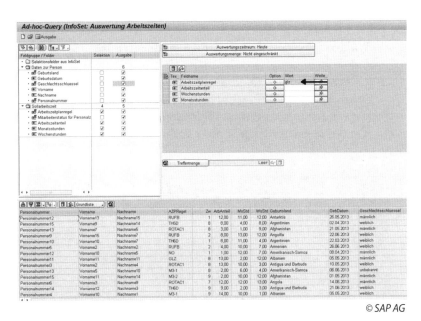

Abb. 11–7

InfoSet Query

→ (Abb. 11–7)

1. Starten Sie die Transaktion S_PH0_48000513.
2. Wählen Sie im Menü ›Query/Neu‹ und selektieren Sie das eben erstellte InfoSet.
3. Übernehmen Sie die Felder ›Arbeitszeitplanregel‹, ›Arbeitszeitanteil‹, ›Monatsstunden‹ und ›Wochenstunden‹ als Selektionsfelder sowie alle Felder als Ausgabefelder.
4. Setzen in der Ausgabeliste die Felder, bei denen es Sinn macht, auf die Ausgabeart ›Nur Wert‹ (siehe Abb. 11–7).

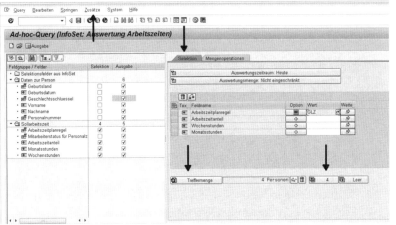

Abb. 11–8

InfoSet Query mit

Mengenoperation 1

➜ (Abb. 11–8)

1. Wählen Sie ›Zusätze/Mengenoperationen einblenden‹ (oberer, linker Pfeil).

2. Klicken Sie auf den Reiter ›Selektion‹ (oberer, rechter Pfeil).

3. Geben Sie eine Arbeitszeitplanregel, hier ›GLZ‹, an.

4. Klicken Sie auf den Button ›Treffermenge‹ und speichern Sie die Treffermenge in Menge A ab (rechter, unterer Pfeil).

Abb. 11–9

InfoSet Query mit

Mengenoperation 2

© SAP AG

➜ (Abb. 11–9) Gehen Sie analog wie in Abbildung 11–8 vor, geben Sie eine andere Arbeitszeitplanregel, z.B. ›YB00‹ an, und speichern Sie die Treffermenge in Menge B (rechter, unterer Pfeil).

Abb. 11–10

InfoSet Query mit

Mengenoperation

Vereinigungsmenge

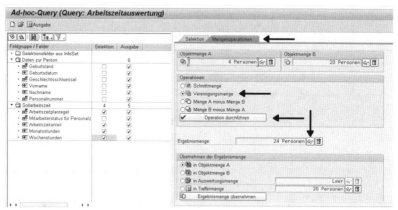

© SAP AG

➜ (Abb. 11–10)

1. Wählen Sie den Reiter ›Mengenoperationen‹ (oberer Pfeil).

2. Setzen Sie den Button bei ›Vereinigungsmenge‹.

3. Klicken Sie auf den Button ›Operation durchführen‹.

In den Abbildungen 11–8, 11–9 und 11–10 ist der Ablauf einer InfoSet Query mit Mengenoperationen beschrieben. In Abbildung 11–8 muss zuerst im Menü »Mengenoperation« aktiviert werden. Dann können Sie die Treffermengen in Treffermenge A und Treffermenge B abspeichern. Wenn Sie zwei Treffermengen haben, können Sie mit diesen Mengenoperationen durchführen.

In Abbildung 11–10 wird zum Beispiel die Vereinigungsmenge zweier Auswertungen gebildet.

Auch in der PNPCE besteht die Möglichkeit, die Treffermenge durch die Organisationsstruktur einzuschränken (Abb. 11–11). Damit kann die Selektion auf einen Knoten im Organigramm eingeschränkt werden. Aber mehr geht in dieser logischen Datenbank nicht.

© SAP AG

Abb. 11–11

InfoSet Query/

Organisationsstruktur im

Selektionsbild

→ (Abb. 11–11)

1. Klicken Sie auf ›Auswertungsmenge‹ (oberer Pfeil).
2. Wählen Sie ›Personen über Organisationsstruktur‹ (mittlerer Pfeil).

11.4   Anmerkungen zur logischen Datenbank PCH

Eine Grundvoraussetzung zum Einsatz der logischen Datenbank PCH ist das Vorhandensein eines gepflegten Organisationsmanagements.

Ein Organigramm, das aus Organisationseinheiten, Planstellen und Personen besteht, nennt man Planstellenhierarchie (Abb. 11–12). Pflegetransaktion für ein Organigramm ist z.B. die PPOME. Wurzelknoten im Organigramm sind Organisationseinheiten, wie z.B. Einkauf oder Verkauf. An den Organisationseinheiten hängen Planstellen (mittlerer, rechter Pfeil), an denen wiederum Personen (unterer, rechter Pfeil) angehängt sind.

- Die Organisationseinheit repräsentiert einen bestimmen abstrakten Bereich in der Unternehmensstruktur wie den Einkauf oder die Qualitätssicherung.
- Planstellen sind »geplante Stellen«. Die Planstellen sind Platzhalter für die realen Personen, die in einer Organisationseinheit arbeiten sollen.
- Personen werden schließlich einer Planstelle zugeordnet.

Abb. 11–12

PPOME

Planstellenhierarchie

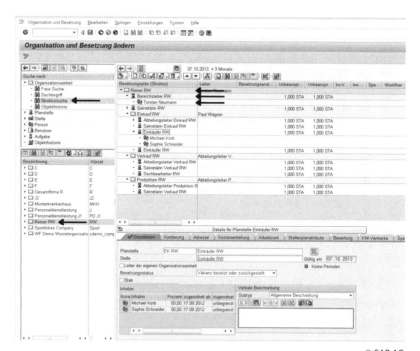

© SAP AG

→ (Abb. 11–12)

1. Starten Sie die Transaktion PPOME.

2. Klicken Sie auf ›Struktursuche‹ (linker, oberer Pfeil).

3. Wählen Sie eine geeignete Organisation aus (linker, unterer Pfeil).

In einer solchen Planstellenhierarchie kann man z.B. mit der PCH nach nicht besetzten Planstellen fanden.

Auswertungsweg

Wie kann man nun ein Organigramm gezielt nach bestimmten Substrukturen durchsuchen? Die PCH bietet dazu den sogenannten Auswertungsweg an (Abb. 11–13, mittlerer Pfeil). Auswertungswege werden im Customizing definiert und bestimmen, wie das Organigramm durchsucht wird. So findet z.B. der Auswertungsweg O_S_P alle Personen, die an einer Planstelle hängen, die einer Organisationseinheit zugeordnet sind.

Auf meinem Spielsystem gibt es über 900 Standardauswertungswege. Wie kann man die Eigenschaften eines Auswertungsweges evaluieren? Die SAP liefert im Standard den Report RHSTRU00 aus. Mit diesem kann man beliebige Auswertungswege testen. Abbildung 11–13 zeigt das Selektionsbild des Reports. Objekttyp ›O‹ definiert eine Organisationseinheit und die Objektid ist die ID des Wurzelknotens in Abbildung 11–12.

Im Feld Auswertungsweg ist ›ORGCHART‹ eingetragen. Dieser Auswertungsweg liefert alle Leiter der (Unter)Organisationseinheiten. Abbildung 11–14 zeigt die Treffermenge. Nur die »Chefs« werden angezeigt.

In Abbildung 11–13 ist die Rekursionsprüfung (unterer Pfeil) aktiviert. Diese verhindert, das wenn im Organigramm ein Verweis aus einem tieferen auf einen höheren Knoten vorliegt, das dann der Report endlos das Organigramm durchsucht.

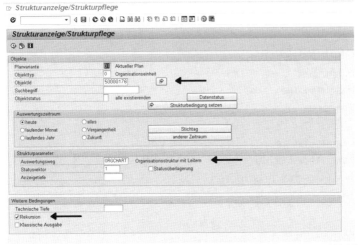

Abb. 11–13

Report RHSTRU00:

Selektionsbild

© SAP AG

→ (Abb. 11–13)

1. Starten Sie den Report RHSTRU00, geben Sie eine geeignete Objekt-ID an und wählen Sie den Auswertungsweg ›ORGCHART‹.

11.5   Musteraufgabe 23: Finde alle Leiter im Organigramm

11.5.1   Aufgabenstellung

Erstellen Sie ein InfoSet und dazu eine Query, die die Anschriften aller Leiter in einem Organigramm findet.

Selektionsfelder

▦ Objekttyp

Listfelder

▦ Planvariante
▦ Objekttyp
▦ Objektid
▦ Objektbezeichnung
▦ Nachname
▦ Geburtsname
▦ Vorname
▦ Titel
▦ Geburtsdatum
▦ Text: Anredeschlüssel
▦ Text: Geschlechtsschlüssel
▦ Text: Nationalität

11.5.2   Lösung

Der erste Block an Listfeldern findet sich im Infotyp 1000, die anderen Felder sind aus dem Infotyp 0002.

Es sollen alle Leiter innerhalb eines Organigramms gefunden werden. Dies kann mit der PCH und dem Auswertungsweg ORGCHART erreicht werden.

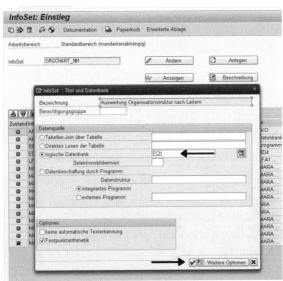

Abb. 11–15

SQ02: Startbildschirm

→ (Abb. 11–15)

1. Starten Sie die SQ02, geben Sie einen Namen (z.B. ›ORGCHART_NM‹) für das neue InfoSet an und klicken Sie auf ›Anlegen‹.

2. Setzen Sie den Radiobutton bei ›logische Datenbank‹, geben Sie ›PCH‹ als logische Datenbank sowie eine Beschreibung an. Klicken Sie auf ›Weiter‹.

Abb. 11–16

PCH: Objekttyp

© SAP AG

➜ (Abb. 11–16) Wählen Sie bei ›Objekttyp bestimmen‹ (Pfeil) ›alle Objekttypen‹ aus.

Der Infotyp 1000 in Abbildung 11–17 ist ein Infotyp des Organisationsmanagements. Der Infotyp 0002 ist dagegen Teil der Personaladministration. Man kann also Infotypen der Personaladministration zusätzlich bei Auswertungen mit der PCH verwenden.

In Abbildung 11–19 ist das fertige InfoSet zu sehen. Die logische Datenbank PCH übernimmt immer automatisch alle Felder eines Infotyps. In der Abbildung wurden einige Felder, die nicht Teil der Aufgabenstellung sind, gelöscht.

Abb. 11–17

PCH: Infotypen 1

© SAP AG

➜ (Abb. 11–17) Setzen Sie das Häkchen bei Infotyp 1000.

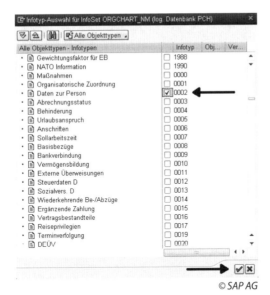

Abb. 11–18

PCH: Infotypen 2

© SAP AG

→ (Abb. 11–18) Setzen Sie das Häkchen bei Infotyp 0002 und klicken Sie auf › Weiter‹.

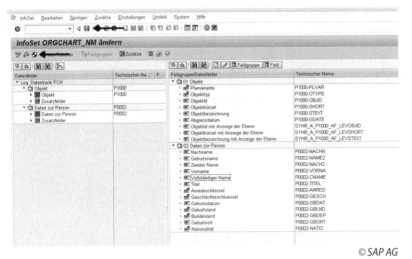

Abb. 11–19

SQ02: Fertiges InfoSet

© SAP AG

→ (Abb. 11–19)

1. (Optional) Reduzieren Sie die Felder in › Daten zur Person‹ auf die Felder der Aufgabenstellung.

2. Sichern und aktivieren Sie.

➜ Nehmen Sie das neue InfoSet in der SQ03 in Ihre Benutzergruppe auf.

Abb. 11–20

SQ01: Startbildschirm

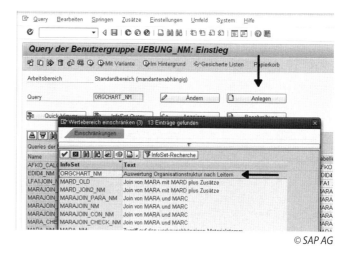

© SAP AG

➜ (Abb. 11–20)
1. Starten Sie die SQ01, geben Sie einen Namen für die Query (z.B. ›ORGCHART_NM‹) an und betätigen Sie ›Anlegen‹.
2. Wählen Sie das eben angelegte InfoSet aus.

Abb. 11–21

SQ01: Titel und Format

© SAP AG

➜ (Abb. 11–21) Geben Sie einen Titel an und klicken Sie auf den Button ›Grundliste‹.

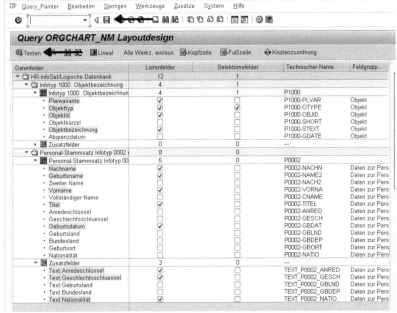

→ (Abb. 11–22) Selektieren Sie die List- und Selektionsfelder der Aufgabenstellung, sichern Sie und klicken Sie auf ›Testen‹.

> Damit die PCH Daten selektiert, müssen Felder aus dem Infotyp 1000 Listfelder (!!) (Abb. 11–22) sein.

In Abbildung 11–23 ist das Selektionsbild zu sehen. Die PCH bringt als logische Datenbank ein eigenes Selektionsbild mit. Wie man in Abbildung 11–14 sieht, zeigt der Auswertungsweg ORGCHART alle relevanten Teile des Organigramms an. Hier sollen aber nur Personen angezeigt werden. Daher wird zusätzlich als Selektionsfeld in Abbildung 11–22 der Objekttyp abgefragt und in Abbildung11–23 mit ›P‹ gefüllt (unterer Pfeil).

Abb. 11–23

PCH: Selektionsmaske

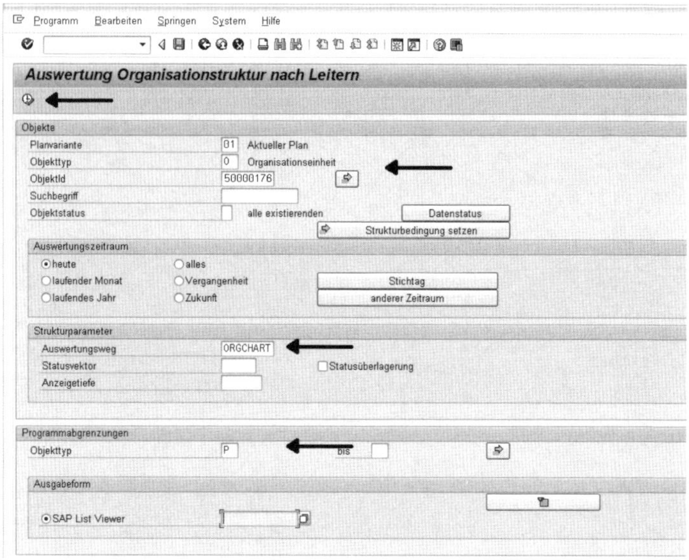

© SAP AG

→ (Abb. 11–23) Geben Sie im Selektionsbild bei Objekte eine Organisationseinheit, bei Auswertungszeitraum ›heute‹, bei Auswertungsweg ›ORGCHART‹ und bei Programmabgrenzungen als Objekttyp ›P‹ an. Führen Sie den Report aus.

Abb. 11–24

Treffermenge

© SAP AG

12 Diverses

In diesem Kapitel ist alles gelandet, was zwar in dieses Buch sollte, andererseits sich aber von Thematik oder Didaktik nicht den anderen Kapiteln zuordnen ließ.

Die SAP betreibt eine Datenbank, das OSS (Online Service System), in der u.a. Lösungen für Probleme beschrieben sind. Für den Zugriff auf das OSS benötigt man einen sogenannten S- oder C-User.

12.1 Lernziele

- OSS-Hinweise für SapQuery
  - Tabellarische Übersicht
- Das Ende ;-)

12.2 OSS-Hinweise

Ich habe in Tabelle 12-1 einige nützliche OSS-Hinweise gesammelt. Insbesondere der Sammelhinweis 550764 ist lesenswert.

SAP-Hinweis	Inhalt
22640	Zusatzstrukturen in logischen Datenbanken
24578	Berechtigungen
76545	Berechtigung bei Sachgebieten
127182	Transport im globalen Arbeitsbereich
132813	Festlegen von Anfangswerten für Query, Benutzergruppe und Sachgebiet
412054	Transport von Varianten für Querys
412178	Hinweise zum Datenversorgungsprogramm
423367	Auswertung von S_QUERY in der InfoSet Query
550764	Sammelhinweis SapQuery
558125	Fehler bei der Auswertung von S_QUERY in der InfoSet Query

12.3   Das Ende

Das Ende naht!   Bitte teilen Sie mir Ihre Meinung zu diesem Buch mit. Über eine Rück-koppelung in Form von konstruktiver Kritik und Anregungen würde ich mich freuen. Nutzen Sie die Website und das Forum zu diesem Buch unter:

www.query-ohne-namen.de

Ich wünsche Ihnen noch viel Spaß & Erfolg mit der SapQuery!

Index